終活期の安倍政権

ポスト・アベ政治への
プレリュード《前奏曲》

Ninomiya Atsumi

二宮厚美

新日本出版社

終活期の安倍政権——ポスト・アベ政治へのプレリュード

＊

目次

プロローグ――終活宣言としての安倍改憲メッセージ……13

プロローグ――終活宣言としての安倍改憲メッセージ

「改憲球団一・二軍 vs. 護憲野党球団」の対決で進んだ総選挙

二〇一七年九月二八日の「大義なき解散」を経て、一〇月二二日、総選挙が実施された。周知のとおり、選挙結果を議席数でみれば、自民、公明、立憲民主、希望、共産、維新、無所属、その他となった。

選挙の最大争点は、最初から、憲法改正問題であった。改憲を焦点にして、選挙戦に臨んだ政党の布陣を性格別に確かめておくと、第一のグループは「安倍改憲勢力」であり、解散時点の政党でいえば、このグループは自民・公明・維新の「改憲三兄弟」（後の言葉でいうと「改憲三悪党」）である。第二のグループは、「安倍改憲」を補完する勢力として解散前後に登場した希望の党である（以下、「希望」と略記する場合がある）。第三は、「安倍改憲」に反対するいわば「護憲野党勢力」（または「野党と市民の共闘」グループ）であり、その中心は、共産・立憲民主・社民党であった。選挙戦は、大きくは、この三勢力による三つ巴《どもえ》の戦いの格好で進むかのようにみえた。

衆院は、選挙戦のさなかにも論戦になったように、政権選択の意味を持つ。解散直後、この政権選択の構図を示して、多くのメディアは、「安倍 vs.小池」の対決と描いたが、解散後、一週間も経たないうちに、この構図は三極の争いとして、たとえば「自・公」vs.「希望・維新」vs.「共・立・社」の構図に改められた。だが、マスメディアによるこうした政党間配置図は、各政党の立ち位置や政策を反映したものではなかった。総選挙後の政治情勢を考える上で、この点は今後とも重要になると思われるので、ここでは性格別に選挙戦の布陣を類型化しておくことにする。

理解を容易にするために、野球チームの比喩を用いて説明しておくと（この比喩は後の三七〜三九ページでもう一度詳しくみる）、解散直後の自公維三党の「安倍改憲勢力」は「改憲球団」の一軍チームであった。安倍政権は、一軍のなかでもレギュラー・ポジションを占めるメンバーだったといってよい。ここでは、これに安倍政権の文字通りの補完、助っ人役である公明・維新を含めて「安倍一軍」としておく。これに対して、解散直後に生まれた「希望」は、改憲を志向するという点では、「安倍一軍」と同じ「改憲球団」に属するが、一軍との間でレギュラーを争うという関係にあって、いわば「小池二軍」に位置した。これに対して共産・立憲・社民の「護憲野党勢力」は「改憲球団」とは別個の球団である。つまり、「安倍一軍」「小池二軍」の属する「改憲球団」とは対抗関係にある「護憲球団」である。両方の違いは、巨人と阪神が別の球団であるのに同じである。

諸勢力を束ねたこの比喩にそっていうと、選挙戦は「改憲球団vs.護憲球団」の対抗戦ないし陣地戦であった。もうすこし細かくいうと、片や「安倍一軍」と「小池二軍」を抱える「改憲球団」、片や「共・立・社三野党と市民」共闘の「護憲球団」、この両球団が対決する選挙戦として進んだ、といわなければならない（「共・立・社」の表現は選挙公示直前にメディアに登場したものである）。

総選挙後は、「改憲球団一・二軍vs.護憲野党球団」の対決構図自体は変わらないが、新議席の力関係のもとで、この対抗戦が進むということになる。これは、本書でとりあげる「安倍政権の終活」が、新たな段階を迎えたことを意味する。

そこで、このプロローグは、「安倍終活」の起点から総選挙に至るまでの過程を簡単に振り返り、総選挙後の「安倍終活」がどのような条件のもとで再開するのかを確かめておくことにしたい。

「安倍終活」をめぐる二つのコース

二〇一七年五月三日、安倍首相は日本会議系の集会および読売新聞紙上で、「改憲メッセージ」を発表した。これは、安倍首相による一つの「終活宣言」であった。安倍による「終活」とは、さしあたりこの場合、二つの意味を持つ（本書では、以下、簡略化のために敬称は原則として省略する）。

第一は、「戦後レジーム＝憲法の終活」である。安倍首相個人は、従来から「戦後レジームからの脱却」を主張し、第一次安倍内閣当時から「在任中の改憲」を口にしてきたが、「5・3改憲メッセージ」は、「戦後レジームの息の根を断つ」、「戦後憲法の心臓部を射る」という念願の課題を果たそうとする点で、「戦後レジーム＝憲法の終活」を告げるものであった、といってよい。

第二は、「政治家安倍晋三の終活」である。この場合の終活は、安倍首相個人が政治家として「大往生」を遂げるための活動、という意味を持つ。大願成就の上での大往生というわけだ。彼にとっては、永年の宿願というべき改憲を政権最後の大仕事として実現することに成功すれば、おそらくやその名は、たとえば「安倍改憲」として歴史に刻まれる。これによって政治家安倍は本望を遂げ、その政治生命を全うすることになれば、まことに大往生というべきである。改憲は、この場合、現役引退の花道を飾ることになる。

安倍が「改憲メッセージ」に託した願いとは、おそらくはこの二重の意味での終活の開始であったと思われるが、しかし、これはむろん彼自身の単なる主観にすぎない。現代日本における安倍首相の政治的位置からみれば、この意味での「安倍終活」は一種の妄想にすぎず、とんでもない錯覚というべきである。本書がとりあげる「終活期の安倍政権」は、これとはまったく違った「安倍の終活」を問題とするものである。上記の二つの意味での終活と対比すれば、「第三の終活」となる。

「第三の終活」とは、「戦後レジーム＝憲法の終活」でも「安倍の大往生型終活」でもなく、その反対のいわば「安倍の非業死型終活」である。「非業死型」とは、戦後憲法とそのもとでのレジーム（立憲主義レジーム）に斬りかかって失敗し、政治家としての生命を自ら断つことである。だから「討ち死に型終活」といってもよい。改憲メッセージを憲法をターゲットにした一種の自爆テロ型攻撃だとすれば、「非業死型終活」とは、この危険きわまりない「自爆テロ」を未然に防ぐことでもある。したがって、「非業死型終活」はこの場合、「討ち死に型」であると同時に「因果応報による自死」といった意味をもつ。もっとも、仮に「討ち死に型」や「自死型」、あるいは「惨死型」、「悶死型」等の死に支度に終わったとしても、改憲に失敗し政治家としての政治生命を断つというのは、それはそれとして、首相自身にとっては本望であるかもしれない。なぜなら、彼は、「5・3安倍改憲メッセージ」に己の政治生命を託したはずだからである。

「5・3安倍改憲メッセージ」にいたる前に、安倍首相は少なくとも、己の政治的生命をかけるケースを三回公言した。一つは、南スーダンに派遣した自衛隊PKO部隊に万一死傷者が出たような場合、二つめは、森友《もりとも》学園への国有地売却に安倍首相とその妻（昭恵《あきえ》夫人）がなんらかの形で関与していた場合、三つめは、加計《かけ》学園による獣医学部新設に首相自身が関与していた場合、これらが明らかになったときには、辞任する、責任をとる、それが当たり前だと公言したのである。その昔「007は二度死ぬ」という映画があったが、「安倍首相は三度死ぬ」というのが、一七年通常国会を舞台にした「安倍劇場」のタイトルであった。

だが、実際には、安倍首相はこの「三度の終活」を成就することなく、なんとか政治生命を保ってきた。それは、「安倍劇場」の演出に「安倍官邸」が手を加え、無理をごり押しして道理を引っ込め、反則に反則を重ねて、ピンチをしのいできたことによる（絶体絶命のピンチを数多《あまた》のレッドカードものの反則に頼って切り抜けてきた様子は、本書第一・二章で詳しくみる)。安倍政権が官邸をあげて、なぜレッドカード覚悟の明白な反則を幾たびも執拗に繰り返し、哀れというか惨めなばかりに己の政治生命に執着し、三度の死を免れるのに必死であったのか。それは、ひとえに「安倍改憲メッセージ」の実現に政治生命をかけ「大往生型終活」を果たそうと願ってきたがためである。

むろん、これは安倍首相当人の単なる覚悟の程度を物語るものにすぎない。おのれの政治的生命を「5・3改憲メッセージ」の実現にかけた首相の命運を実際に決するのは、安倍当人ではなく、国民である。日本は、戦前の「天皇主権国家」でもなく、現在の「安倍私物国家」でもなく、れっきとした国民主権の国家であり、その主人公は「アベ」ではなく国民である。したがって「第三の終活＝非業死型終活」物語で主役を演じるのは、首相ではなく国民である。国民が主人公として現代日本の政治舞台で活躍するようになったときの「安倍劇場＝安倍終活物語」のエンディングは、大往生物語ではなく、思いつくまま言葉を並べると、討ち死に、自爆死、惨死、悶死のほか、頓死、斃《へい》死、爆死、玉砕等のうち、いずれかになるだろう。

本書は、こうした主役交代による「安倍終活物語」を描こうとするものである。ここでは、少なくとも三点が明らかにされなければならない。それは、①終活期にさしかかった「アベ政治」のネライ、当面このプロローグでは「安倍改憲メッセージ」のネライ、②終活期の安倍政権の性格・構造、またアベノミクスの現局面、それに対する国民の評価、③「安倍終活」をめぐる国民的攻防戦の構図、この三点である。このプロローグでは、以下に、「5・3改憲メッセージ」のネライ、「安倍改憲」の手口において、留意しておかなければならない要点を述べて、本論へのイントロとしておきたい。

「5・3安倍改憲メッセージ」の政治的意味

まず確かめておかなければならないことは、「5・3安倍改憲メッセージ」の内容と意味である。その政治的意味はさしあたり三点にまとめることができる。

第一は、安倍首相がこの改憲メッセージに政治的生命をかけたことである。これについては、すでにふれたが、ここで「政治的生命をかけた」という言い方をしたのは、改憲施行の時期を明示し、二〇二〇年に新憲法を実施すると明言した点に注目したためである。改憲の具体的スケジュール（日程表）に言及したことは、改憲に対する彼の「決意」「覚悟」が並々ならぬものであることを示すものであった。安倍首相は、一七年初夏の内閣支持率急落に直面して、「日程ありきではない」と弁解したが、むろん、それは二〇二〇年を目途にした改憲スケジュールを改めることを意味したわけではない。

時期を明示することは、改憲に向けたスケジュールを設定することを意味する。二〇二〇年改憲施行であれば、一九年には国民投票が実施され、国民の総意によって改憲案が認められなければならない。そうすると、二〇一八年には改憲案をめぐる国会での審議、広く国民的議論が山場を迎えることになる。これはきわめてスピーディな、安倍政権に固有の強行・横暴性を示すスケジュールとなるが、拙速なまでのこの「改憲工程表」は「改憲メッセージ」に含まれたいま一つの意味を示していた。

すなわち第二の意味は、改憲の実際の手続きを、現在の衆参両院の勢力関係のもとにおいて進めるということである。現在（一七年五月当時）の国会では、自民・公明・維新の「改憲三兄弟」が改憲発議に必要な三分の二以上の議席を占めるから、これら三党が結束すれば、一八年一二月衆院任期満了までに、改憲発議が可能となる。「5・3改憲メッセージ」は改憲施行の期日を明示して、改憲発議までは衆院の解散をおこなわず、「改憲三兄弟＝三悪党」の結束によって改憲スケジュールを強行する、と宣言したのである。

自公維の「改憲三悪党」で改憲に手をつけるという方針は、従来の「改憲主流派」の目論見を転換することを意味した。自民党内でのこれまでの改憲主流派の考え方は、改憲には「大連立体制」が不可欠だというものであった。たとえば中曽根康弘《やすひろ》は、改憲には自民党にあわせて最大野党の協力による「大連立体制」が不可欠であると主張してきたし、自民・民主の「二大政党期」には「自・民大連立」が構想されていた。改憲戦略の実行部隊を「自・民大連立」から「改憲三悪党」に転換することは、その意味で一つの画期的転換を意味する。この転換がなぜ起きたかは、すぐあとで立ち返るが、結論だけを述べておくと、「アベ暴走政治」のもとで、安倍政権に対抗する野党共闘・市民連合の政治的ブロックが作り出され、少なくとも民進・共産・自由・社民の四野党共闘体制を切り崩すことがきわめて困難な政治状況がつくりだされていたためである。

第三は、自公維三党による改憲への着手という方針に平仄《ひょうそく》を合わせて改憲案の中身を調整したことである。「5・3安倍改憲メッセージ」は、当面、九条への「加憲」、教育無償化、緊急事態、参院選挙区合区の四つに改正論点を想定したものであったが、これは「安倍改憲」が明らかに「改憲三悪党」の合意獲得を優先させたことを示すものであった。特に、九条加憲案は九条二項の廃止・見直しを中心にしてきた従来の自民党改憲案を捨て、あえて公明の加憲案を採用したものであって、いわば「改憲ありき」の指向が先走っていたことを物語っていた。

また、この加憲論は日本会議の政策委員で、極右派のシンクタンクである「日本政策研究センター」の代表伊藤哲夫などが、その機関誌『明日への選択』（一六年九月号）でふりまきはじめてもいた。

当然、こうした九条加憲案には、自民党内外の保守派、極右派からとまどい、反発、不満が生まれる。改憲主流派にとって最大の課題は、交戦権放棄、戦力の不保持を謳《うた》った九条二項の廃止・改正にあったから、自衛隊の現状を追認するだけの単なる九条加憲では、腰砕けの案と受けとめられる。「5・3改憲メッセージ」は、そうした身内の不満を抑え込んでも、安倍首相が自分の任期中に九条改憲を実現する、その決意のほどを示すものであった。改憲をもって自らの終活の締めくくりをはかろうとする安倍首相にとって、いまや改憲は自己目的化しつつある課題になったといってよい。

「安倍改憲」に立ちふさがる野党共闘・市民連合の政治パワー

問題なのは、「安倍改憲メッセージ」がいかにも唐突に発表されたことである。もちろん、五月三日の憲法記念日が選ばれたことには、誰も驚かない。サプライズだったのは、安倍首相が独断の形で、①改憲の実施期限にまで言及し、いわば背水の陣で改憲に乗り出すと宣言し、②自公維の「改憲三兄弟」の体制によって従来の自民改憲案とは異なる九条加憲案で突っ走ると宣言したこと、この二点である。なぜ一七年五月時点で、このような唐突な改憲作戦を発表したのか。

その理由は、手短くいえば、三点である。この三点は、その後、解散・総選挙抜きで改憲手続きを進めるとした方針をあらため、一七年九月末臨時国会冒頭において解散に踏み切り、改憲スケジュール等に修正を加えることになった事情と深くかかわっていたものである。

第一の最も重要な事情は、戦争法や共謀罪、「安倍改憲」等の重要政策課題において、市民連合等の主張・要望・力を背後にもって四野党の共闘関係が着実に発展していたことである。本書では、この体制を野党共闘・市民連合の政治力と表現しておくが（これは、後に民進が離脱に向かうにしたがって「野党と市民の共闘」と呼ばれるようになっていく）、この「アベ政治ノー」の力が安倍政権の前に立ちふさがっていたことが、「5・3安倍改憲メッセージ」を生む最大の圧力だったと私には思われる。

まず、安倍政権は、野党共闘・市民連合が安倍政権に対抗する政治的パワーを発揮するかぎり、国会による改憲発議の前に衆院を解散することはできなかった。なぜなら、解散・総選挙に踏み切ると、「改憲三悪党」によって三分の二以上の議席を確保することは、ほぼ不可能だったからである。野党共闘・市民連合の力が健在であるかぎり、改憲発議前の解散はできない相談であって、「改憲三悪党」の保有する現議席数に頼るほかはなかったのである。このことは、一六年七月の参院選の結果において明らかであったし、また一七年七月の都議選の結果、その前後の内閣支持率急落で裏づけられることになる。野党共闘・市民連合の力は、安倍政権と「安倍改憲」にとって最大の脅威だったわけである。

そのうえに、すでに一七年五月には、森友学園疑惑で、安倍首相の政治生命は一大ピンチに陥っていた。その後、加計疑惑がこれに加わり、共謀罪の強行がさらに内閣支持率を落とす要因になるが、すでに五月時点において、安倍首相自身の胸の内では、少なくとも迫り来る加計疑惑の脅威を計算に入れざるをえなくなっていたと思われる。

第二は、野党共闘・市民連合が「安倍改憲」に反対する勢力として立ちふさがっている以上、既存の「改憲三悪党」の野合と妥協による改憲案を採用せざるをえず、従来の「九条二項廃止」案から「九条二項プラス」案（加憲案）に乗り換えざるをえなかったことである。九条加憲であれば、もともとそのルーツが公明の発案によるということもあって、「改憲三悪党」が加憲案で野合・結束するのは比較的たやすい。

第三は、野党共闘・市民連合のみならず、国民世論の多数が九条の改憲、特に九条二項の廃止による戦力の保持、国防軍の創設、集団的自衛権行使の合憲化については、ノーとしていたことである。たとえば、自民党の〇五年改憲案、一二年改憲案などは、「九条加憲」ではなく、九条の「差し替え案」であったが、九条まるごとの改正案では、国民投票にかけて認められるような状況ではなかった。

これら三点を束ねて簡潔にいうと、①野党共闘・市民連合の力、②国民世論の力、③九条自体の力――この三つの力が、改憲案としてはいわば変化球の「5・3安倍改憲メッセージ」を生み出す背景になったということである。安倍政権は、直球勝負で憲法九条を空振りさせることができなかったから、加憲という変化球に込められたトリックを使って、国民世論を打ち取ろうとしたのである(後の議論のために一言はさんでおくと、これは「建て替え型九条改憲」ではなく「建て増し型九条改憲」を選んだということである)。

安倍改憲に向けた三つの風の戦術的活用

おおまかにいえば、「5・3安倍改憲メッセージ」を起点にした「安倍終活」は、一七年五月から九月までの間は、①改憲による「安倍の大往生型終活」コースと、②「安倍改憲」反対世論の高まるなかでの「非業死型終活」コースのうち、情勢は後者の「非業死」または「討ち死に型」コースにそって動いたとみてよい(この期間に安倍政権が「支持率が傾向的低落の法則」のもとにおかれていたことは本書第一・二章で詳しく検討する)。読者の参考のために述べておくと、本書の大半はこの期間中に「現在進行形」で書かれたものであり、筆者としては、「非業死型コース」にそって無事（という言葉使いはおかしいにしても）安倍政権が三途《さんず》の川を渡ることを期待して執筆したものである。

ところが、一七年盛夏に入る頃から、安倍政権にとっては好都合な三つの風が吹き始めた。それは、①日本版右派ポピュリズムの風、②前原民進党の風、③北朝鮮の風、この三つである。この三つの風は、一般的にいって風というものにはつきもののことではあるが、どこに向かってどの程度の速さで吹くのか定かではないところがあって、容易には見極めがたいところがあったが、九月に入るや、安倍政権にとっては好都合の風向きにほぼ定まった。「終活期の安倍政権」に対する影響という面からみれば、それまでの安倍政権には逆風ばかりが吹いていたところへ、それとは違う順風が吹き始めたのである。

第一は、「小池ファースト」の日本版右派ポピュリズムの台頭が、安倍政権に好都合な風となったことである。

ここは、東京都知事小池百合子のリーダーシップによる政治勢力とその動きを「日本版ポピュリズム」と呼んで話を進める。なぜそう呼ぶのか。理由の第一は、東京五輪施設の準備や築地市場の豊洲移転問題に対する小池知事の当初の対応は、もともとポピュリズムが持ち合わせていた語源的意味、すなわち「大衆迎合主義」に、少なくとも現代日本の政治では、最も近いからである。世間には、橋下徹や石原慎太郎等を日本版ポピュリストと呼ぶ例が多いが、彼らは、「大衆迎合」ではなく「大衆扇動」を得意とする「独裁的政治家」（あるいはデマゴーグ）であって、一九世紀末アメリカに源流を持つポピュリズムが持ち合わせていた独占企業批判や民衆依存、大衆迎合的性格を持ち合わせた人物とは言えない（橋下をポピュリストとみなすことの問題点については、二宮厚美『橋下主義解体新書』高文研、一三年参照）。その点、小池は橋下や石原とは違って、たとえば築地の豊洲移転問題では、当初、市場関係者をはじめ都民大衆の要望や声に耳目を向ける態度をとった（ただし、これが当初のパフォーマンスに過ぎなかったことは早くも都議選後に明らかになる）。彼女は、その意味で、都知事就任前後しばらくの間は、ポピュリストと呼ぶに値するものを持っていたと認められる。

とはいえ、もともと「小池流ポピュリズム」には、「小池第一主義（小池ファースト）」の人気取り策、憲法・安保・構造改革等で安倍政権に同調する「右翼的ポピュリズム」の性格が濃厚だった、ということである。小池知事は、都議選その他重要課題において、たとえ自民党東京都連とは「対立」したとしても、決して「安倍自民党」と正面から対決することはなかった。憲法についても、もともと小池はれっきとした改憲派であり、しかも靖国史観を共有する改憲タカ派である。彼女の率いる政治勢力は、当初の「都民ファースト」から国政レベルの「日本ファースト」（後に名称変更）になるにしたがって、「反安倍自民」というよりもむしろ野党分断の勢力として、安倍政権には、きわめて好都合な風となった。少し後の話になるが、細野豪志《ごうし》等民進離党組の「日本ファースト」への参入による新党結成は、安倍政権にこの野党分断、自民補完勢力の「小池風」を利用させるチャンスを与えた。

第二の風は、民進党の新たな代表に前原誠司《せいじ》が就任し（一七年九月初め）、それ以前の野党共闘時期の政策・政治のありかたを見直し、野党共闘路線から外れる動きを示し始めたことである。改憲や消費増税の点でも、前原民進党が安倍政権にとっては決して正面の敵になるものではないことが明らかになり始めた。もともと前原は、一六年の民進党代表選において、「加憲論」を主張した人物である。彼は、代表就任間もない頃、電力総連の大会に出席し、「安倍さんの下での憲法改悪の議論には応じない、と。これでは話が通らない。憲法についてはビジョンを示し、堂々と議論する」と述べている（「朝日」九月七日）。この発言は、「安倍政権の下での憲法改悪に反対する」とした一六年参院選時における野党四党の合意事項とは大きく異なるものであった。

それに並行して、前原民進党は船出しようとした瞬間に、「山尾スキャンダル」で出鼻をくじかれ、幹事長人事につまずき、さらに離党者ドミノに見舞われ、支持率の低下に直面することになった。九月九・一〇日実施の「朝日」（九月一二日）世論調査によると、前原民進党に「期待する」は二八％にとどまり、「期待しない」の五八％を大きく下回った。政党支持率をみても、自民が三三％から三五％に回復したのに、民進は前月比一ポイント下落で五％にまで低落していた。ちなみに共産支持率は三％、公明支持率は二％だったから、ひと頃の「自・民二大政党」と呼ばれたときからみると、民進の凋落《ちょうらく》ぶりは、見るも無惨というか目に余るものがあったといってよい。安倍政権側は、いうまでもなく、この風を歓迎し、自らへの順風と理解した。

民進党は、党内右派の保守派の代表前原を党の顔に選んで、実は、森友・加計疑惑等で支持率急落に悩まされていた安倍政権を大いに喜ばせたのである。とりわけ前原民進党がそれまでの野党共闘からの方向転換を打ち出したことは、安倍政権の最も恐れた強敵を取り除いてやることを意味し、首相の歓迎するところとなって、九月末臨時国会冒頭の解散・総選挙を選択させることになった。九月末解散は、一般には「大義なき解散」と呼ばれたが、安倍首相にとっては、「最大の難敵＝野党共闘の体制」が整わないうちの解散という点に「大義」があったといわなければならない。「日経」一面のコラム「春秋」（九月二〇日）は、これを「野党第1党がフラつくうちの『敵失解散』」と呼んで皮肉っている。

蛇足ながら、前原は、安倍首相による突然の衆院解散を「敵前逃亡の解散」と酷評したが（三三ページで後述）、それは「もりかけ疑惑隠し」の解散に対する批判としては当たっているにしても、安倍政権にとって最も手強い野党共闘の武装解除をもってこれに応えようとした前原自身にも当てはまる適切な形容だったということ、すなわち「衆院解散による安倍の敵前逃亡」は同時に「民進解散による前原の敵前逃亡」の意味をもっていたということを、ここでは明記しておく。解散によって敵前逃亡をはかろうとしたのは、安倍であり、前原でもあったのである。

第三は、北朝鮮から吹いてくる風である。いうまでもないが、北朝鮮による無謀な核・ミサイル開発・実験は、日本国民の歓迎するところではないし、安倍政権にとっても歓迎一辺倒の風だというわけではない。北朝鮮の核・ミサイル開発が安倍政権にとって有利な風になるのは、安倍政権が北朝鮮の脅威を逆手にとって軍備拡充、日米軍事同盟強化、さらに九条改憲の口実に利用できるからである。

安倍政権は、最近の度重なる北朝鮮の核実験、弾道ミサイル発射に対し、アメリカの核の傘のもとでの「拡大抑止」に依存し（本書第二章一三五～一三六ページ参照）、外交と対話による打開の道を閉ざして、経済制裁や軍事的圧力による対策を主張するのみである。だが実際には、軍事的圧力によるだけでは、北朝鮮に挑発的な核ミサイル開発を止めさせることはできない。この現実を前にして、当然、国民の不安感は高まる。安倍政権は、この国民的不安感を改憲に向けた追い風に利用し、総選挙においても政権与党に有利な風として利用する。さらに、民進党保守派に向けて戦争法の容認といった「現実路線」への転換を迫り、野党間の分断にも利用する。

北朝鮮から吹いてくる風を、安倍政権はこのように自らの施策への順風として活用しようとしたわけである。「朝日」記事（一七年九月一九日）は、ある関係者が「選挙期間中に弾道ミサイルが発射されれば、『自民党がんばれ』の世論になるのではないか」とあけすけに語った、と報じている。

安倍政権がこうした三つの風を利用できると判断した結果、「5・3安倍改憲メッセージ」に込められた改憲戦略は、一七年九月に入って、戦術上の手直しが施されることになった。それが、九月二八日の衆院解散、一〇月二二日の総選挙である。これは、次の総選挙前までに、現国会勢力の「改憲三悪党」で改憲発議にこぎ着けるという「改憲スケジュール」を修正する戦術上の転換であった。この解散総選挙は、同時に、森友・加計疑惑のもとで確実に「非業死型」の終活に向かいそうになった安倍政権に、もう一度「大往生型」コースに戻るチャンスを与えるものであった。臨時国会冒頭の解散を、ある自民党中堅議員は「無理やりの解散だ。よほど森友、加計で追及されるのが嫌だったんだろう」と述べたそうだが（「朝日」九月二〇日）、そのとおり、安倍政権は野党の追及による「非業死型終活」を遮断し、解散・総選挙によっていったん森友・加計疑惑の穢れを払うみそぎをおこない、「大往生型終活」に戻そうという戦術をとったのである（これが「もり・かけ疑惑隠し解散」と呼ばれたゆえんである）。

大義なき解散のなかで生まれた「改憲タカ派小池新党」

安倍政権がとった「大義なき解散」の戦術は、ある意味で、予想以上の効果を発揮した。その効果のうち、ここでは、九月末の解散から、一〇月の総選挙戦突入前後に生まれた事態を二点に絞って振り返っておくことにする。第一は「希望の党」の結成（九月二五日結党宣言）と民進党の解体・吸収、第二は「希望」から排除された「リベラル派」による「立憲民主党」の結成である（以下「立憲」と略記）。この二つの新党結成の事情と意味をみておくことにする。

「希望」の結成と民進の吸収・併合は、九月以降に吹き始めた既述の「三つの風」のうち、二つの風の吹きだまりで起こったものである。したがって、民進の吸収・併合による「希望」の結成は、二点の意味をもつものであった。

第一は、「希望」がその当初より、①「安倍改憲」の補完勢力としての政治的役割を任務とし、同時に、②野党分断の役割を期待されて結成されたということである。このことは、総選挙に臨んで、党公認候補の条件として、「希望」が民進からの合流組に対して踏み絵のようにつきつけた「政策協定書」（誓約書）をみれば明らかである。「希望」公認候補として認められるためには、たとえば「『寛容な改革保守政党』を目指すこと」、「現行の安全保障法制については、憲法にのっとり適切に運用する。その上で不断の見直しを行い、現実的な安全保障政策を支持する」、「憲法改正を支持し、憲法改正論議を幅広く進めること」等に署名することが求められたのである。これは、総選挙に向けて、「希望」が事実上「安倍改憲」の補完勢力に位置することを国民に示したことを意味する。

他ならぬ「安倍改憲」の補完政党として「希望」が結成されたことは、結成当時の主なメンバーにあらわれていた。代表の小池がれっきとした改憲タカ派に属する政治家であることは、すでにふれたが（二六ページ）、いま注目しておいてよいことは、小池は、後（三一七ページ以下）に説明する「建て増し方式」によって右派政治家のキャリアを積んできた人物だということである。

彼女の政界入りは、一九九二年、当時の日本新党から衆院選に出馬、当選したことに始まるが、今世紀に入ってからは、自民党の右派として、たとえば、小泉政権期には環境大臣、内閣府特命担当大臣（沖縄及び北方担当）、第一次安倍政権期には防衛大臣、その後自民党総務会長等の要職を歴任してきた。これは、保守政治家としてのキャリアを横に建て増ししていくように経験してきたことを意味する。都知事への転身も、その建て増し方式の延長線上にあり、今回の「希望」代表への就任もその最新の事例を示すものにほかならなかった。建て増し方式の特徴は、次から次へと新しい棟や部屋を建て増し、渡り廊下でつないでいく恰好をとるために、全体像がとらえにくいことである。小池は、この建て増し方式の外観的特徴を狡猾《こうかつ》に使いこなし、その政治家としての改憲タカ派、右翼的正体を隠蔽《いんぺい》してきたのであるが、さすがに新党「希望」の代表としては、自らの正体を完全にカムフラージュすることかなわず、いつもの艶やかな「小池ファッション」の内側に隠された硬質右派の鎧《よろい》を、露わにせざるをえなくなった。「朝日」記者・前田直人《なおと》は、「小池氏はかねて改憲派でタカ派色が強い」と言い切っている（一七年一〇月二日）。

「希望」発足時のメンバーのうち、長島昭久《あきひさ》、松原仁《じん》、松沢成文《しげふみ》、中山恭子は日本会議国会議員懇談会に属し、松原、松沢、中山のほか、木内孝胤《たかたね》は靖国神社に参拝する国会議員の会メンバーである（歯に衣着せずにいえば、彼らの大半は一括りにして右派政治屋とみてかまわない）。「希望」番頭役の若狭勝《まさる》は、安保法制（戦争法）や秘密保護法、共謀罪に賛成している。民進をいち早く離党し、「希望」に流れこんだ細野豪志は知る人ぞ知る右派、折り紙つきの改憲・安保肯定派である。要するに、「希望」は、「安倍改憲」の補完勢力であり、安倍政権に対峙するときには、「改憲球団」の「安倍一軍」に対して「小池二軍」として競争を挑むにすぎない勢力なのである（この点は三七ページ以下で再述）。

「希望」結成の第二の意味は、「希望」の結党が、すぐさま民進の吸収・併合にまでつき進んだために、野党間の分断を、安倍政権の期待した以上に進めたことである。この野党分断の「一大成果」は、「小池新党」の仕掛けた罠に「前原民進」が見事なまでにはまったことによるものであった。つまり、「小池新党」の成果というよりも、「前原民進」の自死・自爆の結果であった、というのが正確である。「前原民進」は、その直前までに民進党がとってきた立場、すなわち野党共闘・市民連合の共同関係、したがって公党としての民進党が国民に対して約束してきた「野党と市民の共闘」という信頼関係を弊履《へいり》のごとく投げ捨て、民進を丸ごと、二束三文で「希望」に売りとばしたのである（正確には、二束三文での投げ売りというよりも、持参金つきで引き取ってもらうというのが真相であった。というのは、民進メンバーが「希望」の公認候補者と認められるためには、相当の「選挙資金の提供」が求められたからである）。

「前原民進」が「希望」に合流し、事実上解党していく様子を眺めながら、私は思わず、関ヶ原合戦における小早川秀秋《ひであき》の「裏切り」を思い出さざるをえなかった（筆者は史家ではないので、ここでは歴史の真相ではなく、通説・俗説にいう小早川の徳川方への寝返りのことをさす）。周知のとおり、関ヶ原合戦はその当初西軍（石田軍）優位のもとで進み、豊臣勢にはここで徳川軍を攻め落とすには絶好のチャンス到来というとき、すなわち、松尾山《まつおやま》に陣取る小早川軍が西軍に加勢して、一気に徳川方東軍を攻め立てれば、西軍の勝利間違いなしというそのときに、小早川は徳川方に寝返り、これが東軍の勝利を導いた、というのが「小早川秀秋の寝返り物語」である。

安倍首相による解散が明らかになった九月一九日、民進党代表の前原は、党常任幹事会においてこの解散を総理の「敵前逃亡、自己保身、疑惑隠しの解散」と述べたという（「日経」九月二〇日、傍点は筆者）。この指摘はまさにその通りであった。野党共闘の攻勢を前にして、安倍政権はたじたじとして敵前逃亡の策を練らざるをえなかったのである。だが、その前原は、他ならぬ安倍政権が最も恐れる敵、すなわち野党共闘・市民連合の勢力を裏切り、安倍改憲補完勢力＝「希望」に寝返った。これは、すでに一言しておいたように、前原自身が安倍と同じような敵前逃亡に走ったことを意味した。安倍が最も恐れた野党共闘から、前原民進が抜け出すことは、「安倍改憲勢力」を前にして、前原側が敵前逃亡に走った、とみるのが妥当だろう。

それればかりではない。前原が民進党を持参金付きで「希望」に丸投げしたのは、このまま総選挙に突入すると、民進は解散前の約九〇議席から四〇～五〇議席ほどに減らす可能性があったからだという（「朝日」一〇月五日、前原が「希望」への合流の妥当性を根拠づけるために持ち出した説明）。これは、前原による民進の解党が、総選挙を前にして敵前逃亡を企てたにとどまらず、「自己保身」のためでもあったことを物語る。つまり前原は、安倍が衆院を解散したのに対し、どこをどうとりちがえたのか、民進党を解散・解党して、敵前逃亡、自己保身を図ろうとしたのである。この前原の姿に現代の小早川秀秋をみるのは、私だけではあるまい。

「安倍一強」対「小池一強」の対決構図とその誤り

さて、以上のように、①改憲保守小池新党の結成、②小池新党への民進丸ごとの吸収という二つの流れがぶつかったときに、衆院選挙に向けた「希望」が生まれることになった。ただ、注意しておかなければならないことは、この衆院選に臨む「希望」（民進併合後の「新・希望」）は、一〇日ばかり前に誕生した時点の「希望」（いわば「原・希望」）とは、微妙にその性格を変化させたことである。この変貌は、上記の①改憲保守小池新党の結成と、②小池新党への民進まるごとの吸収との間の矛盾から生まれたものであった。矛盾は、「小池新党」と「前原民進」との間の不一致点に根ざして生まれたもの、つまり改憲タカ派で戦争法容認の小池新党と、「安倍改憲」・戦争法反対の民進メンバーとの間には政策上の重大な不一致があって生まれたものであった。小池新党は、自分たちの政策とは正反対といってよいほどに異なる政策を掲げる民進メンバーを、そのまま丸呑みするというわけにはいかない。この矛盾を打開ないし隠蔽するためには、小池新党側が、民進のいわゆるリベラル派を排除すること、上に指摘した踏み絵を突きつけて選別するほかはない。この選別・排除を通じて、「原・希望」は「新・希望」へと微妙に変貌するのである。

小池自身はこれを説明して「私たちは合流という考え方を持っていない」「『希望の党で戦いたい』という申し込みがあって、初めて候補者として選ぶかどうかだ」（九月二八日、「日経」九月二九日）とか、「安全保障、憲法観といった根幹の部分で一致していることが政党の構成員として必要最低限のこと」（九月二九日）と述べ、最後には、民進メンバーの「全員を受け入れることはさらさらない」と言い切って（「朝日」九月三〇日）、いわゆる「排除の論理」を鮮明に打ち出すことになった。この「希望」側の「選別・排除の論理」は、小池新党として己の「改憲タカ派的アイデンティティ（本領）」を保持するための、当然の主張であった。

これを「前原民進」に対する「小池希望」の裏切りだとか、背信とみるのは、筋違いである。小池新党にはそもそもの最初から、リベラル派や護憲派などを受け入れる余地はなく、民進を吸収するにしても、それは小池の「いいとこ取り」と野党共闘の切り崩しをはかるためのものだった。前原は、小池のしかけたこの罠に自ら進んではまりこんだのである（「日経」〈一〇月三日〉は、民進保守系の前議員の一人が、「前原氏は最初からリベラル系を切るつもりだったのだろう。自分で切れないから、小池氏を使った確信犯だ」と指摘したと報道している）。

民進勢力の選別・淘汰・吸収を経て「大所帯」となった「希望」は、ここで単なる「小池新党」というよりは、「小池一強新党」と呼ぶべき様相を呈し始めた。「小池一強」と呼ぶゆえんは、二つある。第一は、文字通りの「寄り合い所帯」の「希望」が、かろうじてまとまりを保っているのは「この指止まれ」式の小池の求心力（小池人気）によるものであって、「希望」内部にあってはまさしく「女帝百合子」率いる「小池一強」と呼ぶべき体制が築かれていることである。第二は、衆院選において「安倍一強政権」に代わる政権選択を迫ろうとしたこと、つまり「小池一強（政権）」を対置しようとしたことである。ここに、メディアの中にも衆院選を「安倍一強vs.小池一強」の構図で描く傾向があらわれることになる。

だが、この「安倍vs.小池」の対決構図は、「希望」の正体を正しくとらえたものとはいえず、「安倍一強vs.小池一強」の構図はメディアのなかでもすぐさま書き換えられることになる。「安倍vs.小池」の構図は、選挙戦の構図、配置図としては誤りだということが判明したのである。それは、「希望」が「小池一強政党」に成長し始めるのとほぼ同時に、「小池一強」から排除されたリベラル派を中心に立憲民主党が結成され、野党共闘・市民連合（野党と市民の共闘）の再構築が進み始めたからである。「安倍終活」を大きなテーマにした選挙戦では、この二点は見逃すことのできない重要な論点になるので、以下、この論点に立ち寄っておく。

「改憲球団小池二軍」の前史──構造改革をめぐる「小泉一軍vs.前原二軍」の争い

「安倍vs.小池」の対決構図が誤りであることは、「希望」が安倍政権と言葉本来の意味において対決する政党だとはいえず、いわば「改憲球団」の二軍チーム（小池二軍）にすぎなかったからである。「希望」を「改憲二軍」とするゆえんは二つ理由がある。

一つは、公約に改憲を公然と掲げていること、二つ目は、安保法制＝戦争法を認め、またその容認を「希望」公認候補の条件（踏み絵）としたことである。これは「希望」がまさしく改憲政党にほかならぬことを示すものであるが、「二軍」というのは、現在の「改憲球団」のなかでは「安倍一軍」がレギュラーポジションを占めているからである。「希望」が掲げる政権交代とは、「安倍一軍」にかわって「小池二軍」が改憲のレギュラー（正規）軍になってやろうというだけの話である。つまり、改憲球団のなかのレギュラーの入れ替えをやろうというだけの話であって、改憲球団の性格を変えるといったものでは「さらさらない」ということである。

このような政治の世界における「一軍」と「二軍」の争いには、実は、前史がある（小泉一軍と前原二軍との関係については、二宮厚美「世界同時不況と新自由主義の転換」渡辺治他『新自由主義か新福祉国家か』旬報社、〇九年参照）。前原が旧民主党代表であった頃（〇五〜〇六年の約半年間）、「前原民主党」は当時の小泉政権に対して「構造改革二軍」に位置する党であった。「構造改革一軍」はいうまでもなく「小泉自民」である。その当時、前原は、簡単にいうと、「改憲型新自由主義」を標榜《ひょうぼう》し、同じ「改憲型新自由主義」を掲げる「小泉一軍」に対して、二軍チームの監督として、レギュラーを争い、ベンチ入りを狙っていたのである。当時の「小泉一軍」と「前原二軍」の争いは、主に新自由主義的構造改革をどちらの側がより速く、効率的に進めるか、のスピード競争であった。

スピード競争はトラック競走と言い換えることができる。トラック競走というのは、たとえば一〇〇メートルや四〇〇メートルレースのように、どちらが速いか、どちらが早くゴールインするかを競うタイプの競争を意味する。このタイプの競争のポイントは、ゴール（目標）が同じだという点にある。だから、同じような政策課題、政治目標を掲げて諸政党間が競争しあうのは、トラック競走型に分類される。「小泉一軍」と「前原二軍」とは、ほぼ同じゴールの「構造改革」を日指して、このスピード競争を演じていたのである。

「小池二軍」が「安倍一軍」に対して同様のスピード競争を挑もうとしていることは、たとえば、小池が自民党との関係を評して「真の改革を行うことが目的だ」と目的の共通性を指摘しつつ、「激動する世界のスピードに自民党では追いつかないのではないか。一言で言って、安倍政権は改革のスピードが遅い」と述べているところにあらわれている（「日経」一七年一〇月七日）。安倍政権の「改革スピード」の遅さを問題にし、自分たちの方が速いといっているわけである。ここでいう「改革」とは、これまでの小池の立場にそくしていえば、明らかに「新自由主義的構造改革」のことであって、その意味では、小池は、かつて前原が小泉純一郎相手に挑戦した構造改革のスピード競争を、安倍相手に挑んでいるにすぎない。

後の議論にかかわるので、この「小泉一軍vs.前原二軍」のスピード競争の結末を述べておくと、〇五～〇六年当時の、勢いある「小泉一軍」のスピードに対して、「前原二軍」は到底太刀打ちできず、「前原二軍」が「小泉一軍」を押しのけて、一軍の地位をものにすることはできなかった。つまり「前原民主党」は政権交代を実現することはできなかったのである。民主党代表は、その直後、小沢一郎に代わる。小沢は、小泉一軍の属する「改憲型新自由主義的構造改革球団」の二軍監督を辞め、野球の比喩を続けていうと、民主党をそっくり別の球団に切り替えようとした。小沢が、民主党代表就任早々に掲げた「対立軸の政治」は、この新規別球団結成の宣言を意味するものであった。プロ野球の比喩で続けると、前原代表期の民主党は「小泉ジャイアンツ」の二軍を目指したものであったが、小沢は二軍に甘んじていては「ジャイアンツ」の一軍になることはできないと判断（勇断というべきか）し、いわば「小沢タイガース」という別球団を立ち上げたのである（指摘するまでもないことだとは思うが、ここでジャイアンツだのタイガースだのといった呼称を用いたのは、あくまでも説明上の便宜であって、本物の巨人・阪神をさすわけではない）。

「小沢タイガース」はその後「鳩山タイガース」に引き継がれ、見事、ペナントレースの勝者となった、つまり政権交代を実現することになった。これは、「前原民主」が「小泉自民」にスピード競争を挑んで、ついに勝利することができなかったのに対し、「小沢民主」は当時の「安倍自民」との「対決軸の政治」に挑み、自民党との陣地戦に臨んで優位を占め、最後、「鳩山民主」が「麻生自民」との騎馬戦に持ち込んで勝利をものにした、ということを意味する。「前原民主」は「小泉自民」と同じゴールを目指すスピード競争に挑んでついに勝利することはなかったが、「小沢民主」および「鳩山民主」はスピード競争ではなく、騎馬戦型の対決戦に切り替えて勝者となったのである。

これが、政治の世界における一軍対二軍の争いの前史である。前史は「小泉一軍」対「前原二軍」の物語、今回は「安倍一軍」対「小池二軍」のそれとなるが、前回と今回に共通するのは、そこに前原誠司という特異な「改憲型新自由主義政治家」が登場することである。ただし、今回は、二軍役は「前原二軍」ではなく「小池二軍」であり、前原はいわば「影身《かげみ》」として小池の裏に添い潜む。小池・前原両者は大づかみにいって「改憲型新自由主義」を共有する間柄である（そのルーツは両人が九〇年代初頭に発足した日本新党から政治家としての歩みを始めるところにある。ついでにいえば、これまで新自由主義右派と目されてきた野田佳彦《よしひこ》、山田宏、樽床伸二《たるとこしんじ》、中田宏等はこの時の「同期生」である）。

今回の「安倍一軍」対「小池二軍」のスピード競争が、かつての「小泉一軍」と「前原二軍」のそれとは異なるのは、両方に共通する「改憲型新自由主義陣営」内部の小競り合いとはきっぱりと縁を切って、新しく別立ての「護憲球団」があらわれたこと、すなわち「改憲球団一軍・二軍」に対して陣地戦ないし騎馬戦型の対決戦に挑もうとする「護憲球団」があらわれたことである。

立憲民主党の結成と「市民と野党の共闘」の再構築

「希望」の結党（発表）は一七年九月二五日、「希望」への民進の合流が決まるのはその三日後の九月二八日（衆院解散の日）、新党代表枝野幸男《ゆきお》から立憲民主党の結成が発表されるのはその四日後の一〇月二日、このわずか一週間の間に、総選挙に臨む政党間の構図は二転三転することになった。とはいえ、ここでその変遷過程を詳しく追ういとまはないし、本書のテーマからみれば、その必要もあまりない。指摘しておかなければならないことは、このわずか一週間ばかりの間に、メディアの描く選挙戦の構図が、「安倍 vs.小池」の二極構図から、「自公与党＋希望・維新 vs.共・立・社」の構図に変化したということである。これは「希望」登場時に諸政党の配置をメディアが描いた三極構図が、内容からみれば、主要には「改憲球団安倍一軍＋小池二軍」と「護憲球団共・立・社」との二極対決図が基本になったことを意味する。

すなわち、天下を分かつ関ヶ原合戦のような東西両軍の対決をイメージすれば、主要な対決は「改憲政党（自民・公明・維新・希望）」か、それとも「護憲政党（共産・立憲・社民）」かの対決にあるといわなければならない。この対決図を前提にして、いま必要な補足を二点加える。

一点目は、「安倍改憲」の補完勢力公明・維新・希望の三党は、「安倍一軍」に対して二軍・三軍の役割を果たすに過ぎず、これら三党が二軍になるのか三軍になるのか、あるいは安倍一軍の代打、助っ人にまわるのかは、その時々の情勢と都合次第、つまり日和見主義的対応になるだけだということである。あくまでも「安倍改憲」を補完する勢力にすぎないこれら三党は、すでに総選挙に際して、「棲み分け型」による各党の縄張りの保持、松井一郎維新代表の言葉でいえば「切磋琢磨《せつさたくま》する関係」を保った（あまり多くのボキャブラリーを持たない松井は、改憲に向けた二軍・三軍のスピード競争を表現するときには、だいたい切磋琢磨という言葉を使うのが常である）。この三党の関係は、言葉本来の意味における「打算にもとづく野合」というべきであり、「安倍改憲」をめぐる「自民・公明 vs.維新・希望」といった「対決構図」は単なる仮象にすぎない。

二点目は、もう一方の「「護憲政党（共産・立憲・社民）」側に対する補足である。この三党が共闘関係を結ぶ背後には、「市民と野党の共闘」という国民的運動の力があること、したがって、この「国民的護憲勢力」は三つの政党の足し算によるだけのものではない、ということである。「希望」の結成と民進の併呑《へいどん》の直後に枝野代表のもとに立憲民主党が結成されたのも、実は、この「市民と野党の共闘」の力が働いたからであった。マスメディアの多くは、立憲民主の結成によって民進が分裂したと報じたが、これは正確とはいえず、事態の経過は、労働組合の事例をひきあいにしていうと、旧民進の第一組合が立憲民主の形で継承されたのに対し、「希望」合流組はあたかも第二組合を結成するようにして集団離党に走った、というのが適切なのではないかと私は思う（ちなみに、「朝日」政治部次長松田京平は、コラム記事「視点」〈一〇月三日〉で、「小池新党への合流を決める上で最低限必要だった政策合意を後回しにして、人気にすがった身売りの末の分裂劇である」としている）。

ここで、立憲民主が正統の第一組合であり、「希望」合流組は分裂を仕掛けた第二組合にあたると論難するのには、それなりのわけがある。それは、「誠実性規準のコミュニケーション的理性」（この概念については第一章一一六〜一一九ページで後述）からみると、政治・政党に求められる「政治的誠実性」の点において、明らかに立憲民主側に軍配があがるからである。それは二点にまたがる。

第一は、「市民と野党の共闘」の誓いを誠実に守るという点において、立憲民主側に正統性がある、ということである。これを最もわかりやすく示しているのは、「希望」結成の前日（一〇月二六日）において、民進を含む四野党と「市民連合（安保法制の廃止と立憲主義の回復を求める市民連合）」の間で総選挙に臨む政策的合意が取り交わされていたことである。この合意事項には、「希望」の政策とは相いれない「安保法制、共謀罪などの白紙撤回」「安倍改憲反対」などが含まれていた。その二日後、前原民進は、この「市民と野党の共闘」における「共通公約」を一方的に破棄し、他の三野党および「市民連合」を裏切るようにして、「希望」への合流を決めたのである。前原民進は、このとき、公党に問われる最低限の政治的誠実性を蹂躙したといわなければならない。これに対して、立憲民主の結成は、かつて民進が加わっていたこの「市民と野党の共闘」にいま一度立ち戻る、という意味を持っていたのである。

前原民進による背信に対し、「市民連合」は、恐らくは煮えたぎる思いを抑えるようにして、「これまで一緒に努力してきた全国各地の市民の方々の無念の思いはどれだけ大きいか、想像にあまりあります」と述べるにとどめたが、立憲民主党の「共闘復帰」にはすぐさま歓迎の意をあらわし、「市民と野党の共闘」の再構築に乗り出した。政治的誠実性の点において、立憲民主側が「希望」合流組をはるかに凌駕《りようが》することは明らかであろう。

第二は、民進の「希望」への合流過程がいかにも不誠実な形で進められたことである。民進メンバーの「希望」への合流は、先にふれたように、あたかも第二組合をでっち上げるようにして進められたのである。この過程は三段階にわけて理解できる（ここでは、話をわかりやすくするために前原個人の動きを中心にみていく）。

立憲民主の結成にいたる第一段階の情勢は、前原が民進メンバー全員（衆院議員及び候補予定者）を希望に合流させるとの方針を示し、両院議員総会で満場一致で承認されたことにあった。「民進全員が希望に合流」を満場一致で承認したのだから、この段階では、まだ新党（立憲民主）を立ち上げる理由はない。

ところが、「希望」側は、このすぐ後で、小池の「全員を受け入れることはさらさらない」という強い意志にもとづき、踏み絵（協定書）をつきつけ、「希望」の眼鏡にかなわない者は排除するという選別策に出た。ここで、従来の民進の政策・方針、特に四野党間共闘や「市民と野党の共闘」を維持・継承しようとするメンバーには、「希望」への合流とは別の選択肢、すなわち「希望」とは別の道に向かう岐路があらわれることになる。

これが第二段階であるが、「希望」から排除された人たちには二つの選択肢が考えられた。一つは無所属での立候補、いま一つは新党の結成である。この選択肢のうち、無所属で立候補する場合には、ある甘い措置が提示された。新党結成の前夜、一〇月一日に、枝野と会談した前原は、「無所属で出馬するなら希望側が対抗馬を立てないよう調整する」と述べたという（「朝日」一〇月三日）。逆にいうと、新党結成に踏み切る場合には、刺客《しかく》を放つ可能性を示唆したということである。この「恫喝」に近い申し入れによって、民進リベラル派のなかにも、やむなく無所属での立候補を選ばさるをえない人が生まれた。

無所属なら対抗馬を立てないが、新党結成なら刺客を放つ、これはいったい何を意味するか。「希望」の正体が「改憲二軍」にあることを、あらためて「身内」に対しても露わにしたということである。なぜなら、その数日前の九月三〇日、小池は大阪府知事松井一郎（維新代表）、愛知県知事大村秀章《ひであき》と「三都物語」と称する会談を持ち、「希望」と「維新」の「改憲二軍」が、東京と大阪については、それぞれの縄張りとし、相手の陣地には互いに手を出さない、という縄張り協定を取り交わしていたからである。そのうえに「希望」は、この取引のすぐ後で明らかになるが、公明の幹部、自民の幹部（石破《いしば》茂、野田聖子）等に対しても対抗馬を立てない方針をとった。これは「希望」が「市民と野党の共闘」には敵対しても、決して「改憲三兄弟」とは対決する勢力ではない、ということをあらためて証明するものであった。

ここから、「希望」および「前原民進」から排除された人々による新党結成を促す第三段階の情勢が生まれたのである。それは、もはやいうまでもないが、総選挙を前にして四野党と「市民連合」がかつて合意した地点に立ち戻り、「希望」合流組が投げ捨てた「政治的誠実性」の旗をもう一度掲げること、それに向けて「枝野コール」がわき起こったことである。

こうして、枝野を代表とする新党・立憲民主党が結成されるや、きわめて短期間のうちに、「市民と野党の共闘」の再構築が進められ、安倍政権打倒に向けて、必要な体制（受け皿）づくり、「アベ政治」に代わる政策ビジョンづくりが進められることになった。筆者の畏友渡辺治（一橋大名誉教授）は、かねてより、「アベ政治」に代わる政権構想には、その受け皿としての野党共闘・連合と、受け皿に盛られる料理（政策・ビジョン）の二つが最低限求められると主張してきたが、この「受け皿」と「盛り付け料理」の二つが急いで準備されることになったのである（たとえば、渡辺治・福祉国家構想研究会編『日米安保と戦争法に代わる選択肢』大月書店、一六年を参照）。

受け皿づくりとは、指摘するまでもなく、いま触れた野党共闘・市民連合体制の継続・発展である。その結果、総選挙前には、三野党間の「棲み分け」を含めて、三党による候補者の一本化がほぼすべての小選挙区において進むことになった（沖縄はオール沖縄の名のもとで野党間で候補者の一本化が先行して進んでいた）。受け皿の料理としては、「市民と野党の共闘」で確認されてきた護憲、戦争法・共謀罪廃止、立憲主義回復、安倍改憲反対、一九年一〇月予定の消費増税反対、原発ゼロの早期実現等が盛り立てられた。

こうして二一世紀日本の歴史にとってきわめて重要な意味をもつ総選挙は、「改憲球団安倍一軍＋二軍」対「護憲球団共・立・社」との二極対決で進められることになったのである。本書にとって重要なことは、この対決構図のもとでの総選挙の結果が、「安倍終活」の再開を意味する、ということである。再開される「安倍終活」が、安倍政権の「大往生型終活コース」に向かうか、それとも「非業死型コース」に向かうかは、総選挙後の新たな力関係によって決められる。

現時点でいい得ることは、この結果、「終活期の安倍政権」は新たな力関係と条件のもとで再開する、ということである。これまでと変わらないのは、安倍終活をめぐる二つのコース、すなわち「安倍改憲」の大願成就に向かう「大往生型終活」か、それとも「安倍改憲」を挫折させる「非業死型終活」かの二つの選択肢は両方とも今なお残っているということである。変わるのは、「大往生型」と「非業死型」のいずれの道を選ぶ力が強くなったか、その力関係の変化にある。

この点をおさえて、このプロローグでは、「安倍終活」をめぐる「大往生型」と「非業死型」の二つのコースのせめぎ合いにおいて、国民運動の側が注意しておかなければならない点を二点指摘しておきたい。一つは「5・3安倍改憲メッセージ」で打ち出された「九条加憲論」のトリック、二つめは「九条加憲論」に組み込まれた世論誘導の手法である。

安倍九条加憲論に仕組まれた三つのトリック

まず、「5・3安倍改憲メッセージ」の「九条加憲論」には三つのトリックが仕組まれているということに注意しなければならない。

第一は九条加憲論そのものに仕掛けられたトリックである。九条加憲論は、「第一項の戦争放棄条項と第二項の戦力の不保持・交戦権否認の二つはそのまま残し、ただ第三項に現状の自衛隊を書き加えてそのまま認めるだけだから、これまでの平和主義をなんら変えるものではない」というものである。この加憲論の実質的ネライは、一口にいうと、現憲法の「武力によらない平和主義」を改憲によって「武力による平和主義」に転換することである。これが一つのトリックであるのは、九条の一・二項はそのまま残すから、なんら憲法の平和主義理念を変えるものではないという見せかけの上で、実際には「武力による平和」に理念・規範を切り替えてしまうからである。

このトリックが呼び起こす結果は、さしあたり、①これまでの「平和国家」「非戦国家」が実際には「戦争国家」に変わること、②「戦力」ではないとされてきた自衛隊が実質上「自衛力」「軍隊」に変わること、③自衛権の公認のもとでフルスペックの集団的自衛権も認められることである。こうなってしまえば、誰にもわかるように、現憲法九条の世界はがらりと一変することになる。いま重要な点は、このトリックに人々がついつい引っかけられてしまい易いのには、それなりのわけがあるということである。これが注意しておかなければならない点である。私は憲法や法学を専門にするものではないが、多くの法学研究者が警告を発している点をここで紹介しておくと、こうである(特にこだけではないが、安倍改憲に対する評価に関しては、本書は、渡辺治の研究成果によるところが大きい。最近のものとしては、たとえば渡辺「安倍首相の会見発言――そのねらいと危険性」九条の会ブックレット『安倍9条改憲は戦争への道』、同「安倍政治に代わる選択肢を――安倍改憲を阻む共同から野党連合政権めざす共同へ」『前衛』一七年一〇月号等)。

その第一は、九条一・二項はそのまま残すから安心してよい、という理屈は当たらないということである。これは比較的よく知られていることだが、法律には、一般的に「後法が前法に優先する」とか「後法が前法を廃す」という解釈のルールがあてはまる。法律は後に付け加える条項が優越し、その前の条項を無効にする力を持つということである。後法に「但し」とか「前項にかかわらず」といった「但し書き」が加えられた場合には、特に、付加された条文の法的拘束力が優越する関係になる。したがって、九条加憲案において、九条になんらかの形で自衛隊が書き込まれ、その存在が合憲的なものにされると、たとえば第二項の「戦力不保持」は死文・空文化してしまうということである。

第二は、九条加憲といっても、ただ「現在の自衛隊」ないし「自衛隊の現状」をそのまま憲法で認めるだけだから心配するにはおよばない、というごまかしである。このトリックにひっかかりやすいのは、国民の多くが、「現在の自衛隊」を主に「戦力ではない自衛隊」、「災害救助等で活躍するレスキュー隊的組織」とみなし、実際に、台風や震災、津波、水害等の緊急時に頼りになる組織として、その活動を期待しているからである。九条加憲論は、少なからぬ国民の有するこの「自衛隊＝レスキュー隊」的イメージを利用し、その現状の自衛隊を九条に書き込むだけだから安心してよい、と誘導しているといってよい。

だが、ここで注意しておかなければならないことは、「現在の実際の自衛隊」はレスキュー隊的性格をはるかに超えて、限定的といえども海外で武力行使を許容された部隊（事実上の軍隊）であり、集団的自衛権行使を容認された「実力＝実質上の戦力」である（英語でいえば、専守防衛の実力も戦力も「forces」で変わりはない）。このforces（戦力）が九条に書き加えられ、憲法によって認められることとは、国民のイメージする「自衛隊＝レスキュー隊的組織」が憲法に書き込まれることとは、まったく異なる意味を持つという点に注意しておかなければならない。

第三のトリックは、「実力＝実質上の戦力」としての自衛隊が憲法に書き加えられ、合憲化されると、国民の期待する自衛隊のレスキュー隊的性格は、強まるどころか、むしろ逆に弱まり、だんだんと稀薄化していくことである。これは九条加憲によって、国民の期待するところとは逆のことが起こることを意味する。恐らく、大半の国民が現在の自衛隊に期待するのは「防災国家」「平和国家」「災害強国（災害に強い国家）」の担い手としての活躍である。だが、戦力としての自衛隊を憲法で認める国家は、「戦争国家」「軍事国家」「軍事強国」にはなるにしても、それに比例していよいよますます「平和国家」「防災国家」ではなくなり、「災害に脆弱《ぜいじゃく》な国」になっていかざるをえない。なぜなら、本物の軍隊＝国防軍を有する国家にあっては、軍隊とレスキュー隊（たとえば日本の消防団）とはまったく違った組織であり、それぞれの主任務は明確に線引きされ、分けられるからである。自衛隊が軍になってしまえば、災害救助活動は軍隊には余分な仕事になる。自衛隊は軍隊としてその主任務をますます消防団的活動から軍事的任務に移し、軍機能に専門特化していく――これはある意味で当たり前である。だからこそ、このトリック、すなわち自衛隊の現状にあるレスキュー隊的機能を利用して、国民を加憲論に誘導したあげくに、災害救助活動の方は軍隊としての自衛隊のいわば抜け殻にしてしまうというトリックを、今から見破っておかなければならないのである。

建て増し主義に依拠した九条加憲論

加憲論で注意しなければならない第二の論点は、加憲論が「建て増し方式」による改憲の手法に依拠していることである。建て増しとは、読んで字の如し、一つの建物の横に新しい棟や部屋を建て増ししていくことである。九条加憲論は、九条の一・二項を残し、あたかも旧棟の横に新棟を建て増すように、第三項を付け加えるというのだから、建て増し方式による改憲といってよい。

「建て増し」に対比されるのは、「建て替え」ないし「差し替え」方式である。建て替えの場合には、古い建物はいったん解体し、更地にした上で新たな建物を建てるわけだから、全体の構造がすっかり変わることになる。だから、一つの建築物が新しいものにそっくり差し替えられることになるといってもよい。憲法でいえば、九条一・二項を残すのではなく、九条は新しく書き直され、その理念・規範等を含む九条の一切合切《いっさいがっさい》がいったん新しいものに建て替えられるのである。たとえば、自民党の一二年改憲草案は、九条二項の全面改正を主張し、九条の二を新設して「国防軍を保持する」という条文を書き込むというものであった。これは建て増し方式による加憲ではなく、いわばスクラップ・アンド・ビルド、九条の建て替え＝差し替え方式を意味した。

建て増しで変わるのは、建物全体のうち一部分である。古い建物の部分は残っているから、全体が一気に変わるわけではなく、一部分だけが変わって全体の様相が少し新しくなるのである。九条加憲は、第三項を付加し、その限りで部分を変えて、九条全体の意味を新しいものに刷新するということになる。これに対して、建て替え主義は、いきなり全体をまるごと変えるから、それに付随して、当然、部分も変わるという関係である。

その意味でいうと、建て増し主義は「部分の変化→全体の変化」という順で建物や法律が変化する過程をたどり、建て替え主義（または差し替え主義）の方は、流れが「全体の変化→部分の変化」という順になる、ということができるだろう。変化は、建て替え方式では鮮明であり、建て増し方式では鮮明にならない。この建て増し方式と建て替え方式の違い、そしてその意味、日本文化に占める位置などについては、あらかじめここで述べておくと、筆者が、二〇世紀最高の知識人の一人加藤周《しゅう》一《いち》（一九一九〜二〇〇八年）から学んできたことである（ここでは、加藤の代表作である『日本文学史序説』加藤周一著作集第四・五巻、平凡社、七九、八〇年および遺作である『日本文化における時間と空間』岩波書店、〇七年の二作をあげておく。その他、関連する書は本書で適宜指摘する）。この対比は、本書で後に何度か出てくるはずだから、その理由の説明もかねて、もう少し九条加憲論のとった「建て増し主義」の話を続けておこう。

実は、安倍政権のもとで「建て増し方式」が採用されたのは、加憲論が初めてではない。

戦争国家化路線を貫く建て増し方式

牧原出『「安倍一強」の謎』(朝日新書、二〇一六年)によれば(同書一二一〜一六〇ページ)、安保法制による集団的自衛権行使の容認、自衛隊による武力行使の容認に関して、日本のこれまでの対応は、建て増し主義によってきたという。ただし、この説明自体は牧原本人によるものではなく、ある政府関係者の説明として「読売新聞」(一五年三月三一日)から引用して紹介したものである。私からみれば、牧原本からの又聞きによる話ということになる(ここで、牧原出『「安倍一強」の謎』を引き合いにしたのは、同書の主張を本書第一章で再び取り上げるからであり、私が同書を通じて知ったことを率直に指摘しておくことが公正だと考えたためである)。

同書によると、戦争法(安保関連法制)に関して、政府関係者の一人は「渡り廊下がいっぱいある古い店を更地にして、ビルに建て替えようと思ったが、また建て増しになった」と述べたという。先に述べたとおり、建て増し方式とは既存の館や棟の横に新しく別棟を建て増していくこと、いまある屋敷を壊してしまうのでもなく、古くなった館をすっかり建て替えるというのでもなく、その横に別棟を加えて、新旧の館を渡り廊下でつなぐ、というやり方である。

牧原本は、そこで、新棟や別館がどのようにして建てられたか、そこにいかなる渡り廊下が設けられたかに関心を集中し、その過程を明らかにしようとする。私が不満なのは、安保法制においていったい何故に建て増し方式が繰り返されたのか、という謎の核心や秘密に本書が迫らず、さらにいえば、新たな棟が建てられるにいたった狙いはどこにあるのか、という理由をきちんと説明していない点にあるが、いまその問題を横においておくとすれば、確かに、九〇年代後半から進行してきた戦争法に向かう動きは、主なものをとりだしてみるだけで、たとえば日米防衛協力の指針（新ガイドライン、九七年）、周辺事態法（九九年）、テロ対策特別措置法（〇一年）、イラク特措法（〇三年）、有事法制（〇三～〇四年）、日本版NSC設置（一三年）、特定秘密保護法制定（一三年）、武器輸出三原則見直し（一四年）等といった案配で、次から次へと軍事大国化にそった措置がとられてきたことがわかる。これは、さながら江戸時代の大名屋敷が新棟や別館の建て増しを通じて広がっていったのと同じ「建て増し主義」による軍拡であったといってよい。その意味で、先にみた九条加憲論のみならず、戦争法に至る安保法制の変遷は建て増し主義で続けられてきた。この牧原の指摘は当たっているといってよい。

軍事大国化に向かう建て増し主義は、全体としては、大きく「武力行使拡大コース」と「自衛隊海外派兵コース」の二つにそった動きを示した。一方では武力行使容認の根拠になるような法制を建て増し、他方では海外派兵を許容する根拠になる法制を建て増し、それらの新たに建て増しされた別棟や新館を渡り廊下でなんとかつないでいく、というやり方で軍事大国化を進めてきたのである。こうした建て増し主義の一つの帰結は、武家屋敷の複雑な構造に典型をみるように、最初から明瞭な計画・設計にもとづいて構築されたものではないために、内部が複雑に入り組み、全体がわかりにくいことである。戦争法（安保法制）を到達点にした日本の軍事大国化の構造が複雑な仕組みのものになり、主権者である国民にとって非常にわかりにくくなっているのも、この建て増し型軍事大国化のおかげによる。「5・3安倍改憲メッセージ」が九条加憲方式を打ち出したのは、このわかりにくさをさらに意識的に利用しようとするものであった、とみることができる。

先述のとおり、建て増し方式に対比されるのは、建て替え方式である。建て替え方式とは、一定の設計図をもとにして最初から計画的に建て直すこと、建物の全体構造を新たな様式にそって切り替えることである。かかる建て替え方式を、従来の安保関連法制において採用することができなかったのは、いうまでもなく、そもそも憲法が出発点において、武力行使も海外派兵も原理的に禁止・否定していたからである。憲法にもとづく日本はそもそも戦力を有さない国だから、戦力の行使も海外派兵ものっけから考えられようもない選択肢である。それを軍隊を有する「普通の国」のように、武力行使であれ海外派兵であれ、おおっぴらに拡大強化しようとするのであれば、事の是非は別にして、そもそも建て増しではなく、憲法を変えて「国のかたち」を根本から建て直すのが筋である。つまり、平和国家を戦争国家ないし軍事大国に建て替えるためには憲法を明文において変えるほかはなかったのであるが、歴代の自民党政権はこの明文改憲にとりかかることができず、その代替策として建て増し方式（だらだらとした解釈改憲方式）を採用せざるをえなかったのである。蛇足ながら、改憲を阻止したのは国民・世論の力であった。

こうして、武力行使や海外派兵のための建て増し方式は、憲法のもとでの、いわば人目を忍ぶ裏口からの軍拡方式を意味するものであった。この建て増し方式の特徴は、全体の変化が「なし崩し型」のものになる点に求められる。ここでの変化は「部分→全体」の流れで進むから、全体の形や構造が一挙にではなく、じわじわと徐々に変わる――これが「建て増し方式」の「建て替え方式」とは対照的な変化の姿である。建て替えの場合には、住宅の新築が示すように、全体が一気に変わるのであって、なし崩し的に変わっていくのではない。

建て増し方式の「強さ」と「弱さ」

そうすると、建て増し方式では、建て替え方式にはない「強さ」と「弱さ」とが同時にあらわれる。「強さ」は、なし崩し型の変化一般にみられるように、変化そのものがわかりにくく、したがって変化に対する国民の抵抗を弱めたり、避けることができることである。手っ取り早くいえば、建て増し方式は世間をだましだましながら改変を推し進めるときに好都合な手法である。色彩の世界では、建て増し方式はグラデーション（gradation）と呼ばれる階調、つまり漸次的に変色していく過程をたどる。建物の増築の場合だと、建て増しは、建物の正面においてではなく、一般に裏手から進められるから、建て増しによる建物全体の構造のじわじわとした変化は、なかなか気づかれにくい。憲法でいえば、解釈改憲を繰り返していく建て増し方式は、明文改憲の建て替え方式よりも、世間をだますには、より狡猾《こうかつ》な手口となる（実際に従来の自民党政権はこのだまし効果を利用してきた）。九条改憲を例にとると、「第二項改正」よりも「第三項加憲」の方が、戦争国家化のネライを隠すには好都合である。

しかし、この建て増し方式の「強さ」は、一定の条件のもとではたちまち「弱さ」に転化する。一定の条件とは、変化の起点と終点の違いが際立ち、かつその変化そのものが支持されない場合である。九条の解釈改憲は、そのもっとも典型的な例だろう。たとえば自衛隊は憲法上は過去も現在も戦力ではないというのが建前であるが、九条の解釈に手心を加え続けてきた結果、実際には世界でも相当に強力な戦力（軍隊）に変化してきた。そうした自衛隊を強引な憲法解釈で合憲と認めた場合においても、さすがに、これまでは集団的自衛権の行使は違憲だとされてきたが、再び安倍内閣の新たな解釈が加えられ、集団的自衛権の行使も一定の条件のもとでは合憲であるとされた。出発点は自衛隊は戦力ではないという憲法解釈であり、現時点での終点は集団的自衛権の行使容認、海外での武力行使解禁の憲法解釈である。起点と終点を並べて、中間点を無視すれば、両者は真っ白と真っ黒の違いほどに、あまりにかけ離れている。それはそうであろう、そもそも戦力ではないとされた自衛隊が、なぜ地球の裏側にまで出かけ、たとえば国民の安全にははるかに遠い南スーダンにおいて「駆けつけ警護」の名の武力行使を許されるのか、これを無理なく理解せよというほうがおかしい。私は、南スーダンに派遣された自衛隊員自身が、率直に「果たして南スーダンを守ることが日本の防衛にあたるのか」と疑問を語るのをＮＨＫドキュメンタリー番組で聞いたが、この疑問は国民の大半が抱くものだろう。

だから、建て増し主義は、一定の段階において、国民から疑問視されざるをえなくなる。ある一定の段階とは、なし崩し型で進められてきた変化そのもの、始点と終点とのあまりに大きな違い、過去と現在のかけ離れた差異、建前と現実との間の途方もない乖離《かいり》、真っ白と真っ黒ほどの違いに顕在化した明白な転換等が明るみになったときである。憲法を例にとっていえば、解釈改憲の建て増し、積み重ねが限界を迎え、もはや明文改憲にふみきらないと、これ以上の戦争国家化は到底無理な段階に到達したとき、国民は建て増し主義による解釈改憲にレッドカードをつきつけることになるであろう。このときに、建て増し方式の「弱さ」はあらわになる。なぜなら、建て増し方式は建て替え方式に道を譲り、その瞬間に過去の建て増し主義は崩壊してしまうからである。

国民の戦争法反対・廃止の運動はこのことを物語るものであった。正確にいうと、一三年末の特定秘密保護法、一四年七月の集団的自衛権行使容認の閣議決定、一五年の戦争法、そして一七年の共謀罪法に対する「ノー」を掲げた国民大運動の流れは、建て増し方式による憲法体制の空洞化がもはや許されないことを示す歴史であった。建て増し方式は限界に達し、戦争国家化を推進する改憲勢力からみても、建て増し方式から建て替え方式への転換、すなわち明文改憲が必要になったのである。「5・3安倍改憲提言」はこのことを告白したメッセージでもあった。

だが、建て増し方式による改憲（解釈改憲）が限界に達したから、今度は建て替え方式（明文改憲）に転換するといっても、それが成功する見込みはまずありえない。なぜなら、これまでの建て増し主義は、そもそも建て替え方式をとることができなかったために余儀なくされた方式であったのであり、いまそれを建て替え方式に切り替えたからといって、国民が受け入れるはずはないからである。安倍政権をみる国民の目はそう甘くはない。そのうえ、戦争法以来の、戦争法や安倍改憲に反対する野党共闘・市民連合の巨大な力が、安倍改憲勢力（改憲三悪党）の前には立ちふさがる。

窮地に追い込まれた安倍政権がとった策は、そこで、建て替え方式（明文改憲）のなかに建て増し方式（九条加憲）を組み入れるという姑息《こそく》な方策であった。安倍政権は、これまでの「世間をだましだましながら政治を進める」という「アベ政治」の手口を続けようというのである。だが、これは、改憲による「大往生型終活」をめざす「アベ政治」が、実はその逆の「非業死型」に終わらざるをえないことを意味する。なぜなら、「安倍終活」を「大往生型」から「非業死型」に転換するのは、国民がコミュニケーション的理性の目で九条加憲論のトリックを見破りさえすればよいからである（コミュニケーション的理性の目については、第一章八二ページ以下で説明する）。国民のコミュニケーション的理性に根ざす声と力を野党共闘・市民連合に結集すれば、安倍終活は「非業死型」に向かわざるをえないであろう。

総選挙後に開始した「安倍終活」の第二ラウンド

一七年一〇月二二日の総選挙は、「終活期」安倍政権の第二ラウンドを告げるものであった。「安倍終活」の第一ラウンドが「5・3安倍改憲メッセージ」からスタートしたとすれば、総選挙後に開始する第二ラウンドは、第一のそれと連続面・断絶面の両方をあわせもつ。第一・第二ラウンドの連続面とは、「安倍改憲」をめぐる対決の構図の継承、すなわち「改憲一軍＋二軍の安倍改憲球団」対「野党・市民共闘の護憲チーム」の対決構図が総選挙後にも継承されたということである（ここでは、便宜上、これまで用いた野球チームの比喩で説明を続ける）。これに対して断絶面とは、「安倍改憲球団」および「野党・市民護憲球団」を構成するそれぞれの政治勢力に変化が生まれたことである。

まず「安倍改憲球団」の構成をみると、安倍政権与党は衆院において自民で六割強（二八四議席）、自公で三分の二以上（三一三議席）を獲得し、選挙前の勢力（三二八議席）をほぼ維持した。変化したのは、「安倍改憲勢力」の陣営に「希望」が加わり、「自・公・希・維の改憲四兄弟」の占有議席（三七四）が衆院の八割に達した、ということである（議席数は一〇月二三日時点のもの）。いうまでもなく、この「改憲四兄弟球団」の形成は、護憲派の国民にとっては、総選挙の、なんともおぞましいばかりの結果であったが、安倍政権にとっては、改憲派「希望」（五〇議席数）は思わぬ拾い物であった。いま仮に「改憲球団」の一軍を安倍自民党に絞るとすれば、公明はさしあたり「筆頭二軍」、希望と維新は二軍・三軍チームということになる（希望と維新のどちらが二軍ないし三軍にまわるかは、ここではさして重要なことではない）。安倍政権は、これによって、公明・希望・維新の「改憲二軍・三軍」を相互に競争させる余裕を手に入れることになったのである。

「希望」という思わぬ拾い物を得て生まれた安倍政権の余裕とは、言い換えると、「改憲工程表」の主軸を従来どおり「自民＋公明」の体制においてもよし、新しく「自民＋希望」においてもよし、あるいは「自民＋公明＋希望＋維新」に求めてもよし——「安倍終活」の選択肢にこうしたゆとりが生まれたことである。ただしこのことは、言い換えると、前述の「改憲一軍＋二軍の安倍改憲球団」対「野党・市民共闘の護憲チーム」の対決構図が、総選挙後において、いよいよますます重要になったことを意味する。この対決構図は総選挙前の「安倍終活」の枠組みが、総選挙後も引き続き持ち越されたものにほかならない。すなわち、「安倍改憲路線」と「国民のコミュニケーション的理性」との間には深刻な軋轢《あつれき》・対立があるために、「安倍終活」はこの両者が衝突し火花を散らすなかで進まざるをえないということ、これが「安倍終活」第一ラウンドから第二ラウンドへの連続面となる。

この「アベ政治」と「コミュニケーション的理性」の矛盾・対立の基本的構造・性格は、本書（特に第一章一〇八ページ以下）で検討したものとほとんど変わらないがここでは、この矛盾点を、安倍政権側が総選挙において獲得した議席数と選挙時点の世論動向との間の乖離、ギャップから確かめておくことにしたい。

第一は、安倍政権は総選挙で「大勝」したものの、実は安倍政権に対する支持は選挙における「戦果」ほどには、確かなものではないということである。これは、たとえば自民党の比例区得票率（三三％）と議席獲得率（六一％）のギャップにあらわれている。また総選挙直前の「朝日」世論調査（一〇月一七・一八日）によると、今後どのような政権がよいかの設問に対して、「自民中心の政権」は選んだ人は三七％、「自民以外の政党による政権」は三六％、と拮抗状態にあった。安倍内閣の支持率でみると、支持率は三八％、不支持率四〇％と、不支持が支持を上回っていた。さらに付け加えると、総選挙後の安倍首相の続投に対しては、続投希望は三四%に止まり、続投を望まない人は五一%に達した。過半数が「アベやめろ」派だったのである。

これらは、「改憲勢力による八割の議席占有」という数値に目を奪われて、一方での「衆院の議席配分」と、他方での「選挙時の世論動向」のあいだの乖離を見失ってはならないことを示すものであったが、投票先を決めるときの理由・根拠も、安倍政権側の「大勝」がいかにもあやふやな基盤によるものでしかなかったことを示している。総選挙のおよそ一〇日前の「朝日」調査(一〇月一〇・一一日)によると、投票先を決めるときの気持ちに関して、「政党や候補者に期待しているから」が三八%だったのに対して、「期待はしていないが、他よりよさそうだから」というのが五三%を占めた。この消極的選択による投票行動は、近年の有権者の特徴的傾向であるが(この点は第一章七四~七七ページでも言及する)、なかでも比較的若い世代に目立つ傾向を物語っている。同調査によると、三〇代ではこの消極的選択が六割以上に達していた。

安倍政権の掲げる重要政策に対する世論の支持率も、安倍政権「大勝」の選挙結果とは、相反するものであった。これは第一章でみる「内閣支持率>政策支持率」のネジレを物語るものであったが、ここでは数例をあげておく。総選挙直前の上記「朝日」調査(一〇月一九日付)によると、自衛隊を明記する「安倍改憲」賛成は三七%、反対は四〇%であった。一九年一〇月予定の消費税率引き上げに関しては、予定どおり引き上げに賛成が三七%、反対が五五%であった。原発に関しては、今後も原発依存で使い続けるべき派は二九%に止まり、原発ゼロの脱原発派が五五%にのぼった。これらは、「安倍改憲」を始め、重要政策面において、世論は安倍政権の「大勝」を根拠づけるどころか、むしろ反対の「惨敗」を導きだす傾向にあったことを物語っている。

本書のテーマ「終活期の安倍政権」にそくしていえば、こうした総選挙の結果と選挙時の世論動向は、「終活」が「安倍改憲」の大願成就による「大往生型」に向かうのか、それとも挫折による「非業死型」のコースに向かうのかについては、未だ決着がついていないということを示すものである。ただし、このことに加えて一点だけ、私個人にとっては「大変気がかりなこと」を指摘しておきたい。気になる点とは、一口にいって、若い世代にみる「保守化・右傾化」のことである。

「若年層の保守・右傾化」を示す概要を「朝日」（一〇月一二日付）の世論調査を使って指摘しておくと、二〇代を中心にした若い世代（一八〜二九歳から三〇代までの世代）は、①およそ半分強が安倍政権の五年間を評価し、②六割が総選挙で自民党を投票先に選び、③約五割が安倍内閣の続投を希望していた。投票先を選択する際の（先述の）消極的選択派は、三〇代では六割以上に達していた。これらは、要するに、若年層の過半数が「なんとなく保守」であり、「漠然とした右傾化」の流れのなかにあることを示すものである。このことは、「若者はいつの時代、どのような世の中にあっても、概して野党精神に旺盛であり、革新的であって、変革志向の持ち主である」とする通説・通念が現代日本にはあてはまらないことを意味する。昔からいう「若者は革新的、年寄りは保守的」という通説がいまでは逆転し、憲法問題にそくしていえば、明らかに「若者が改憲保守、高齢者が護憲革新」の傾向にあるといってもよい（総選挙時の出口調査〈「朝日」一〇月二三日〉によると、三〇代以下の世代では、「安倍政権が続くのがよい」が多数派を占め、五〇代、六〇代では「別の政権」を望むのが半数を超えた)。

本書では、この気がかりな「若者の保守化」を意識して、加藤周一のいう「日本文化の核心＝弱点」としての「長いものには巻かれろ」式の大勢順応主義に言及した〈エピローグ〈三八二〜三八三ページ〉参照)。ただし、この「若者の保守化」は、この二〇年ばかり間の「新自由主義的貧困・格差社会化」のもとにおかれた青年層の客観的状態に遡って分析・検討されなければならない問題である。この課題は、本書とは別の機会に果たしたいと思う。

第一章　終活期に入った「安倍一強」政権

1　危険水域に突入した安倍政権

七月二日の東京都議選をはさむ二〇一七年六月から七月にかけての初夏、ちょうど九州をはじめ日本の各地が強烈な梅雨前線に襲われた頃、政治の世界では、安倍官邸に向かって天空から雷鳴がとどろいた。官邸に響きわたった雷鳴とは、もちろん入道雲とともに訪れる本物の雷のそれではなく、国民世論が安倍政権にくだした鉄槌《てっつい》の音である。それまではマスメディアが「安倍一強」と名づけた政権も、東京都議選前後に動いた世論の制裁を食らって、いわゆるジェットコースター型の支持率下落に見舞われることになったのである。

当時（七月七〜九日頃）の内閣支持率動向を大手メディア調査でみると、「読売」では六月から一三％下落して三六％へ、「朝日」では約一週間前の三八％から三三％へ、NHKでは前回の四八％から三五％へと、それぞれ下落している。「毎日」調査では、すでに六月（一七・一八日）段階で五月から一〇ポイント下がって三六％になっていたが、これが七月下旬（二二・二三日）になると、二六％にまで下がり、逆に不支持率は五六％へと上昇、安倍内閣はいわゆる危険水域に突入することになった。内閣支持率が三〇％台に落ちたのは、一五年夏の戦争法強行時点以来のことであったが、一見すると向かうところ敵なしの観を呈していた「安倍一強」の政権も、世論から総スカンのパンチを食らって、膝をガクリと落としたといってよい。

内閣支持率が三〇％を切ったのは、管見の限りでは、「時事通信」の調査（七月七～一〇日）が最初で、第二次安倍政権発足以来初めて三〇％の大台を割って二九・九％に下落した。世論の風向きを大きく変えることになった加計学園問題に関する安倍発言を取り出してみると、これを「信用できない」とした人は六七・三％に達し、「信用できる」の一一・五％をはるかに上回った。首相発言を信用しない人が三分の二に達し、信用できるとする人がわずか一割程度にすぎない内閣は、もはや末期の局面を迎えたといわざるをえないであろう。

概略でいうと、一七年五月頃までの安倍内閣の支持率は、だいたい五割台に達していたから、五月から七月までの約二ヶ月間で二〇ポイント以上の下落に見舞われたということになる。「安倍一強」を底支えしてきた世論の内閣支持率は、文字通りジェットコースターさながらの急落をみせたのである。その後の七月下旬以降のＴＶ局等の調査においても、急落後には上昇する本物のジェットコースターとは違って、安倍政権に対する支持率は二〇％台の危険水域から脱出できる気配は感じられなかった。

一つの政権にとっての危険水域とは、そこに入り込むや、巨大な渦に巻き込まれ、簡単には脱出することかなわず、やがて溺れ死を覚悟しなければならないような状態のことをさす。だが、いうまでもないことだが、安倍内閣は座して死を待つような甘ちょろい権力ではない。とりわけ、現在の安倍政権は、単なる「自公保守政権」ではなく、「安倍改憲」の野心に執念を燃やした政権、つまり改憲に賭けた一種の「改憲賭博政権」であって、並の一内閣とみることはできない。「安倍改憲」は、戦後日本のオールド保守が安倍政権に託した歴史的念願でもある。政治を再び「安倍改憲」の路線上に戻すために、残された力の限りを尽くし、悪知恵をこらして、危険水域からの脱出を試みるだろう。奇手・奇策、詭計・策略、奸計・術策のあらゆる手を使って、政権の立て直しと「安倍改憲」への着手に向かうに違いあるまい。すなわち「安倍復権」と「安倍改憲」の同時並行作戦である。

「安倍一強」を支えてきた内閣支持率の高止まり

「安倍復権＝改憲」作戦が成功するときは、逆に、憲法体制や国民生活が危険水域に追いやられるときでもある。したがって、近い将来の日本が、この道に入り込むことなく、安倍政権に無事引導を渡すためには、それまでの「安倍一強」を支えてきた高い支持率が二〇％台にまで急落したのはなぜなのか、その背景や理由をみておかなければならない。「安倍一強」の秘密を探ることは、その瓦解がどこからやってくるかを発見することでもある。

そこで、まず安倍内閣に対する支持率が急落する以前、すなわち二〇一七年五月段階の動向はどのようなものであったか、これを確かめるところから始めよう。

一七年五月時点の大手メディアの調査による安倍内閣支持率を取り出し、高い順に並べてみると、

「読売」六一％、「日経・テレビ東京」五六％、「朝日」四七％、「毎日」四六％、NHK四五％となっている。先に少しふれたように、六月以降の急落までは、平均値でみれば、内閣支持率はおよそ五〇%強に達していたのである。他の政党の得る支持率が一桁台にとどまるなかにあって、世論の過半の支持を集める内閣をメディアが「安倍一強」と名づけたのには、それなりの根拠があったといわなければならない。

私は、このような世論調査が示した内閣支持率の高さに一種の異様性を感じていた。高い内閣支持率に私が一種のショックを覚えたのは、一六年夏、参議院選挙（七月）が終わり、八月のリオ五輪が過ぎて間もない頃、「日経」とテレビ東京（一六年八月二六～二八日調査）による世論調査（一六年八月二九日）を目にしたときのことである。安倍内閣の支持率はなんと六二%に達し、不支持率は逆に二七%に下がっていた。「日経」によれば、参院選直前の七月初旬時点では、支持率は四八%だったから、リオ五輪をはさんで、一ヶ月半ばかりのあいだに、一四ポイントも上昇していたのである。支持率を六〇%の大台に乗せたのは、一四年九月の内閣改造以来ということであった。

なぜ、今からおよそ一年前の一六年晩夏、六〇%台への内閣支持率の上昇がショックだったかといえば、率直にいって、それはあまりに私の予想に反した結果、期待外れだったからである。なぜ期待外れだったのか。

安倍自民党は、一六年七月の参院選において、公明・維新の改憲補完勢力をあわせて、参議院で改憲発議に必要な三分の二の議席を獲得した。自・公・維のいわゆる「改憲三兄弟」が、衆参両院にわたって三分の二超を牛耳ったということは、憲法体制にきわめて重大な危機的事態が訪れたことを意味する。とはいっても、参院選前後の国民世論の趨勢《すうせい》をみれば、改憲反対派が賛成派を上回るか、もしくは両派拮抗という状態にあって、安倍改憲勢力による衆参両院の三分の二議席の獲得は、決して国民の意向にそったものだとか、世論の歓迎するところだ、といえるものではなかった。

たとえば、参院選当日（一六年七月一〇日）の出口調査をみると、「時事通信」では改憲賛成は三〇%、反対は三六%、「共同通信」では改憲賛成四〇%、反対五〇%、NHK調査では改憲必要三三%、必要なし三二%という状況であった。また、参院選直後（七月一一・一二日）の「朝日」調査によると、安倍政権のもとでの改憲については、賛成三五%、反対四三%であった。これらは、民意の総体において、改憲反対派が改憲推進派に対し優勢にあることを物語るものであった。こうした世論動向に従うとすれば、参院選後には、当然、安倍改憲勢力に対する警戒心が高まり、内閣支持率でいえば、上げる方向にではなく、むしろ下げる方に働くはずである。改憲反対派が相対多数を占める民意は、いまや衆参両院において三分の二以上の改憲派をものにした安倍内閣に対し警戒心を高め、深刻な危機感をもって、その支持率を引き下げる方向に向くはずである、と私は期待した。

ところがである。この予想とは反対に、安倍政権は参院選での「大勝」でさらに勢いづいたかのように、支持率を大きく伸ばしたのである。六割台の支持率はその水準が三割台の最低だった頃（一五年八～九月）と比べると、ほぼ倍増したことを意味する。私が「安倍一強」の高い支持率に異様性を感じたのはそのためである。

内閣支持率と政策支持率の間の深刻なネジレ

安倍内閣に集まる高い支持率は、現代日本における一種の謎でもあった。というのは、上記の憲法の例が示すように、安倍政権がその上を突っ走る路線や政策を世論が支持するから、内閣支持率が高くなっているというわけではないからである。実際には、安倍政権の推し進める諸政策には、世論多数の支持が集まっているのではなく、むしろ支持されていないにもかかわらず内閣支持率が高い、というのが現実なのである。これは、政策支持率は高くないにもかかわらず、内閣支持率は高水準にある、という安倍政権に対する世論動向の一種のネジレを物語る。

一方での「政策支持率」と他方での「内閣支持率」のネジレにやや立ち入ってみると、二つの面を取り出すことができる。一つは、安保・原発等の重要政策に対する支持率は低く、反対派が賛成派を上回る場合がほとんどで、「高い内閣支持率」と「低い政策支持率」とのあいだには深刻な乖離がある、ということである。いま一つは、政権の掲げる政策が比較的高い支持率を集める場合であっても、それは内閣支持率ほどに高い支持率ではない、つまり「内閣支持率>政策支持率」の関係にあるということである。この二つは全体として、一方での「高い内閣支持率」と、他方での「低い政策支持率」の間に、深刻なギャップが存在することを示すものにほかならない。このギャップをいくつかの事例をみておくと、こうである（いずれも内閣支持率が高かった一七年五月以前の調査である）。

たとえば、安倍政権にとって最大争点、改憲問題でみると、「朝日」調査（一七年三月中旬～四月下旬調査。結果発表は五月二日）では、「よい憲法だ」とする憲法肯定派が六六％、つまり約三分の二の世論が改憲をうちだした安倍政権とは距離を置いている。改憲の焦点である九条についてもこれにほぼ同じで、九条維持派が六三％を占めた。九条改正派は二九％にすぎない。ＮＨＫ調査（一七年四月）によれば、九条が「平和と安全に役立っている」とする人が八二％に達した。八割を超えたのは初めてだったという。同調査結果を追加しておくと、「安倍政権のもとでの改憲」に関しては、反対五〇％、賛成三八％で、「安倍改憲」反対が相対的多数を形成する。安倍政権を支持する世論がほぼ半数を占めているとはいえ、「安倍改憲」の反対派もほぼ半数、特に九条改憲反対が三分の二を占めるということは、安倍政権支持率と政策支持率との間にある深刻な乖離ないしネジレを物語るものだろう。

これと同様のことは、憲法に密接に関係する戦争法（安保法制）に関する世論動向でも確かめることができる。戦争法の強行採決後一年八ヶ月たった一七年五月時点でも、反対（四七％）が賛成（四一％）を上回っているのである。戦争法の施行で最初に問題になった南スーダンにおける自衛隊の駆けつけ警護に関しては、賛成二八％に対し、反対は五六％を占めた（「朝日」一六年一一月二一日）。

憲法・安保問題に関連して、ここでは沖縄の基地問題に関する沖縄県民の世論にふれておこう。「朝日」「沖縄タイムス」等の合同県民世論調査によると（「朝日」一七年四月二五日）、まず普天間《ふてんま》基地の辺野古《へのこ》移設には、反対六一％、賛成二三％。当面の辺野古埋立て工事に関する安倍政権の姿勢に関しては、「妥当」が二三%、「妥当ではない」が六五%だった。つまり、沖縄の基地問題に関する安倍政権の政策は、県民の三分の二近くが反対の意向を示した。しかも、重要なことは、沖縄の場合には、このような政策支持率の動向と安倍内閣支持率とは（乖離ではなくむしろ）連動する関係にある、ということである。同調査によれば、安倍内閣支持率は三一%、不支持率は四八%だった。先にふれた都議選以降の全国的な内閣支持率の低下は、この沖縄県民の世論動向に国民全体がやっと追いついたことを示すものかもしれない。

そのほか「朝日」調査によると、原発に関しては、再稼働反対が五七%（二月）、五四%（三月）となっており、依然として反対が多数を占めていた。共謀罪については、法案賛成三〇%、反対三五%であった（「朝日」五月二六日）。また、同法案の衆院での審議は「十分ではなかった」が六〇%、「十分だった」が一六%。なお、これが参院での強行採決後になると、「毎日」調査で、共謀罪賛成三二%、反対四七%と、反対が賛成を圧倒している。

こうした「低い政策支持率」の世論動向を考えると、「高い内閣支持率」の謎は、いったいなぜ「内閣支持率＞政策支持率」の関係が安倍政権下で進行してきたのか、それはいかなる理由によっているのか、という不思議と言い換えることができるだろう。

「他よりよさそう」というあやふやな安倍内閣支持の根拠

政策支持率が低いにもかかわらず、内閣支持率が高いという謎をどのように考えるか、この謎解きにかかわって、大阪府の学生（二一歳）からの投書が「朝日」（大阪版、一七年四月二三日）に掲載された。こういうと、たちまち学生たちからブーイングが起こる気がしないでもないが、この投書はいまどきの学生にはめずらしく、高水準の良識のこもった散文だった。短いものなので全文を引いておく。

「本紙の世論調査では安倍内閣の支持率は50%だ。正直驚いた。理由の多くは『他よりよさそう』というが本当にそうなのか？　私は安倍内閣を信用できない。／例えば森友学園問題。南スーダンの国連平和維持活動（ＰＫＯ）に派遣していた陸上自衛隊の日報『廃棄』問題。さらには『戦闘』を『武力衝突』と言い換え。『共謀罪』の話では解釈次第で市民が対象になりかねない。ましてや安倍内閣は一昨年、安全保障法制で解釈改憲をやったのだ。これだけ問題を抱えてなお、安倍内閣は強気だ。だがあくまで『他よりマシ』。政権は真の信頼を得るべく、もっと誠実に各問題に取り組んで欲しい。」

一読して明らかなように、内閣支持率は「他よりよさそう」という消去法による選択、したがって極めてあやふやな支持によるものでしかない、というのがこの投書の趣旨である。実はこれと同じことを、昨年末に「朝日」世論調査部長前田直人《なおひと》が指摘していた（「朝日」一六年一二月二五日「政治断簡」記事）。彼によると、第二次安倍内閣発足後の平均支持率は四七％で、これはかつての小泉内閣に対する四九％の支持率に並ぶ水準に匹敵する。この四七％の支持率は、第一次安倍内閣期の平均支持率三八％に比較すると、一〇ポイントばかりも高く、やはり注目すべきことなのである。

前田は、ただし、先の投書学生と同様に、支持する人の半数がその理由に「他よりよさそう」を挙げる消極的支持にとどまっていることを指摘する。それに続けて彼は、気になっていることとして「政治への関心の低下」をあげ、このことを示す例として、一六年秋の臨時国会における重要案件カジノ法、年金法が成立した一二月一五日の未明、「朝の民放テレビの情報番組をつけたら、『おでんつんつん男』逮捕の話題でもちきりだった」ことを持ち出している。

私は「おでんつんつん男」とはなんのことかわからなかったので、ネットで検索してみると、どうやら、二〇代の男がコンビニ店のケース内にあるおでんを「つんつん」といいながら指でつついてみせる様子をネット上に動画で流した事件をさすらしい。馬鹿げた若者が悪ふざけで起こした事件であるが、当時、たわいもない些末な事件が国会における重要法案の強行採決などはそっちのけで、TVで大きく報道されるところに、前田は、世間一般の「政治への関心の低下」を感じ取ったというわけである。「おでんつんつん男」の話にもならないくだらなさ、その様子をまたTVで大きく流すマスメディアの「（不）見識」、そして、かかるマンガ週刊誌的な事件に過剰なまでに高い興味関心を寄せる視聴者の凡庸性――これらをひっくるめて戦前の哲学者・戸坂潤はかつてトリビアリズム

（trivialism、些末主義）と呼んだ（と私は記憶する）が、「おでんつんつん男」には向かってもカジノ法や年金法には向かわない世間の関心、この「政治への関心の低下」と、安倍政権を「他よりよさそう」とする判断とが同時に存在することに注意を喚起するジャーナリストの指摘に、私はある種の共感を抱く。

学生の投書や朝日新聞記者の記事が注目しているのは、さしあたり、①支持率が高いといっても、それは「他よりよさそう」とか「まだしもまし」といった程度の消極的支持によるものでしかない、②消去法による消極的支持にとどまる背景には政治的関心の低下、トリビアリズムの蔓延があるのではないか、という点であった。こうした世論動向はその後も持続し、支持率自体が下落する局面に入っても、安倍内閣を支持する理由に「他よりよさそう」をあげた人は、依然として支持派の五〇％（「朝日」六月調査）、五一％（同七月調査）を占めた。このことは、安倍内閣を世論が支持する根拠は、決して強靭《きようじん》なものでも磐石のものでもなく、「他よりはマシ」程度の確たる根拠のない消極的な選択によるものでしかなかったことを示すものであった。

これを逆にいうと、「安倍内閣よりもよさそう」だとか「安倍よりもマシ」といった代替的選択肢があらわれると、「安倍一強」の支持率は脆くも崩れ去る可能性がある、ということである。この面だけを取り出してみれば、一七年七月の都議選では、「安倍よりも小池がよさそう」「安倍一強より小池ファーストのほうがまし」という選択があらわれた、と解釈することも可能である。国政では、このような「安倍よりは小池」の一種かげろう的選択ではなく、「安倍政権にとって代わる野党共闘」

の積極的選択が問われるゆえんであった（追記：きわめて遺憾なことはこの「安倍vs.小池」の幻想が一七年一〇月の総選挙で再現したことである）。

「安倍一強の謎」論のスリカエ型謎解き

安倍政権下における「内閣支持率＞政策支持率」の関係については、いま一つ、その名も『「安倍一強」の謎』と題する新書本が検討している（前掲の牧原本）。同書には、その「帯」の宣伝用コピーに、「アベノミクス、安保法制――反対が多いのになぜ支持率が下がらないのか？」とある。これを読んで私はてっきり、同書が、ここで問題にしている「内閣支持率＞政策支持率」の謎を解明しようとしているに違いないと思い、一読したが、正直なところ一杯食わされた感じで、期待は裏切られた。

なぜ期待外れだったか。それは、同書が「安倍一強の謎」をいわば「安倍官邸強さの謎」に読み替えて「謎の解明」に取り組んだ本だったからである。本書に、「安倍政権の政策に対する支持率は低いにもかかわらず、なぜ内閣支持率には高いものがあるのか」という謎解きを求めても、それは半ば、羊頭を看板に掲げた店から狗肉を与えられる結果になることを覚悟しなければならない。同書の言葉を借用すれば、これは「政権が磐石ではないのに、なぜ強力かという『謎』を、いかにして政権はここまでたどりついたのか、という問いへと読みかえた」本である（同上、二四四ページ）。だが、

「内閣支持率の高さ」と「官邸の強さ」とは相互に関連してはいるものの、その秘密となると、両者は厳密に区別されなければならない。牧原本が問題にする「謎」とは、「安倍一強の謎」といっても、それは「世論の高い支持率の謎」ではなく、「安倍内閣の強く安定した政権体制はどのようにして築かれたのか」という謎、つまり「安倍官邸強さの謎」なのである。

同書は、その意味でいうと、「すり替えられた謎」＝「安倍官邸強さの謎」の解明を課題にしたものであったが、問題の「安倍官邸強さの秘密」に関していうと、「政治家・官僚が一体的な政権チームを組織して協力関係を築いている」ことや、「内閣官房と内閣府に集中的な改革を図っている」こと、またときには「波乱を呼び込む首相を押さえつつ、官房長官が政権を主導する」といった体制に求められる（以上は、前掲『「安倍一強」の謎』七二、七五、九〇ページから）。あえて一言でまとめると、「菅《すが》中心の官邸チームワーク」、これが「安倍官邸強さの秘密」だというのが要点である。同書は、官邸チームワークの人的基盤を菅官房長官におき、制度的基盤を内閣官房・内閣府におく、と分析する。確かに、「安倍官邸のチームワーク」のよさは、安倍首相の幇間《ほうかん》（タイコ持ち）といって過言ではない田崎史郎『安倍官邸の正体』（講談社現代新書、一四年）も認めるところである。

〈補注〉

ここで、田崎にわざわざ言及したのは、田崎自身が、実は「安倍官邸のチームワーク」の一員に組み込まれたいわば員外の助っ人ジャーナリストにほかならないからであり、その彼が、たとえば森友学園、加計学園等を扱ったTVのワイドショーにコメンテーターとして登場して、私が実際にみた番組では、あからさまに安倍政権側にたって「コメント」なるものをまきちらしていたからである。たとえば、私がTVをみていて、これはあまりにひどいと思ってメモ書きしたものから例示すると、田崎は、前川元文科省事務次官の「安倍官邸の関与」に対する証言をとらえて、菅官房長官の前川に対する「地位に恋々《れんれん》としていた人物」という評価に同調し、「なぜ現役のときに言わなかったのか」とか、安倍や萩生田《はぎうだ》の発言に関する記録をとらえて、彼らはそういうことをいうはずはない、といった弁護的発言を繰り返した（六月二〇日の昼間テレビ　六月二三日TVプライムニュース）。ここであえて「安倍の幇間」とレッテルを貼るような言い方をしたのには、もちろんそれ以外にも相当の根拠をもったうえでのことであるが、ここでそれを詳しく説明するいとまはないので、二点のみを記しておく。第一は『安倍官邸の正体』の「おわりに」で、自ら「安倍首相に寄りすぎている、批判が足りないと思われる方が多いかもしれない」（二四六ページ）と告白しつつ、「それでも権力構造を解明し、伝えることがわれわれの最大の使命であるという私の確信は揺るがない」と、まったく愚にもつかない弁明めいたことを書いてお茶を濁していることである。安倍官邸から得た情報を横流しするだけでは「権力構造の解明」には決してならない。第二は、安倍の人柄などを紹介して、たとえば「地獄を見て、そこから這い上がってきたところに安倍の真骨頂がある」（一〇四ページ）、「安倍は政治以外の話題も豊富だ」（一一七ページ）、「安倍は座談の名手である」（一一八ページ）、「安倍は相手を不愉快にさせないコツも心得ている」（同前）などと鼻につくおべんちゃらを並べたて、菅官房長官についても「言葉の一つひとつは研ぎ澄まされていて、核心を突く」（一七四ページ）と、おべっかに余念がないからである。

だが、第一次安倍政権の脆さが示したように、「安倍お友達内閣」だとか、「腹心の安倍一族集団」の結束力やチームワークは、仮にその存在が認められたとしても、蟻塚のような脆さを持つものである。すなわち「菅中心の官邸チームワーク」の強さは、蟻の一穴によってたちまち崩れ去る程度ののである。なぜなら、「安倍一強」の体制的支柱であるはずの政策支持率は低く、一強といっても、他よりはよさそうといった程度の根の浅いもの、あやふやなものでしかなく、次に紹介する森友・加計学園問題が実際に示したように、虚偽や隠蔽の体質、そのいわば悪だくみ集団的本質があからさまになるや、一気に崩れ落ちることになるからである。

これを逆に言い換えると、「安倍一強」と呼ばれる高い内閣支持率は、①安倍内閣を「他よりよさそう」とみるのではなく、「他のほうがよさそう」とみる世論があらわれ強くなるとき、②「おでんつんつん男」に向かいがちな世間の些末主義的関心が、憲法・安保・原発といった政治的問題への社会的関心にシフトするとき、③「菅中心の官邸チームワーク」が逆回転し始め、「無責任徒党のチームワーク」の正体があらわになったとき——これらのときには安倍政権の支持率は脆くも崩れ落ちることになる、ということである。実は、安倍内閣の支持率を下落させる引き金となった森友・加計学園はこのことを示すものであった。したがって、ここでは、ごく簡潔に「もり・かけソバ」ならぬ「もり・かけアベ」事件を振り返っておくことにしよう。

2 「もり・かけ疑惑」による安倍政権の失墜

森友・加計疑惑の焦点

「もり・かけアベ」事件とは、森友・加計両学園による学校・学部新設過程に安倍首相が関与していたかどうかを争点にした事件のことであった。念のため要点のみを確認しておくと、森友疑惑とは、森友学園が「瑞穂の國記念小学院」の建設に際して、国有地を時価の約一割の価格で財務省から譲り受けたことにまつわる疑惑のことをさす。他方、加計疑惑とは、加計学園による獣医学部設置の認可にあたって、安倍首相がなんらかのかかわりをもっていたのではないか、というものである。

「もり・かけ疑惑」それ自体は解明すべきさまざまな側面があるが、問題の焦点は「首相の関与」の一点にあったといってよい。一方の森友疑惑では国有地売却の過程に対する首相の関与、他方の加計疑惑では獣医学部新設認可の過程に対する首相の関与、かかる「首相の関与」こそが「もり・かけアベ事件」の焦点、勘所であった。

森友・加計両学園問題の焦点が「首相の関与」の有無に絞られることになったのは、問題が発覚して早い時期に、森友学園の場合には、首相自身が「私や妻が関係したことになれば首相も国会議員も辞める」あるいは「私や妻は（小学校の）認可あるいは国有地払い下げに、事務所も含めて一切かかわっていない。もしかかわっていたのであれば、私は総理大臣をやめる」といい、加計学園の場合には、福島瑞穂参院議員の質問にこたえて、「私がもし働きかけて決めてるんであれば、これは私、責任をとりますよ。当たり前じゃないですか」と言い切ったからである。これらはいずれも国会での発言であり、安倍首相はいわば啖呵《たんか》を切って、両学園にかかわる「首相の関与」の一切を否定したのである。まさに綸言《りんげん》汗の如しであって、国会審議中における首相のこの断言は、後になって撤回するとか、取り消したりすることはできない覚悟を示すものであった。

念のために繰り返しておくが、ここで何より問題なのは、両学園疑惑に対する安倍首相（及び昭恵夫人）の関与の有無であって、関与の中身に関しては、それ自体としては重要な意味をもっているとはいえ、さしあたりは副次的なことがらである。特に安倍政権の正統性や支持率を問題にするここでは、関与の有無にかかわる限りで関与内容にもふれるが、何よりも関与の有無が焦点になることを確認しておく。

恐らく安倍首相は、事件に手を染めたことのうしろめたさゆえに、思わぬ勇み足を犯してしまったのである。特に、森友学園問題では、疑惑がそれほど明らかではない段階において、首相自身が「私や妻が関係したことになれば首相も国会議員も辞める」と断言したのは、あとになって後悔してももはや後の祭り、取り返しのつかない一大失言であったといってよい。なぜなら、森友学園による小学校の建設、国有地の売却過程には、政治家としては命取りになるほどの疑惑がつまっていることを、安倍当人自らが認めたようなものだったからである。語るに落ちるとは、こういうことをさす。

話は少し横道にそれるが、「かかわりがあれば議員も辞める」という安倍発言を耳にしたとき、私は、およそ一〇年前の二〇〇七年九月、第一次安倍内閣が崩壊した時の様子を思い出した。当時、安倍首相が突然の辞任を発表したのは、臨時国会で所信表明演説に立ってからわずか二日後の九月一二日であった。臨時国会、開けてびっくり玉手箱という辞任劇だったといってよい。そのおよそ一週間前には、改造内閣を発足させたばかりだったのである。突然の辞任理由は、後に、潰瘍性大腸炎悪化の健康問題によると説明されたが、私はその弁明に、どうにも納得することができなかった。いまでもそうである。

というのは、辞任劇の直前九月九日に、安倍首相は、オーストラリアで開催されたAPEC（アジア太平洋経済協力会議）首脳会議において、当時の米ブッシュ大統領に対し、インド洋で行われていた自衛隊による米軍への給油活動をテロ特措法（その年の一一月に期限となっていた）の延長によって継続すると約束し、記者会見の場では、給油継続のためには「職を賭していく考え」を述べ、「そのことで私が職責にしがみつくということはない」と断言していたからである。だが、ブッシュ大統領に対する政治的生命をかけた約束は、辞任発表の数時間前に、テロ対策特別措置法の延長が厳しくなったことが判明して、果たすことができなくなった（この年の七月に行われた参議院選挙で与党〈自公〉

が敗れ、議席を伸ばした民主党の出方〈延長について賛成と反対の二派に分かれていた〉が注目されたが、民主党が延長反対を決めて、小沢一郎が党首会議を断わったことによる)。その結果、職責をかけてブッシュとの約束を果たすといったんは見栄をはったものの、それが不可能になって辞めた、というのが真相である、と私は今でも確信する。

要するに、安倍首相は、政治家として先々のことを十分に計算することなく、しばしば啖呵を切るように大言を吐き、自ら、その後始末に追われることになるのである。

話を戻して続けると、加計学園の獣医学部新設に関連する疑惑についても同様であった。その決定に首相の働きかけ、つまり関与があれば責任をとると明言することは、加計学園の獣医学部設置認可には、たたけば出るほこりがつまっていることを安倍自身が認めたようなものであった。

果たして、安倍発言以降、「もり・かけ疑惑」には十分な根拠があることが、当事者・関係者の証言、行政内外の文書・情報等を通じて、明らかになった。

権力をかけた驚嘆すべき握りつぶしの茶番劇

森友疑惑の核心は、小学校建設用地として学園側に対し、世間相場からすると八億円も値引きして財務省が国有地を売却した点にあったが、この過程に対する安倍首相側の関与を示す物証としては、安倍首相夫人付き秘書から森友学園籠池《かごいけ》宛に送られた一通のFAX文書が残っていた。

ＦＡＸ文書は、森友学園籠池側が首相夫人（昭恵）に問い合わせた件に対する返事として、夫人付き秘書から籠池に送られたものであった。問い合わせの内容は、国有地の定期借地契約の延長に関するものが中心であったが、昭恵夫人付き秘書（経産省から派遣された谷という名の職員）がそれを財務省にとりつぎ、そこで得た回答を籠池に知らせたものがＦＡＸで、発信元には「内閣総理大臣夫人付」の肩書きが明記されていた。首相夫人に代わって秘書役の谷が、籠池サイドの問い合わせを財務省の国有財産審理室長に取り次ぎ、その回答をＦＡＸで知らせた、というのがおよその経緯である。籠池によると、秘書は室長にわざわざ来ていただいて話を承ったと話していた、という。また、このＦＡＸでのやりとりがあって以降、学園側に対する国有地の売却に向かって、あたかも「神風が吹いた」かのように事態が急速に展開するようになったと証言している。

こうした事実経過は、肝心のＦＡＸが残っていたために、安倍首相および官邸側としても否定することができなかった。したがって、森友疑惑の焦点であった「首相の関与」の有無に引き寄せていえば、問題は、谷という名前の首相夫人付き職員が「森友学園理事長籠池と総理大臣夫人昭恵との関係」を夫人付き秘書の立場で取りもったのかどうかの一点に絞られることになった。谷秘書が首相夫人付き公務員として、財務省国有財産審理室に対して森友学園側の要望等を取り次いでいたとすれば、首相のいう「私や妻が関係したこと」にあたる。そうなれば、安倍は総理どころか、国会議員も即刻辞任しなければならない。首相もしくはその妻の関与があった場合には、国会議員も辞めると述べたのは安倍本人である。こうして、安倍政権は絶体絶命の一大ピンチに直面することになったわけである。

安倍官邸は、このピンチをどのようにして切り抜けようとしたか。私は、一七年四月初めだったと思うが、TVに映し出された参院委員会での審議場面をいまでもハッキリ思い出すことができる。

昭恵夫人付きの秘書役は、先にもふれたように、経産省から出向の形で派遣された公務員である。この付き人による森友学園と財務省の間の取り次ぎは、誰がみても、首相夫人秘書としてなされたものにほかならない。少なくとも、回答した側の財務省は、他の誰でもなくまさしく首相夫人付き人に対して答えたのであり、したがって、このFAXは裏から読もうと、逆さに読もうと、どこから読んでも首相の妻昭恵の「本件に関するかかわり」を示す以外のなにものでもなかった。首相夫人付き人は、FAXにおいて、財務省側から得た回答内容については昭恵夫人にも伝えていること、そして本件については、「引き続き、当方としても見守ってまいりたいと思いますので、何かございましたらご教示ください」と記していた。

ところがである。参院委員会において小池晃議員（共産党）が、問題のFAXをとりあげ、明らかに「よもやそういうことではあるまいと思うが」といった語感をこめて、「ここで当方というのは付き人個人のことをさすのですか」と問うたのに対し、ふて腐れ顔でマイクの前に進み出た菅官房長官は、憮然と「そうです」と言い放ったのである。委員会室全体が一瞬どよめき、野党委員たちが一斉に（世間でいう）ずっこけた様子をTVはまざまざと映し出した。私はその様子を今でも鮮明に思い出す。菅は、首相夫人付き人の行動（公務）をなんと当人の思いつきによる個人的活動にすり替え、

ＦＡＸの一件に関する昭恵夫人の関与を強引に断ち切ったのである。これは、国会と全国民を愚弄する詭弁以外のなにものでもなかった。

だが、驚くべきことはこれにとどまらない。菅官房長官のこの詭弁・虚言を安倍政権は無理矢理押し通すために、わざわざ、夫人付き職員がＦＡＸで回答したのは職務で行ったのではない、とする答弁書を閣議決定したのである。首相夫人付き人のＦＡＸを単なる私信にスリカエ、閣議決定の箔をつけてまで、首相夫人の関与を握りつぶそうとしたのである。

これは、「森友疑惑に私や妻がかかわっていたのであれば、首相も国会議員も辞める」とした安倍の「勇み足発言」から、「安倍一族」を守ろうとした「菅中心の官邸チームワーク」を物語る例である。首相防衛のために「菅チーム」が用いた作戦は、きわめて単純であって、森友疑惑に対する首相夫人の関与を示すＦＡＸを夫人秘書の私信にすり替えたことであった。森友・加計学園問題に共通することは、文書・記録・メール等の物証が明らかにならない場合には、「菅中心の官邸チーム」が記録・文書・証拠等の破棄・隠滅をはかり、物証がある場合には、チーム全員が一斉に健忘症にかかることである。ところが、森友疑惑の数少ない証拠物件であるＦＡＸは、いまさら破棄することも消去することもできないから、「官邸チーム」はこれを首相秘書の個人的活動、私信にすり替えて、首相側の免責を図ろうとしたのである。

だが、これは「菅義偉《よしひで》劇場」で演じられたできの悪い茶番劇にすぎない〈菅官房長官から「谷さん一人でやったことです」とされた首相夫人付き人谷査恵子の所属する経産省の労働組合〈全経済産業労働組合〉

副委員長飯塚盛康《もりやす》は、「谷さんが一人でやったということは絶対にあり得ない」といいつつ、菅のやり方には「ふざけるなと思った」と感想を述べている。なお、飯塚によると、谷職員は籠池の証人喚問のあった日から出勤しておらず、テレワークということで自宅勤務をしているらしいこと、一部に報道された海外栄転という事実はないとのことである〈晴山一穂《はれやまかずほ》・飯塚盛康「国家公務員私物化し腐敗する安倍政権」『KOKKO』第二四号、二〇一七年八月号〉）。後でみる国民のコミュニケーション的理性が、この茶番劇に「菅中心の官邸チーム」の欺瞞・虚偽を見抜くとき、「菅劇場」は「安倍官邸強さの秘密」ではなく、逆に「内閣支持率下落の秘密」を物語るものになるであろう。この点は後（一〇八ページ以下）に確かめることとして、今は急いで加計疑惑のほうに目を転じなければならない。

加計学園問題でも、とりあげるべき論点は、「首相の関与」の一点に絞られる。問題の焦点は、いわゆる「加計ありき」で進められた獣医学部設置の審査・認可過程に、首相および官邸の関与があったかどうかであった。

ここでは、「首相の関与」と「官邸の関与」とは、ほぼ同一の意味を持つ。というのは、私の知る限り、安倍首相当人は「首相の関与」と「官邸の関与」とを峻別して、自らの責任の所在を明確にしたことは一度もないからである。官邸メンバーも、たとえば「総理の意向」や「官邸のトップ」を代弁した首相側近（官邸チーム）も、「首相の関与」と「官邸の関与」が事実上同一視されるために、関与の一切を否定してきた。

これらは「首相の関与」と「官邸の関与」とはほとんど同じ意義を持つものと安倍政権側がとらえてきたことを物語る。そこで、世論調査でも、「首相の関与」と「官邸の関与」とはほぼ同じ意味をもつものととらえられ、その有無が安倍政権の支持率を左右することになった、と考えられる。

この点を前置きにして、以下、簡単に「首相＝官邸の関与」を示すいくつかのルートを確認しておくことにする。

安倍官邸に断末魔の叫びをあげさせた前川証言

まず、加計学園の獣医学部設置認可の過程に「首相＝官邸の関与」があったことは、前川喜平《きへい》前文科省事務次官の証言・発言によって明確に裏付けられた。最初は一六年八月下旬、当時の内閣官房参与、現千葉科学大学学長の木曽功《いさお》と前川は会い、彼から獣医学部の新設についてよろしくと頼まれ、「国家戦略特区諮問会議が決定することに従えばよい。文科省に責任はない」といわれたという。

いま注意してよいことは、一六年八月に、地方創生担当大臣が石破《いしば》茂から山本幸三に替わり、その時点から、獣医学部新設に向けた動きが急速に進み始めたとされていることである。「安倍官邸の関与」を示す文科省内の文書は、その後の九月から一一月初旬（国家戦略特区諮問会議による獣医学部新設方針の確定時）のあいだに集中している。文科省内ではこの九月から一一月までの約二ヶ月間の動きがもっとも重要だったということである。

ちなみに、「朝日」が一七年五月一七日に一面トップで報じた「首相＝官邸の関与」を示す文科省内文書は、いずれもこの九月から一〇月末までに作成されたものとされている。「獣医学部新設に係る内閣府からの伝達事項」「大臣ご確認事項に対する内閣府の回答」と題された文書には、加計学園の獣医学部新設に関し、設置の時期やスケジュール等について「総理の意向」、「官邸の最高レベルが言っている」こと、と記されていた。

この文書は、当初、菅官房長官によって「怪文書」扱いされたものであるが、前川前事務次官は、後に、これらの文書について、在任中にみたことがあるものだと証言した。その後文科省は、その文書の所在を認めているから、「総理の意向」や「官邸の最高レベル」の関与を確認した前川証言は、少なくとも安倍官邸に対して致命傷を負わせたことになる。

安倍流腹話術の人形役を演じた和泉補佐官

さらに、加計疑惑の始まりで最も重要だったと考えられるのは、一六年九月上旬、前川が和泉洋人《ひろと》首相補佐官に呼ばれ、官邸において、文科省の対応を早く進めるように求められたことであった。和泉は「総理は自分の口からいえないから、私が代わって言う」といった趣旨のことを述べ、獣医学部新設を働きかけた（前川は繰り返し、和泉が「首相に代わって私が言う」といったと証言している）。和泉は内閣総理大臣補佐官の地位にある者である。彼はまさにその役割にふさわしく、首相を補佐し、安倍に代わって、当時の文科省トップの前川事務次官に加計学園の獣医学部設置認可を要請したのである。これを安倍を主体にして言い換えると、首相はいわば腹話術を弄して和泉補佐官の口から加計学園の獣医学部新設認可を働きかけた、ということになる。前川は、九月九日と、九月二九日、一〇月一七日にも、和泉に面会している。

先の森友疑惑では、安倍昭恵首相夫人に代わって付き人の公務員（谷）が、森友学園と財務省の関係を取りもったのであるが、加計疑惑では、安倍首相に代わってその補佐官の和泉が、文科省に対する加計学園の獣医学部設置要請を取りもったのである。安倍は腹話術師であり、和泉補佐官はその人形役である。「菅中心の官邸チーム」にとって厄介だったのは、森友疑惑では、首相夫人付き人の個人的振る舞いとして、問答無用で一切の責任を一人の女性秘書に転嫁したのに対し、同じ穴の狢《むじな》の和泉補佐官に対しては、さすがにそれと同じ手口を用いることができなかったことである。

森友学園で一手に責任をとらされた昭恵夫人秘書は、その後、解任され、公の場にはまったく姿をあらわすことなく、口封じの状態におかれているのか、国民からみれば、いま真相を聞くことはできない（一七年八月に入って、この秘書谷はイタリア日本大使館〈一等書記官〉へ、異例の異動と報じられた。大使館内の公務員から、たとえばマスメディアが話を引き出すことはきわめて困難である）。和泉補佐官はどうか。彼は、安倍官邸の伝家の宝刀というべき健忘症を用いた（感染力の強いこの健忘症は官邸メンバーだけではなく、たちまち稲田朋美《ともみ》防衛相〈当時〉、山本幸三《こうぞう》地方創生相、さらに財務省、文科省内等にも伝染し、霞ヶ関一帯に蔓延することになった）。もっとも、腹話術の人形役であれば、記憶力は問われないから、健忘症を装うことはいともたやすいということかもしれない。

和泉の使ってきた言葉を報道をたどって並記すると、まず「承知していない、記憶にない」、次に「記録が残っておらず、確認できません」、そして「(首相から)具体的な指示を受けたことはありません」というものである。安倍官邸メンバーの常套手段は、一方で「首相の関与」等を示す証拠・証言に対しては「記憶・記録・文書なし、確認・承知できず」と答弁し、他方で「首相の関与」の否定については明確な記憶をもって「一切ありません」と断言することである。だが、後(一一三〜一一六ページ)にみるように、こういう健忘症ないし偽装記憶喪失では、国民の「真理性規準のコミュニケーション的理性」を欺し通すことはできない。

実際に、和泉が前川を通じて文科省に働きかけた内容、すなわち「総理のご意向」や「官邸の最高レベルの言っていること」といった腹話術師・安倍の「関与」を示す文言は、一六年九月から一〇月頃に作成されたものとみられる文科省内の「獣医学部新設に係る内閣府からの伝達事項」「大臣ご確認事項に対する内閣府の回答」、および「藤原審議官との打合せ概要」(一六年九月二六日)に記されている。

だが、腹話術師安倍の補佐・人形役が健忘症を装えば装うほど、真理かどうかを判断規準にした国民のコミュニケーション的理性が働いて、安倍内閣の支持率は下落の方向に向かうのである。

偽装健忘症患者の萩生田官房副長官の失態

前川証言によれば、「加計ありき」のシナリオを練ったのは和泉首相補佐官であるが、和泉に並んで「官邸の関与」に大きな役割を担ったのは安倍側近の萩生田光一《こういち》官房副長官であった。彼も、和泉とともに健忘症に感染した人物である。

加計疑惑に対する萩生田の関与は、文科省内の記録文書「萩生田官房副長官のご発言概要」に示されている（一〇月七日付と一〇月二一日付の二点、後者は文科省高等教育局長が萩生田から聞いたことを専門教育課長補佐がメモにしたもの）。一〇月二一日の記録文書には、萩生田の「ご発言」として「官邸は絶対やると言っている」、「総理は『平成30年4月開学』とおしりを切っていた」と記されていた。萩生田自身の言葉としては、最後に、「何が問題なのか書き出しておいてくれ、そのうえで渡邊加計学園事務局長を浅野課長のところに行かせる」と述べたと記載されていた。

これは要するに、萩生田が官房副長官として加計学園の獣医学部設置認可を督促した、ということである。首相の側近中の側近として、彼は職務に忠実に官邸の決意、総理の意向を先の和泉と同様に代弁したのである。彼の意向を安倍の意向と理解することは、文科省にとって何も特別の忖度《そんたく》を必要とするようなことではない。「ご発言概要」記録は、萩生田が和泉と同様に安倍腹話術の人形役を買って出て発言したことを示すものにほかならなかった。もちろん萩生田自身がこれを認めてしまっては、「首相の関与」を裏付けることになってしまうから、半ば健忘症を装いつつ、「このような不正確なものが作成され、意図的に外部に流されたことについて非常に理解に苦しむ。強い憤りを感じている」とのコメントを文書で発表した。まあ、これは悪事がばれた子どもがだだをこねるようにして、なんとか過去の悪さを否定しようとするようなもので、まともにつきあうのも馬鹿馬鹿しいばかりの反論にすぎない。ついでながら、一〇月七日付の文書「萩生田ご発言概要」に対する萩生田の弁明は、「この一〇月七日のメモに書いてあるような言葉をもって、回答した記憶はございません」と、完璧なまでに健忘症を装ったものであった。

加計疑惑に対する「萩生田の関与」を示すものには、そのほか、「16年11月1日付け内閣府からの行革室宛てメール」が明らかにされた。このメールは、国家戦略特区を担当する内閣府地方創生推進事務局から文科省行革推進室宛に送られたもので、獣医学部設置の認可要件を実質上加計学園しか応募できないように修正することを知らせたものである。認可要件の修正箇所は、「広域的に獣医師系養成大学等の存在しない地域に限り獣医学部の新設を可能とする」というものであった。修正箇所は二点、すなわち「広域的に」と「限り」の文言が付け加えられた点にあったが、この認可要件の修正によって、京産大の特区への応募が排除され、いわゆる「加計学園ありき」の認可手続きがほぼ決定づけられることになった。メールには、この「加計学園ありき」を決定的にした修正が誰の指示によってなされたのかについて、「指示は、藤原審議官曰く、官邸の萩生田副長官からあったようです」と記されていた。「藤原審議官」とは内閣府の規制改革担当者藤原豊をさし、メールは、彼の示唆によれば認可要件の修正は萩生田の指示によるものだ、ということを文科省に知らせたのである。

すぐにわかるように、このメールは「加計学園ありき」の特区の認定に、「菅中心の官邸チームワーク」の最有力メンバー萩生田が大きく関与したことを裏付けるものであった。これがそのまま国会等で認められることになれば、安倍政権全体が大きなパンチを食らうことになる。そこで、萩生田は、参院内閣委員会（六月一六日）において、「私が修正の指示を出したことはなく、昨日文科省が公表したメール内容に戸惑いを感じている」と全面的に否定した。

しかし、加計学園問題にかぎってみても、頻繁に記憶喪失に陥ってしまう萩生田の弁明には、とうてい説得力はない。彼は、ちょうど同じ頃、別の所において、安倍首相と加計学園理事長の二人が「腹心の友」であることを知っているかと問われ、「腹心の友か確認したこともないし承知もしていない」と述べるほどに、強い健忘症に陥っていた。もちろん、この記憶喪失はすぐ後で訂正された。というのは、四年以上も前の一五年のブログに、安倍・加計・萩生田の三人がバーベキューの場でビール片手に親しく談話している写真が掲載されていたからである。言い逃れのためのウソはすぐにばれるものである。

和泉や萩生田が敷いた「加計学園ありき」の国家戦略特区選定のレールは、その後さらに絞りこみが進み、一六年暮れまでには、一八年四月開学可能な大学に限る、複数ではなく一校に限る、といった条件がつけられ、結局、早くからの「加計学園ありき」の目論見どおり、今治《いまばり》市における加計学園の獣医学部の設置だけの応募ということで決着がつけられた。これが、後になって、安倍首相が「加計学園の計画を初めて知った日」と述べることになる二〇一七年一月二〇日のことである。

次々に現われる「加計ありき」の追加的証拠

加計疑惑のそもそもの焦点にそくして問題を再整理しておくと、一六年夏から本格化する「加計学園ありき」の特区選定過程に対する「安倍の関与」および「官邸の関与」のうち、国会の審議やメディアの追及によって、「官邸の関与」はほぼ明らかにされたと考えられる。加計疑惑に対する「菅中心の官邸チーム」の対策は、二段階にわかれたものであった。第一段階は、「加計学園ありき」の過程からまず「安倍の関与」を切り離し、「首相の責任」を徹底して否定し、安倍の免責をはかる。そのために、官邸チームは「安倍の関与」と「官邸の関与」とを切り離すべく、和泉や萩生田は口をきわめて「首相の指示はなかった」を連呼する策をとった。第二は、「官邸の関与」を示す文書、記録、メール、証言等に対して、不正確だの、確認できないだの、承知していないだの、記憶・記録にないだのといって世間を欺き、人々を煙に巻くことである。つまり、「安倍の関与」だけでなく「官邸の関与」もあわせて水に流す作戦である。

だが、仮に「安倍の関与」も「官邸の関与」もあわせて否定しえたとしても、あらかじめ「加計学園ありき」で国家戦略特区の選定が進められたことは否定できるものではなかった。なぜなら、数々の事実、記録、文書、証言等はことごとく最初から、「加計学園ありき」の選定過程を物語っていたからである。たとえば、愛媛県と今治市が国家戦略特区提案を申請するのは、一五年六月のことであるが、今治市の職員二名は、その二ヶ月前に、首相官邸を訪問し首相秘書官柳瀬唯夫《やなせただお》と面談している。これは今治市側の公文書記録に残っていることであり、官邸が否定しようにも否定することのできない事実である。もっとも、官邸は当時の秘書官柳瀬に再び健忘症を使わせ、彼に「記憶がない」「覚えていない」の一点張りで通させたが、しかし、首相秘書官の記憶喪失によって官邸での面談の事実そのものを消し去ることはできない。官邸メンバーの健忘症は、内閣支持率の下落となって報われるだけの話である（第二章一二八～一三〇ページも参照）。

また、国家戦略特区の要件が、先にふれたように、事実上今治市と加計学園に絞られるものに決まるのは一六年一一月九日のことであるが、その前日の八日に、文科省専門教育課からわざわざ学園宛に「加計学園への伝達事項」が送られている。これは、学園の獣医学部設置構想では認可要件を充たす上で不十分なところがあったために、その改善点を加計側に求める連絡文書であったが、あらかじめ「加計学園ありき」の選定が進められていたことを示す一証拠物件であった。

いま一つ例示すると、国家戦略特区の担当大臣山本幸三（地方創生相）が獣医師会に対して、加計学園の名をあげて獣医学部の新設を説明したのは、認可が正式に決まる一七年一月二〇日よりおよそ二ヶ月前の一一月一七日のことであった。こうした事実経過は、すでにふれた「萩生田ご発言概要」の文書やメール等にあわせて、あらかじめ「加計学園ありき」で戦略特区の選定が進んだことを証明するものであった。菅官房長官がれっきとした行政文書を出所不明の「怪文書」扱いし、「官邸チーム」の面々が続々と健忘症に感染し、「総理の意向」を否定したとしても、このような「加計学園ありき」の事実経過はどうにも消し去ることができなかったのである。こうして、安倍官邸は総力をあげ、躍起になって「安倍の関与」および「官邸の関与」を否定しようとしたが、最後、「加計ありき」の経過だけは否定できないものとして残ることになった。

加計疑惑は、ここから新たな局面を迎えることになる。というのは、「加計ありき」とは、実は「安倍ありき」とほとんど同義のことを意味するからである。加計疑惑に対する「安倍の関与」や「官邸の関与」がどのように握りつぶされ、いかに隠蔽されようとも、ひとたび「加計ありき」の事実経過が確かめられるや、戦略特区に加計学園を選定する過程とは、実は「安倍ありき」の過程にほかならなかったことが事実として残るのである。「加計ありき」が同時に「安倍ありき」になるのは、安倍晋三と加計晃太郎《こうたろう》とが長年の「腹心の友」という特殊な間柄にあるから、つまり加計学園の裏には安倍首相の影があるからである。安倍政権は、ここで、一つの新たな危機局面を迎える。

ちゃぶ台返しに出た安倍の逆転劇

「加計ありき」が同時に「安倍ありき」であることになれば、安倍当人が早くから約束していた「首相の責任」が問われるまで、あと一歩である。往生際まで追い詰められた「菅主導の官邸チーム」は、国会閉会中の審議（一七年七月二四・二五日）を前にして、土壇場での秘策を練った。「朝日」（七月二六日）は、その様子を「委員会前日の23日には、東京・富ケ谷の自宅に首相秘書官が集まり答弁を準備。野党の挑発に乗らず、国民に丁寧に説明していく――。そんな方針も確認した」と伝えている。野党や国民の目をいかにごまかし通すか、側近たちが安倍の自宅に集まって、知恵を絞ったというわけである。

閉会中審議とは、通常国会が終わったあと、森友・加計疑惑、自衛隊日報隠蔽問題等、国会で明らかにすべき課題が山積していたことから、野党の強い要求に屈して、与党・内閣が開かざるをえなくなったものである。時あたかも本章の冒頭でみた支持率の急落が内閣を襲った頃であった。閉会中審議の最大の争点は、なんであったか。本章でもすでになんどか強調してきたことを、当時の「朝日」（七月二六日）も、「一貫して問われているのは首相や首相官邸の関与の有無だ」と確認している。

瀬戸際に立たされた「菅主導の官邸チーム」が土壇場で練った策は、ちゃぶ台返しというか、どんでん返しを狙った策であった。結論からいうと、「安倍首相が加計学園の申請・認可を知ったのは一七年一月二〇日にする」という奇策である。一月二〇日とは、加計学園が国家戦略特区として認定された日である。なんと、安倍首相は、その日までは加計学園の申請・応募については知らず、特区諮問会議で認定された一月二〇日になって初めて学園側の計画を知ったというのである。恐れ入谷の鬼子母神とは、こういうときの言葉である。

厳密にいうと、加計学園の特区への公式申請は一月一〇日であり、二〇日は戦略特区に認定された日であった。この点を国会で指摘された首相は、報道によると、下を向き手元の紙面に目を落とし、

「正確に言えば、申請段階ではなく、『申請を決定する段階』で、それは一〇日後の一月二〇日、厳密さを欠いていた」と、たどたどしく答弁したという。一夜漬けの秘策がいかに杜撰《ずさん》なものであるか、すぐにばれてしまったということだ。ここにいう「申請を決定する段階」というのもおかしな言葉なのだが、いまはそれを横において話を続けると、以前に安倍が「国家戦略特区に申請を今治市とともに出された段階で承知した」と答弁していたことを野党側が指摘し、過去の答弁との矛盾をつかれると、首相は、なんと「今治市の計画は知っていたが、加計学園の計画は知らなかった」と弁解した。議場は、この瞬間、ヤジとどよめきで包まれた、と報道されている。まさに国会が安倍自作自演の茶番劇の場に化した瞬間だったといわなければならない。

茶番劇だったことは、参議院の審議においても実証された。自民党青山繁晴《しげはる》議員が、「一月二〇日に至るまで首相は加計学園のチャレンジを知らなかったというなら、なぜ最初からそう正面から言わなかったのか」と問いただしたのである。与党議員でありながら、ヤブヘビの質問だったといってよい。なぜなら、「最初からそう言えばよかったのに」という言い方は、安倍の言い分は後知恵の産物、つまり虚偽発言だということを前提にした言葉だからである。これに対し、首相は「全く身に覚えのない話であるから、少し至らぬ点があった。言葉足らずだったことは率直に認めなければならない」と答えたという(「朝日」七月二六日)。いやはや、問う方も問う方、答える方も答える方、これを翻訳していうと、青山が「最初から知らぬ存ぜぬで通しておけば、うまくいったのに、今になって切り札を切っても時すでに遅しだ」といったのに対して、安倍は「そうしておけばよかったのだが、身に覚えのあることだから、すべてをチャラにするわけにはいかず、言葉足らずで、至らぬ説明になった」と弁解したわけである。要するに、ウソをつくなら最初からつけ、今になってからでは遅きに失する、ということを青山・安倍問答は示したということである。

「首相の責任」が問われる瀬戸際で安倍官邸が練った秘策は、何がなんでも首相に降りかかる火の粉を振り払う、そのためには、「加計ありき」の特区選定過程の全てから安倍を外す、無理を承知で「加計ありき」のカヤの外に首相を置く、というものであった。だが、加計疑惑の一切から安倍を完全に免除することはできない相談だった。なぜなら、国家戦略特区諮問会議議長は他ならぬ安倍首相だからである。そこで、「菅主導の官邸チーム」は、諮問会議が加計を認定した最後の日（一月二〇日）において、議長の安倍首相当人は初めて加計学園の戦略特区への応募・認可を知ったことにする――そのシナリオを書いたのである。しかし、これは一夜漬けの泥縄式シナリオにすぎなかったから、閉会中審議の場において、とうてい野党の追及に耐えられるような代物ではなかったということである。

ここで、安倍が、一月二〇日以前から、今治市＝加計学園計画を知っていたことを示す証拠をあげることは必要ないであろう（念のために一例を示すと、安倍は、一七年六月六日には参院決算委で「安倍政権になってから、国家戦略特区に申請を今治市とともに出された段階で承知した」と述べ、六月一六日の参院予算委では、「構造改革特区の申請を承知していたが、その後、私は議長を務めているから国家戦略と特区に申請すれば私の知りうるところになる」と答弁していた。いささか、歯にモノが挟まったような言い方ではあるが、以前から今治市＝加計学園の構想は知っていたということを自ら語っていたということである）。また、加計疑惑が持ち上がった期間中に、腹心の友の安倍・加計両人がゴルフや食事を共にしていたかを細かく上げることも不要だろう（一説では、一三年以降、両人は一四回も食事やゴルフを共にしたという）。ここで確認しておいてよいことは、「加計ありき」と「安倍ありき」がほぼ同義だということが一つ、いま一つは、「加計ありき」の過程から「首相の関与」を除外し、それによって「首相の責任」を免除にもちこむためには、「加計ありき」のすべてが否定できない以上、他方の「安倍ありき」の一切を消し去るほかはなかったということである。安倍が特区への加計学園の応募や認定過程についてまったく関知しなかったことにすれば、「安倍ありき」はなくなり、したがって「首相の責任」も消滅する。この虚偽と欺瞞に満ちた作戦が、「菅主導の官邸チーム」が練った秘策だったのである。

疑似天皇制責任を狙った安倍官邸の無責任体制

加計疑惑の追究に思わぬ手間を取ってしまったが、この問題を締めくくるにあたって、一言感想めいたことを記しておきたい。それは、森友・安倍疑惑に対する安倍政権の対応は「無責任」の一言につきる、ということである。破廉恥なまでに無責任な態度に終始してきた安倍首相はもとより、官房長官も補佐官も秘書も、関係者と目される人々の責任は、一七年八月初めの内閣改造まで、一切問われなかった。内閣改造後、安倍首相はＴＶの番組で、加計学園理事長とはゴルフや会食をしても『獣医学部をつくりたい』という話は全くなかった」と強調したという（「朝日」八月五日夕刊）。このしらじらしいばかりの「無責任」ぶりは、かつての天皇制国家の無責任ぶりを想起させる。

　戦後まもない一九四六年に、現在では大変有名な論文「超国家主義の論理と心理」において、政治学者丸山真男は戦争責任の所在が日本においていかに曖昧であったかを、こう記した。「ナチスの指導者は今次の戦争について、その起因はともあれ、開戦への決断に関する明白な意識を持っているにちがいない。然るに我が国の場合はこれだけの大戦争を起しながら、我こそ戦争を起したという意識がこれまでの所、どこにも見当らないのである。」（丸山真男『増補版現代政治の思想と行動』未来社、一九六四年、二四ページ。傍点は丸山）

　真珠湾攻撃をもって開始する太平洋戦争は、開戦の決定がいつ下されたか、四一年一一月五日の御前会議か、それとも一二月一日の御前会議か、といった決断の日時をめぐる評価については諸説があるが、御前会議の最終的決定権は天皇にあるから、天皇が丸山のいう「開戦への決断」に対して責任を負う立場にあったことは疑う余地はない。ところが、丸山は、天皇はもとより、御前会議の列席者の誰一人として、開戦の決断・決定に対する責任意識を持たなかったというのである。つまり、戦争を始めたのはいったい誰なのか、当時の政官軍首脳の誰一人として、その責任を引き受けようとする者はいなかった。丸山はこれを天皇制のもとでの無責任体制と呼んだ。一五年にわたるアジア・太平洋戦争に対して、日本の政治的指導者は、きわめて少数の例外を除き、誰も責任をとろうとしなかった。

この天皇制国家における無責任体制は、簡単にいうと、二重構造から成り立っていた。まず天皇専制支配の頂点に位置する天皇が、戦争遂行をはじめあらゆる統治行為に対して責任が問われない構造になっていたことである。天皇は絶対君主、世上の最高権力者、全軍を統帥する大元帥であったが、同時に現人神《あらひとがみ》であった。現人神とは、世間でいう「生き神様」である。神はそもそも世上のあらゆることに対して無答責の存在である。たとえば統帥権を握った大元帥として仮に戦争責任が問われる面があったとしても、神としては一切の責任から免除される。逆にいうと、あらゆることに対して免責の地位にある者が神であり、その現人神が天皇なのである。

次に、首相や大臣等の内閣は現人神＝天皇の輔弼《ほひつ》である。わかりやすくいえば補佐役にすぎない。陸海軍の大臣、参謀総長・軍司令部総長はどうかといえば、彼らも大元帥＝天皇の輔翼《ほよく》（補佐役）にすぎない。補佐役は、いついかなる場合にも、究極の責任主体とはなりえない。丸山真男は、上で紹介した論文のなかで、後にA級戦犯とされた東条英機《ひでき》（開戦時の総理大臣）の言葉を引いて、天皇輔弼役の無責任意識がどこからくるかを浮き彫りにしている。

国会答弁の場で東条曰く、「東条というものは一個の草莽《そうもう》の臣である。あなた方と一つも変りはない。ただ私は総理大臣という職責を与えられている、ここで違う、これは陛下の御光を受けてはじめて光る、陛下の御光がなかったら石ころにも等しいものだ。陛下の御信任があり、この位置についているが故に光っている、そこが全然所謂独裁者と称するヨーロッパの諸公とは趣を異にしている」

（現代かなに改めた）。

一読して明らかなように、内閣総理大臣東条英機といえども、天皇陛下の影武者同然の一草莽にすぎない、と彼は述べたのである。まず天皇は現人神として無答責の存在である、続いて現人神のご威光で光る石ころにすぎない草莽には権限も責任もない――これが東条の草莽としての意識である。この草莽意識からは、太平洋戦争に対する責任意識はでてこないだろう。そのうえ、かかる無責任意識は決して東条だけのものではなかった。戦前・戦時の戦争指導者は、ほんのわずかな例外を除き、そろいもそろって東条流草莽意識にかぶれたまま戦争責任を自覚しなかったのである。東京裁判でA級戦犯として裁きを受けた者は、当初、全員が無罪を主張し、世界中が呆れた。準A級戦犯の岸信介、すなわち東条内閣期の商工大臣であり、安倍晋三の祖父でもある岸も、その代表的人物の一員であった。

岸の血を受け継いだ安倍は、かつての天皇制国家に憧れを抱いたのか、加計学園問題では、「安倍天皇」と「安倍輔弼メンバー」全員の免責をはかろうとした。この「安倍流疑似天皇制国家の無責任体制」も、二重構造のものであった。

第一は、「安倍首相＝天皇」の責任を一切解除する手にでたことである。「安倍ありき」の過程をまるごと否定して、首相の責任の一切を消去しようとしたのである。すでにみたように、このことを狙って、安倍当人は加計学園が国家戦略特区に認められる最終局面の一七年一月二〇日までは、加計学園による計画・応募・申請の過程を知らなかったことにしたのである。何も知らなかった者は、獣医学部の設置に関与することもできず、問題に指一本関与しなかった者には何の責任も問われない――これが「疑似天皇安倍」の作戦であった。安倍首相は土壇場において、この手を用い、無答責の存在になろうとした。さすがに準A級戦犯岸信介の孫だけのことはある、というべきか。

第二に、「疑似天皇安倍」が免責になれば、自動的にその「補弼役＝安倍官邸チーム」の責任は消失する。たとえば「総理の意向」だとか「官邸トップの判断」は、「無知の総理」のもとにあっては自動的になくなってしまう（安倍を「無知・無恥の人」と特徴づけたのは加藤節成蹊《せいけい》大名誉教授であるが、この点については次章一九七～二〇五ページでふれる）。なぜなら、「官邸トップ＝総理」は、そもそも加計学園のことについては最後までまるで関知しなかったのだから、何か特別の「意向」を持つはずはないからである。

一般的にいって、なんらかの事業の計画や手続き、作業等について何も知らなかった者は、当該事項について特定の意向や判断を持つはずはない。その意味において、加計学園の計画について「無知」であった安倍は特定の意向・判断を有さず、なんらかの意思・判断を有さない者は、腹話術を演じる際に、人形役の口から「総理の意向」だとか「官邸トップの判断」といったものを語らせることはできない。無知の腹話術師は、一種の判断停止状態に陥って、補佐役の人形に何かを語らせることなどはできないのだから、当然、補佐役の人形ども（和泉補佐官や萩生田副官房長官）の責任が問われることもなくなる。まず腹話術師の責任がなくなり、次に官邸メンバーで責任をとる者も不在、A・クリスティー風に続けると、「そして誰もいなくなった（And Then There Were None）」というわけである。

しかし、問題は、これによって片付いたわけではない。安倍官邸から責任をとる者は「誰もいなくなった」からといって、それは加計疑惑事件の責任そのものがなくなったことを意味しない。安倍政権の責任がなくなるようにみえた瞬間に、実は、責任は別のところに転嫁されるのである。

たとえば、前川証言によれば、和泉首相補佐官は「首相の口からはいえないので代わって述べた」のであるが、上の「安倍官邸免責シナリオ」によると、前川の方がウソを述べた、それも国会の議場において大嘘を述べたことになる。文科省内に残った文書によれば、萩生田は「総理の意向」「官邸トップの判断」を文科省に伝えたのであるが、これも事実に反しており、実際には、当該文書を作成した高等教育課長補佐がとんでもないでっちあげを記録し、それを省内に流したということになるであろう。そうなれば、これは加計疑惑がめぐりめぐって別の大事件を呼び起こしたことになるわけだから、このことを一切水に流して、「加計問題は国会閉会中審議において一件落着」というわけにはいかない。

だが、安倍官邸のシナリオがそのまま通ってしまえば、話はふりだしに戻って、森友・加計問題を再検証しなければならない、ということになるから、これ以上、無駄な話は続けない。虚偽が安倍政権側にあることは、およそ自明である。ここで、本章のしめくくりとして問わなければならないことは、森友・加計学園問題に対する安倍政権の対応が、いかなるルートを通じて、内閣支持率の下落に帰結したのか、その回路を確かめることである。

3　内閣支持率を左右する国民のコミュニケーション的理性

世論の背後にあるコミュニケーション的理性

本章の前段でみてきたように、安倍内閣の支持率が急落したのは、安倍改憲メッセージで新局面を迎えた改憲問題、戦争法、共謀罪、森友・加計疑惑、自衛隊日報の廃棄、ＰＫＯ部隊の南スーダンからの撤収などのほか、築地の豊洲移転問題を争点にした東京都議選等において、国民の政治的関心が高まり、全体として、自公維の「改憲三兄弟」による改憲政治を推し進めるのか、それとも戦争法反対運動以来の市民連合・野党共闘による新たな政治の道を切りひらくのか、の選択が鮮明になっていく過程においてであった。内閣支持率の動向は、安倍政権の進める政治総体に対して国民がいかなる評価・判断をくだすのか、によってまず左右されるものである。森友・加計疑惑にそくしていうと、両学園問題に対して安倍内閣がいかなる政策・対応をとってきたかが、内閣支持率を左右する大きな要因になった、といってよい。

ただ、ここで注意しなければならないことは、一口に諸問題に対する安倍内閣の政策的対応といっても、その対応策の性格・内実は、たとえば憲法改正、消費増税、森友・加計学園問題、原発再稼働、核兵器禁止条約、介護保険、働き方改革等と諸課題を並べてみればすぐわかるように、それぞれ違っているということである。安倍首相が打ち出した「加憲型改憲」の政策と、「残業代ゼロ」の働き方改革とは、根っこのところでは結びついている（と私は判断する）が、その社会科学的性格をただちに同一のものというわけにはいかない。あるいは、安倍政権の進める原発再稼働と、同じ安倍政権の進める「加計ありき」の国家戦略特区策とは、同一の政治的性格をもったものとみなすのにも無理がある。さらにまた、安倍政権は一方で消費増税を進める立場をとり、他方で核兵器禁止条約に反対の立場に立つ――この二面を同じ性格のものだというわけにもいかないだろう。

そうすると、内閣支持率を考える場合、ここで一つの厄介な問題にぶつかる。例をあげていうと、それは、「安倍改憲」には賛成だが「安倍増税」には反対だという人は、安倍内閣支持か不支持かを問われて、どちらにボートするだろうかという問題である。北朝鮮の核・ミサイルに脅威を感じるが、同時に森友・加計問題では安倍首相に不信感を抱く人は、安倍内閣を支持するかどうかを問われて、いったいどう答えるであろうか。原発再稼働はイエスだが、改憲はノーだという人は、安倍内閣を支持するのかどうか。このような問題に答えるのは、なかなか容易なことではない。これと同様に、一七年七月はじめの東京都議選では、築地の豊洲移転、旧石原・猪瀬《いのせ》都政の評価、保育所・特養の待機児童・高齢者問題、東京五輪施設のあり方等、一律に取り扱うことのできない対応策、政策選択をめぐって有権者の判断が問われたのである。

難しい問題に直面したときに研究者や文学者に課せられる課題は、わが敬愛する故井上ひさしによれば、「難しいことは易しく、易しいことは具体的に、具体的なことは面白く」を心がけることである。研究者のはしくれとしての私は、ここでは最低限「難しいことをわかり易く」述べていかなければならない。具体的事例をあげていけば、わかり易さもなにほどかは増すだろう。

そこで、わかりやすく（なると私が判断して）いって、安倍内閣の支持率を左右する主体的要因は、「アベ政治」に対して評価・判断を下すに際して国民が発揮するコミュニケーション的理性の力である、と私は考える。と書いた瞬間に、「コミュニケーション的理性」とはいったい何のことか、話がいよいよ難しくなるではないかと疑問視されるのはほぼ間違いないところだろうから、急いでコミュニケーション的理性の概念の説明から話にかかりたいと思う。

コミュニケーション的理性とは、J・ハーバーマスのコミュニケーション論から引いてきた概念である（ユルゲン・ハーバーマス、河上倫逸《りんいつ》他訳『コミュニケイション的行為の理論　上・中・下』未来社、一九八五〜八七年）。このコミュニケーション的理性概念には耳慣れないものを感じる人が多いと予想されるので、一言補足の説明を加えておく。コミュニケーション的理性の概念（communicative rationality）は、もともと日本語訳では「コミュニケーション的合理性」と訳されてきたものである。だが、人間の持つ一つの能力をさす場合には、独語のRationalitat、英語のrationalityは「理性」と訳したほうが、その意味をとらえやすい。そこで、ここでは、コミュニケーションの場で発揮される理解・表現力等のことをコミュニケーション的理性と呼んでおくことにする（コミュニケーション的理性概念の現代的意義については、簡単ながら、二宮厚美『発達保障と教育・福祉労働』全障研出版部、二〇〇五年参照）。

コミュニケーションとは、ハーバーマスによれば、「相互了解・同意の形成・獲得」であり、コミュニケーション的行為とは、人と人との間で互いに了解・同意を獲得する行為のことである。いうまでもないことだが、人と人とが、たとえば対話の場で、互いに了解・同意しあうためには、相手の言動を理解する能力が必要である。この理解する能力は、人間の場合には言葉の力に依拠して生まれるものである。言葉でものごとを考える、理解する、把握する、読み取るといった力は、触覚や味覚や聴覚等で感じとる力とは違って、すべて理性的なもの、またはいったん理性をくぐって生まれる力にほかならない。だから、コミュニケーションの場で、人と人とが相互に了解・同意するときに必要とされ、また実際に発揮する力はコミュニケーション理性とよぶことができる。

ここで、いま仮に、政権と有権者のあいだの関係を一つの政治的コミュニケーション関係にあるものとみなしてみよう。安倍政権によるたとえば共謀罪（法）の強行採決は、有権者国民に対する一つのコミュニケーション的行為にほかならない。これを国民がどう評価し、判断するか、このときに有権者の発揮する力がコミュニケーション的理性になるわけである。重要なことは、このときに発揮するコミュニケーション的理性は同時に、有権者サイドの安倍政権に対する支持または不支持の評価になってあらわれる、ということである。

そうすると、安倍内閣に対する世論の支持率は、一方での安倍政権の政治（「アベ政治」）と、他方でのその「アベ政治」に対する国民のコミュニケーション的理性の発揮によって左右される、ということになるだろう。だとすれば、一七年初夏以降の安倍内閣の支持率急落は、「アベ政治」に対する国民のコミュニケーション的理性の発揮によるものだ、といわなければならない。

ただ、ここで検討しなければならないことは、世論にあらわれたコミュニケーション的理性が「アベ政治」を酷評して内閣支持率を引き下げたということではなく、支持率の低下を呼び起こしたコミュニケーション的理性とは、いかなるものであったか、ということである。

政治・政策の評価に向けて発揮される三つのコミュニケーション的理性

コミュニケーションとは、先にも一言したように、もっとも抽象的には、人と人とが互いに了解・同意すること、と規定できる。それは単なる情報交換でもなければ意思疎通でもない。一人の人間の思いや感情、主張や意見等を他の誰かが了解・同意することである。ただし、これは必ずしも意見の一致をみるということではない。意見や感情の食い違いやズレを含めて、相互が了解・同意を獲得することである。

だが、相互の了解・同意には、たとえば対話コミュニケーションの場面を想定すればすぐわかるように、相手の意見や思いを理解する能力が必要になる。話し手のいっている内容を理解しないで、聞き手がそれとはまるで別のことを返答しても、話はかみあわず、相互了解・同意としてのコミュニケーションは不全状態に陥ってしまう。

この相互了解・同意に必要な人間の理解能力や判断・評価能力のことを、ハーバーマスはコミュニケーション的理性と名づけたのである。この理性の領域は三つに分かれる。これは、そもそも対話コミュニケーションが成立するための能力が三つの舞台にわかれ、そのテーマ領域にしたがって発揮されなければならない、ということである。

真理性を規準にしたコミュニケーション的理性

まず第一は、「何が真理か」というときに問われる「真理性を規準にしたコミュニケーション的理性」である。これは、何が真理かを見極めるときに必要な理性をさす。たとえば、「明日の天気は晴か雨か」の判断で問われるのは、この「真理性を規準にしたコミュニケーション的理性」である。共謀罪は何を狙ったものか、原発の再稼働は果たして安全か、といった問題に判断をくだす理性もこの「真理性規準の理性」にほかならない。

その他、東京都議選で一つの大きな争点になった豊洲新市場の土壌汚染問題に対して発揮された都民のコミュニケーション的理性も、この「真理性規準の理性」であった。豊洲地下の無害化が可能かどうか、これは厳密な科学的手続きと評価を経て下される判断である。都議選前までに明確になったことは、「無害化」は不可能であるということが一つ、そのうえで、地下空間の床にコンクリートを敷き、換気をはかり、地下水の揚水ポンプの増設で地下水位を管理する、それによって新市場の安全を保つ――これが小池知事の提示した案であったが、築地市場の関係者には最後まで、この対策が可能かどうか、またそれで安全性が担保されるのかどうか、を判断・評価する高度のコミュニケーション的理性の能力が問われたのである。都議選における自民党の大敗を呼び起こした究極の力は都民のこのコミュニケーション的理性であったといわなければならない。ついでにいえば、「無害化」が不可能であることを認めたうえで、なお小池知事が豊洲移転に踏み切ったことに対し、市場関係者が小池知事に異議を申したてたのは、次にみる「規範性規準のコミュニケーション的理性」の発揮によるものであった。

政策支持率を左右する規範性規準のコミュニケーション的理性

第二は、「何が妥当・正当か」が問題になるときの「規範性を規準にしたコミュニケーション的理性」である。たとえば、消費税増税は妥当か、加計学園に対する獣医学部設置認可は正当か、といった問いに答える力はこの「規範性規準の理性」である。消費税を例にとっていえば、消費税が大衆課税かどうかの判断は「真理性規準の理性」によるが、福祉財源に消費税を充当してよいかどうかの判断は「規範性規準の理性」によるものである。

規範性で問われるのは真理性で問われるのとは別のことである。互いに関連してはいるものの、たとえば原発から生まれる放射性廃棄物の完全処理は、少なくとも現在のところ人間の力によっては不可能であるというのが「真理性規準の理性」による判断であるが、それでも原発は利用できる、というのが原発再稼働派の「規範性規準の理性」である（実際には疑似理性）。これにたいして、原発は「トイレのないマンション同様の使いものにならない代物」だから、即刻脱原発に踏み切るべきだ、というのがもう一つの「規範性規準の理性」である。

こうした「真理性規準」と「規範性規準」の二つのコミュニケーション的理性は、政治・社会問題を考えるときにはきわめて重要な意義をもってくる。たとえば共謀罪法はテロ防止のためのものかどうかという判断は「真理性規準の理性」にかかわる課題、共謀罪の導入が正当・妥当かどうかは「規範性規準の理性」によって判断される問いである。また、集団的自衛権行使を違憲とするか合憲とするかは「真理性規準の理性」、集団的自衛権行使を容認するかどうかは「規範性規準の理性」に属する判断力である。両者は密接に結びついているが、論理的にはそれぞれ区別して扱わなければならない。

上の例でわかるように、「アベ政治」の評価に際して国民が発揮するコミュニケーション的理性は、ほとんどの場合、これら「真理性規準の理性」と「規範性規準の理性」の双方にまたがるものである。安倍改憲や戦争法、共謀罪等の真のネライを見極める国民の理性（真理性規準）は、そうした「アベ政治」に毅然として立ち向かっていく理性（規範性規準）と常に直結しているというわけではないが、先にみた「低い政策支持率」の調査結果は、これら二つの理性の水準が比例的関係にあったことを示しているといってよい（ここで「安倍政治」ではなく「アベ政治」と書いた理由については、その「異常性」を論じる第二章一四二ページ以降で説明する）。

安倍政権に対する支持率急落までの世論調査は、全体として「内閣支持率＞政策支持率」の関係、つまりその政策支持率はそれほど高くはないにもかかわらず内閣支持率は高水準にある、という状態にあったが、これは逆にいうと、国民のコミュニケーション的理性は、真理性規準と規範性規準の理性面においては、すでに「アベ政治」に厳しい評価をくだしていたことを物語るものであった。

内閣支持率を引きずり下ろした誠実性規準の理性

さて第三は、「何が人間的誠実か」が問題になるときの「誠実性を規準にしたコミュニケーション的理性」である。誠実性がわかりにくければ、真実性・真意性と読みかえてもかまわない（英語では「truthfulness or sincerity」と訳されている）。これは、相手の主観をそのままそっくり誠実に受けとめる理性的能力のことであり、また、話し手としては、自らの真意・心情をわかりやすく適切に、したがって誠実に相手に伝える能力のことである。この能力を、最近の政治学の一部は「感情の政治学」と称して、感情・感性次元のこととして取り扱っているが、実はこれも一つの理性である、という点に注意しなければならない。

と同時に、いまここで重要なことは、この「誠実性規準のコミュニケーション的理性」は、すでに述べた真理性規準および規範性規準の理性に並んで、人と人との対話的コミュニケーションにおいてはもとより、政治・政権にかかわる民意の評価・判断においてきわめて重要な力を発揮するということである。このことは、本章で取り上げた森友・加計疑惑に対する安倍政権の対応において特にあらわれた。「朝日」の天声人語（一七年五月三一日）は、安倍政権のいかにも不誠実な対応をなじるように、こう書いている。

「『加計学園』の問題で政府は、実態の解明を拒み続けている。『総理のご意向』と記された文書が明るみに出ると怪文書扱いし、前川氏が『文書は本物』と証言すると『辞職された方の発言にはコメントしないと口をつぐむ［しかし、出会い系バーとやらに前川が出かけたことには執拗に言及する――二宮］。一方で、『地位に恋々としがみついた』など、前川氏の人格攻撃には遠慮がない」

政府からの不誠実きわまりない応対にさらされた前川は、後日、記者会見の場で、「内閣府や首相官邸は事実を認めようとしていない。不誠実で真相の解明から逃げようとしている」と批判した（「朝日」六月二四日）。「天声人語」と前川が共通して問題にしているのは、要するに「アベ政治の不誠実」である。行きがけの駄賃で話を続けると、「朝日」（六月一四日）は、首相周辺の声として、「支持率は政策の是非ではなく、『政権がうそを言っている』と思われるとガクンと下がる」との不安を漏らしたと報じている。これは、世間がウソのなかに安倍政権の不誠実性を目ざとく見抜いたとき、国民内部の「誠実性規準のコミュニケーション的理性」が発揮され、内閣支持率をガクンと落とすことをいったものにほかならない。

「もり・かけ疑惑」が呼び起こした「世論のアベ離れ」は、実は、この「誠実性規準の理性」の働きによるところが大きかったのである。たとえば一七年六月、通常国会が終わって間もないころ、鳥取県のある女性（五六歳）は、国会終了時の首相記者会見に対して、「あきれてしまった。本当に国民をばかにしている。誠実な反省など全く感じられなかった」と、実に舌鋒鋭い投書を寄せた（「朝日」大阪版、六月二七日）。投書は、首相の弁は「うわべだけの反省にみえた」、「これほど自分勝手で民意とかけ離れた首相は、戦後初めてではないかと私は思う。不安を感じる」と結んでいる。私はここに、国民に息づくきわめて健全なコミュニケーション的理性の発揮をみる。

幸いなことに、メディアの現場も負けてはいなかった。先にもふれた「朝日」記者前田直人は、国会終了直後に、「これほど露骨に道理を踏みにじった政権と国会の惨状は、見たことがない」と書き（六月一九日）、同日の記者座談会では、南彰（国会担当記者）が「行政府が、これほど国民の代表である国会議員を馬鹿にした国会はない」と述べている。これも、マスコミの最前線に求められるコミュニケーション的理性（とりわけ誠実性規準のそれ）の発揮を物語るものにほかならない。

「日経」のデイリーコラム「春秋」（七月二二日）は、辞書では（不）誠実性と同義とされている「不実」という言葉をもちだし、「いま、稲田朋美防衛相に世間はまさに不実を見ている。政治家として、いやいや人として、どうにも信用の置けぬ挙措が目立つ」と容赦ない批判をあびせた。「人としてどうにも信用がおけない」とは、政治家失格どころか、それ以前の人間失格を宣告したようなものだから、「日経」記事としてはきわめて稀な「勇気ある発言」といわなければならない。同記事は、この場合の「不実」というのは、「不誠実」の持つニュアンスより少し複雑で、「ずるい、逃げ腰、弁解がましい、ぬけぬけと……。そんな印象を表す」と注釈を施しているが、森友・加計疑惑でグルになった菅官房長官、和泉首相補佐官、萩生田官房副長官等は、稲田防衛相に同じく、かかるニュアンスをもった「不実ども」といって過言ではなかろう。

こういうわけで、国民の「誠実性規準のコミュニケーション的理性」は、時には一つの内閣に引導を渡すほどの力を発揮するのである。コミュニケーション的理性による民意から「不実」を見抜かれた政権の余命は長くはないだろう。こうして二〇一七年の夏、安倍政権の挽歌が奏でられ始めたのである。

〈追記〉

ここで急いで付け加えておかなければならないことは、前原民進党代表が、一七年九月二八日衆院解散の当日に、それまで四野党間および市民連合との間で確認してきた政策合意・協定を一方的に破棄し、政党間・市民間に問われる最低限の誠実性を踏みにじって、事実上の解党、希望の党への合流を決めたことである。前原代表のとった行為は、民進党支持者を含む国民全体にたいする背信、裏切りであった。これは政党として最低限遵守しなければならない「誠実性規準のコミュニケーション的理性」を乱暴に蹂躙したことを意味する。

おわりに——次章以下の課題

安倍政権は、自ら国民のコミュニケーション的理性を覚醒し、その力によって政策支持率の下落のみならず、内閣支持率の下降を招き、三途の川に向かわざるをえないこと、これが本章で述べたかったことである。本書全体を通して、私が追求しようと思っていることは、安倍政権は「アベ政治」を進めるがゆえに自ら墓穴を掘るという関係である。第一章では、その手始めとして、「安倍一強」と呼ばれた「安倍強権政治」が、一七年初夏には、急激な支持率低下に見舞われたこと、それは「アベ政治」が三面に及ぶ国民のコミュニケーション的理性による審判を受けたことによるものであることを確かめた。

「アベ政治」に対して発揮した世論のコミュニケーション的理性による判定は、第一に、そもそも「アベ政治」の路線・政策に関しては、「安倍一強」のもとにあっても、決して高い支持を与えるものではなかったということである。つまり政策支持率という点では、「安倍一強」はいかにもあやふやで、脆弱な基盤上のものにすぎなかったことである。本書では、次章以降、「アベ政治」の政策的支持基盤の脆弱性を政治・経済の両面にわたって検討することにしたい。

第二は、「安倍一強」を支えてきた「他よりもよさそう」という消去法的選択、つまり安倍政権に対する消極的支持を突き崩すには、二点の課題が必要だということである。一つは、「他よりよさそう」ではなく、その反対の「他のほうがよほどよい」という確信的道筋を明らかにすることである。これには、安倍政権に代わる政治勢力、すなわち「安倍政権よりも断然よい政権」の選択肢を鮮明にすることと、「安倍改憲」やアベノミクス等にとって代わる政策的選択肢を提示することである。

いま一つは、本章でみてきた森友・加計疑惑が示したとおり、「他よりよさそう」とはまるで反対に、安倍政権は「他の何にましても悪そう」という確信を国民のコミュニケーション的理性に根付かせることである。これはいわば「アベ政治」に対して「絶対的不信」「一発退場のレッドカード」をつきつけることにほかならない。すでに、その糸口は森友・加計疑惑でつけられていることであるから、肝心なことは、このことを忘れないこと、安倍官邸が感染した健忘症に国民の方がかからないことである。こうした課題を次章以下でも検討していきたいと思う。

最後は、国民のコミュニケーション的理性が安倍政権に最後の審判を下すときの課題である。本章では直接にはふれなかったが、安倍政権は、一七年八月、広島原爆投下の記念日の数日前、起死回生をねらって内閣改造に踏み切った。その最大のネライは、内閣危機といわれる支持率二〇%台の危険水域から脱出することにあった。内閣改造によって過去の穢れを払うみそぎとし、支持率の低下をくい止めようとしたのである。

安倍首相その人は、残された政治的余命の恐らくは全てを安倍改憲の一点にかけた政治家である。この「安倍改憲路線」にとって、最大の邪魔者は、これまで「アベ政治」に刃向かってきた国民のコミュニケーション的理性である。安倍首相は、都議選の最終盤、秋葉原の街頭演説において、「安倍やめろ」「アベ政治ノー」の声をあげた市民集団に対して、いかにも興奮した調子で「こんな人たちに負けるわけにはいかないんですよ」と言い放ったが、その様子はまさに市民のコミュニケーション的理性を敵視する彼の本音を物語るものであった。彼は、国民・市民のコミュニケーション理性に、あらゆる術策を弄して、反撃してくるであろう。この時に、国民の側に問われることは何か、この検討も次章以降の課題にしたいと思う。

第二章　安倍政権の三面にわたるアブノーマル＝異常性

はじめに——安倍の人柄が信用できない国民

安倍首相を直撃する「人柄支持率」の低下

二〇一七年七月初めの東京都議選を前後して、支持率の急落に見舞われた安倍政権は、人気挽回をねらって、八月初め内閣改造を実施した。閣僚のなかでも特に不評だった稲田朋美防衛相、金田勝年《かつとし》法務相、山本幸三地方創生相、松野博一《ひろかず》文科相を更迭し、新たに野田聖子総務相、河野太郎外務相、小野寺五典《いつのり》防衛相、林芳正《よしまさ》文科相等を抜擢し、支持の回復をはかろうとした。改造後の支持率は、ご祝儀相場がたって若干の回復をみたが、それ以上に興味深いことは、安倍首相その人に対する支持は上向くどころか、改造後もむしろ下がり続けたことであった。

たとえば、「朝日」調査（八月八日）によると、内閣支持率は一七年七月の三三％から八月の三五％へとわずかに上がりはしたものの、不支持の理由に「首相が安倍さん」を挙げた人は一二％から二八％に増え、「政策の面」をあげた四〇％に次いで、内閣支持率には下方への重しとなった。「日経」調査（八月五日）をみると、この「人柄支持率の低下」はさらに顕著で、内閣支持率は七月の三九％

から四二％へとやや回復したものの、支持しない理由に「人柄が信用できない」を上げた人は四四％から四八％へと上昇し、不支持理由のトップになっている。

「首相の人柄が信用できないから安倍内閣は支持しない」とか、「安倍晋三という特殊な政治家が首相の地位にあるからその内閣は支持できない」といった世論の高まりは、肝心の首相に対する「人柄支持率」が落ち目に入って、政権全体が斜陽期にさしかかったことを示している。他ならぬ首相の「人柄支持率」において、人気浮揚の力が働かず、坂を転がり落ちるように歯止めがきかなくなってくると、内閣全体が終末期にさしかかったこと、すなわち内閣の「終活」がいよいよ最終局面にさしかかったことを意味する。個々の政策上の過ちから内閣支持率が下がっているというのであれば、まだ政策面から軌道修正をはかって、延命できる可能性がなくはない。だが、いったん「首相の人格不信」や「人柄支持率の低落」に見舞われた内閣の余命は、概してそう長くはないというのが世の通例である。

首相個人に対する「人柄支持率の低下」が、旧来の「低い政策支持率」とともに、安倍政権全体の足を引っ張ることになったのは、前章で確かめたように、いわば自業自得の結果によるものであった。安倍首相自らが、もし森友・加計疑惑において「首相（及び妻）の関与」があったとすれば、首相を辞める、責任をとる、と断言していたのである（一七年二月一七日衆院予算委）。これは安倍自らがおのれに引導を渡す「首相の終活」を宣言したようなものであった。

森友・加計疑惑以外の問題でも、安倍首相はこれと同じ「終活宣言」を、別の日に同じ衆院予算委の場で口にしていた（二月一日）。当時、これは辞任覚悟の首相発言として注目されたものであるが、ここでの「終活」は南スーダンのＰＫＯ（国連平和維持活動）に向けた自衛隊の派遣に関連して発言されたものであった。南スーダンに派遣された自衛隊ＰＫＯ部隊は、一六年一一月以降、戦争法にもとづく「駆けつけ警護」等の新たな任務がつけ加えられ、戦闘状態に巻き込まれる危険性が高まっていた。また、武装勢力から宿営地を守る「共同防御」の新任務も新たに武力行使を伴うものであったために、現地の「戦闘状態」如何では、ＰＫＯ部隊から死傷者が生まれて不思議ではない局面を迎えていた。

そういう状況のもとで、安倍首相は衆院予算委において、もし南スーダンに派遣された自衛隊員に死傷者が出るようなことがあれば、「辞任する覚悟はあるか」と質問され、売り言葉には買い言葉とばかりに、見栄を張って「もとより（自衛隊の）最高指揮官の立場でそういう覚悟を持たなければいけない」と述べたのである。いま振り返ると、「もし私が関与していたのであれば」とか、「派遣部隊に死傷者が出るようなことがあれば」といった仮定のもとで、安倍首相が「辞任覚悟」を口にしたのは、一七年二月から三月にかけて合計三度、その最初がこの南スーダンＰＫＯに関連した「終活発言」であった。

だが、普通の人間であれば、終活はそれこそ「一生に一度」のことだから、そうそう頻繁には「辞任覚悟」などは口にしないものである。政治的生命をかけるに値する判断や発言が問われる場合であっても、おのれに不動の確信がある場合には、わざわざ政治的生命をかけるまでもなく、自ずと真実は明らかになるはずである。前章でみた森友・加計疑惑を例にとっていうと、「首相の関与」が実際に皆無だったのであれば、首相辞任などは一言も口にせずとも、すべての情報を公開し、証人や参考人を堂々と国会に招いて、事実を明らかにしていけば、やがて「首相の無実」が証明されるはずである。無実の者の最大の武器、最も確実な拠り所は、数々のえん罪事件が示しているように、あらゆる情報を公開し、徹底して真相の究明に努め、事実関係を鮮明にしていくことである。

安倍官邸による証拠隠滅の最後の手段

だが、安倍首相が実際にやったことは、ことごとく、これとは逆のことであった。森友・加計疑惑を例にとると、前章でみたように、（生き残るために）「首相の関与」を全否定し、自らの保身をはかる、つまり自ら発した「終活宣言」を消し去るために、まずやったことは、「首相の終活」に結びつきそうな事実を浮き彫りにすることではなく、その反対に消去することであった。次に、事実を完全に消去できなかった場合には、「首相の関与」や「官邸の関与」を示す文書・記録等の証拠物件を廃棄・隠蔽することであった。それでも、もはや抹消するには手遅れとなった文書・記録・証言が出てきた場合には、関係者の記憶を消し、一斉に健忘症にかかること――これが安倍官邸の用いてきた三つの手口であった。まず「事実の消去」、次に「証拠物件の廃棄・隠滅」、そして「健忘症による記憶喪失」、これら三つをひとまとめにしていうと、不都合なことをことごとく隠すことであったといってよい。それでも隠滅できないことについては、最後、口にしない、触れない、答えない、語らない、無視する、という「抹殺の最終手段」を用いることであった。

ただこの「抹殺の最終手段」については、前章ではふれなかったので、ここでは追加して確認するところから、本章を始めることにしよう。

1　安倍政権を「没落の弁証法」に駆り立てる「アベノーマル＝アブノーマル」

「人柄支持率の低下」を招いた「安倍官邸卑劣漢チーム」の手口

加計学園等の国会閉会中審議が終わったあと、「朝日」等のメディアによる取材の結果、「加計ありき」「安倍ありき」を示す新たな証拠が提示された。新たに判明した事実とは、①二〇一五年四月二日に今治市の企画課長と課長補佐二名が「獣医師養成系大学の設置に関する協議」のために首相官邸を訪れ、柳瀬唯夫首相秘書官と面談したが、そのときには、愛媛県の担当職員と加計学園事務局長も同席していたこと（ただしこの面談について柳瀬秘書官は「記憶にない」と述べている）、②その二ヶ月後の一五年六月、愛媛県と今治市が国家戦略特区として獣医学部新設を提案したときに、特区ワーキング・グループのヒアリングが開催され、そこに加計学園側（吉川泰弘《やすひろ》千葉科学大教授）も同席していたこと（ただし、議事要旨にはこのことが記載されていない）、この二点である。これは、国家戦略特区に加計学園の獣医学部新設が認められる手続きのきわめて早い段階において、「加計ありき」「安倍ありき」がすでに前提になっていたことを示す証拠にほかならなかった。この証拠が事実として確認されれば、いうまでもなくこれは「安倍首相の終活」に直結する。

そこで、この新たに明らかになった事実経過について、菅官房長官は、記者会見の場において、記者から「国民にしっかり説明する準備はないのか」と問われた。安倍官邸側は内閣改造の前後に、繰り返し、今後は国民の疑問に関して「丁寧に説明する」、「しっかりと説明責任を果たす」と述べていたから、記者団としては官邸ツートップの一人官房長官に「丁寧な説明」を求めたわけである。ところが、菅は、例によって素っ気なく「国会で述べた通りだ」と答え、否、正確にいうと事実上答弁を拒否したうえに、追い打ちをかけるように、「ここは質問に答える場所ではない」（「朝日」一七年八月八日）、「（記者会見は）全てのことについて答える場ではない」と言い逃れた（「朝日」八月一一日）。これは菅官房長官が、公式の記者会見の場で、報道陣の質問に対して答弁を拒否したことを意味する。

念のためにいっておくが、菅官房長官はここで、たとえば「その質問にはいま答えられない」と述べたのではない。質問の内容によっては、官房長官といえども、「今はちょっとその質問には答えられない」とか「その問いにはすぐには答えられない」と言い逃れ、答弁を先送りするような場合はあるだろう。どんな質問にもすぐその場で答えなければならない、というのは無理である。答弁保留の権利は認めなければならない。だが、菅が口にしたことは、一時的な答弁保留というものではなく、彼は記者会見を「全ての質問に答える場ではない」と決めつけたのである。これは安倍官邸が、加計疑惑のような「首相の責任」が問われる重要問題において、事実を隠蔽したり証拠隠滅をはかったり、記憶喪失を装ったりしたあげくに、最後、証拠隠滅や健忘症を使ってもどうしても消去することのできない事実が発覚したときには、自らに箝口令《かんこうれい》を敷いて口を閉ざす、という驚くべき逃亡作戦に出たことを示している。

この「菅中心の官邸チーム」の黙して語らずの「箝口作戦」は、森友学園問題で「首相の妻」の言葉、発言、証言が決定的に重要な意味を持つようになった瞬間に、昭恵夫人を（少なくとも森友疑惑の圏域から）雲隠れさせたのと同じ手口である。官房長官は、世間に対し丁寧に説明責任を果たすどころか、人々の中に高まる疑問や質問に対し「いちいちその全てには答えない」と述べたのである。

こういう「安倍官邸」をどのように形容したらよいか、私にはただちにはその的確な表現が思いつかないが、直感をそのまま正直に記しておくと、「この卑劣漢どもめが」とののしりたい気分に駆られる。事実に対してウソを並べたて、証拠物件があがると「怪文書」扱いし、消去できない文書・記録には記憶喪失を装い、勇気ある証人には印象操作による「人格攻撃」を加え、最後、それでも隠滅できない事実については口を閉ざし黙して語らず――「菅中心の官邸チーム」のこの常套手段をあらわす言葉として思いつくのは、「卑劣漢どもの卑怯な手口」とでもいうほかはないというのが私の率直な感想である。

卑劣漢どもの人柄が信用されないのは当たり前である。卑劣とは不誠実、つまり人間にとって肝心な誠実性の欠落を意味する。人気挽回の内閣改造等によって支持率低下に多少のブレーキがかかったとしても、首相の「人柄支持率」の低落に歯止めがかからないのは、安倍政権を（官邸チームを含めて）まるごと特徴づけるこの「誠実性の欠落」に起因する、と思われる。「誠実性の欠落」が世論の「アベ離れ」「アベ不信」を高めるとすれば、安倍政権に取り憑《つ》いた「人柄支持率の低下→内閣支持率低下」といういわば「支持率の傾向的低落の法則」が止まることはない。この点をここでは、安倍「終活発言」のもう一つの事例、自衛隊ＰＫＯ部隊の南スーダンへの派遣を巡るその後の経過を例にとって確かめておくことにしよう。

南スーダンＰＫＯ部隊にかかわる安倍首相の「終活発言」

「終活」とは、ネット情報によると、二〇一〇年の新語・流行語大賞にノミネートされた用語だという。「就活」だとか「婚活」だとかに並んであらわれた流行語の一つであるが、その意味は、旧来の言葉でいうと、死に支度にかかること、あるいは冥土に向かう旅立ちにとりかかることである。先にふれたように、一七年二月初め、安倍首相は、南スーダンに派遣されたＰＫＯ部隊に死傷者が出るようなことがあれば、責任をとって首相を辞任する、すなわち政治生命を自刃《じじん》すると述べ、南スーダンPKOに派遣された自衛隊員といわば「生死を共にする」と約束した。ただし、その当時、世間はこの安倍発言を特別に問題視するようなことはなかったし、マスメディアもそれほど強く騒ぎ立てるようなことはなかった。

PKO派遣の自衛隊員にもしものことが起これば首相は責任をとる――この辞任覚悟の安倍発言にことの重大性を感じ取ったのは、むしろ安倍官邸の側だったというべきである。というのは、安倍政権は、南スーダンにPKO部隊を派遣するにあたって、現地は「戦闘状態にあるのではない」ということ、したがって自衛隊員に死傷者がでることはないということを前提にし、強調してきたからである。その昔、小泉首相は、「自衛隊が活動する地域は非戦闘地域である、よって自衛隊を派遣している地域は非戦闘地域である」という「詭弁中の傑作」に頼ってイラク特措法を押し通したが、安倍首相は、これと同じ便法によって柳の下に二匹目のドジョウを求めることはできなかった。このあとすぐにもう一度ふれるが、南スーダンの現地は、安全であるどころか、すでに派遣されていたPKO部隊がきわめて厳しい戦闘状態にあると報告していたのである。かといって、派遣先が政府軍と反政府軍との激しい戦闘状態にあることを認めたままで、現地にPKO部隊を派遣するわけにもいかない。なぜなら、PKO部隊の派遣には派遣五原則の要件が課せられ、戦闘のただ中にある地域に自衛隊を派遣することはできない相談だったからである。

五原則とは、PKO派遣は、①紛争当事者間の停戦合意、②紛争当事者の受け入れ合意、③中立性の厳守、④条件が満たされない場合は撤収、⑤武器の使用は必要最小限、という五点を前提条件にするというものである。南スーダンの現実が「戦闘状態」にあるとすれば、この五原則の派遣要件は充たされず、したがって、小泉首相のように「自衛隊の行く所が非戦闘地域だ」といった小学生でも欺すことのできない詭弁を弄しても、自衛隊を南スーダンに送ることはできなかった。

現地の状況は、実際に、どういうものだったか。一六年七月以降における南スーダンの状況は、現地からの自衛隊「日報」が「戦車や迫撃砲を使用した激しい戦闘」とか、「両勢力による戦闘」といった表現で、何度も「戦闘」の言葉を用いざるをえなかったほどに危険な状態にあった。稲田防衛相は、この場合の「戦闘」とは、「一般的な辞書的な意味において『戦闘』という言葉」が使われているのであって「法的な意味での戦闘ではない」と、小泉発言にまさるとも劣らない詭弁を弄して、自衛隊の派遣を正当化しようとした。稲田は弁護士資格を持つ防衛大臣であったが、普通の人ならすぐわかるように、彼女のこの説明は、①南スーダンが一般辞書的意味において紛れもなく戦闘状態にあるということを認める、②しかしそれでは、南スーダンへの自衛隊ＰＫＯ部隊の派遣は憲法にもＰＫＯ五原則にも違反することになってしまう、そこで、③苦し紛れに「法的意味での戦闘ではない」といいくるめるというものであって、これで果たして彼女は本当に弁護士なのかと疑わせるに十分な言い逃れにすぎなかった。

稲田は、防衛相の立場上、「憲法九条上の問題になる言葉［戦闘］を使うべきではないということから、私は武力衝突という言葉を使っている」と弁明したが、これはなんの弁解にもならず、実際には憲法上大いに問題ありの、他ならぬ戦闘現場に自衛隊を派遣したことを言葉の裏側で認める、という防衛大臣としてはあるまじき一大失態を演じたのである。このような法解釈の持ち主では、「安倍内閣の防衛相」に限ってというのであれば、なんとかその任務に堪えられるかもしれぬが、恐らくは他の内閣の防衛大臣としては、あるいは普通の弁護士として公的な場で活躍することはできないだろう（その後、一七年七月下旬、稲田は、「安倍内閣の一員としての防衛相」すらも、問題の「日報」の隠蔽事件に加担した罪を国民から問われ、辞任を余儀なくされた。「日報隠蔽」事件についてはここでは煩雑になるので、次の補注を参照されたい）。

〈補注〉

事件の発端は、一六年七月、防衛省に情報公開請求が出されたことに開始する。南スーダンからの自衛隊の日報は、現地の戦況を判断するうえで、きわめて重要であり、ＰＫＯ部隊の派遣が五原則にかなっているかどうかを確かめるための資料として決定的な意味をもつから、その情報公開請求が出されたわけである。安倍政権は、日報は南スーダン現地の戦闘状態をリアルに報告しているものだから、この「不都合な真実」は極力隠蔽する方針で臨んだ。そこで、一六年一二月二日、稲田防衛相は、日報は陸自内で廃棄済みとして、不開示を決定した。

だが、一二月二六日には統合幕僚監部（統幕）において、日報電子データが発見された。そのうえ、年が明けた一月一七日には、陸自内でもデータ保管が報告されていたことが判明した。一月二七日、陸自情報部長が統幕に対して陸自内のデータ保管を報告する。月が変わって二月七日には、統幕内で見つかったデータが公表されたが、ただし、いまさら陸自内にもデータがあったとはいえないというので、統幕・防衛官僚がその旨を陸自に通達し、それ以降も、陸自内のデータは非公表扱いにされ、その後、データは消去される。ここまでの経過で、防衛相・防衛省・陸上自衛隊が、極力、日報データの非公開・隠蔽・廃棄に力を注いだことがわかる。

他方、二月に入ってから陸自は、複数回、稲田防衛相にデータに関して報告した。二月一三・一五日には、稲田防衛相と防衛省・自衛隊幹部の会議が開催され、一三日には陸幕長が日報データの陸幕内における保管を防衛相に報告、一五日には、非公表にする方針を了承した。この二月中旬の会議において防衛省が全体として、「日報隠し」を「共謀」したことがわかる。

問題の焦点は、二月一五日の会議（防衛相、事務次官、官房長、陸幕長らの会議）において、稲田防衛相がデータ保管の報告を受けたあとで、それを非公表にすることを了承したかどうかにあった（これは稲田が「日報の隠蔽」に加担したことを示す）。稲田は、その前日の一四日に野党からデータの有無を追及されていたから、一五日の幹部会議で、この点を協議のうえ、非公表にするということで合意した（ということが陸自の主張であり、また合理的な成り行きであると私はとらえた）。

その後、この日報の取り扱いをめぐる防衛省内の経過については、特別防衛監察の手に委ねられた。七月に特別監査の結果が公表されたが、これがまたひどいもので、「特別防衛監察チーム」の作業自体にあらためて特別の監察が必要とされるような代物にすぎなかった。それは、世間でいう「ああでもない、こうでもない」式の肝心な点をぼかした報告にすぎず、とうてい国民や国会に対して説明責任を果たしたものとはいえなかった。自衛隊が常用する迷彩服のような報告書だったといってよい。肝心な点は、自衛隊幹部から稲田防衛相にデータ保管の事実とその非公開の方針に関して報告があり、稲田がそれを了承したかどうかにあったが、これに対して報告はなんと、どちらともいえないと結論づけたのである。すなわち、一方では、稲田側の「方針決定や了承はなかった」という主張を肯定し、他方で稲田から「何らかの発言があった可能性は否定できない」としたのである。前者のほうは、「日報データの存在を示す書面を用いた報告がなされた事実や、非公表の了承を求める報告がなされた事実はなかった」というもの、後者は、なんらかの発言があったかもしれないというものである。「どちらでもあり、どちらでもない」というわけであるが、要するに、大山鳴動してネズミ一匹もでなかったという報告である。防衛省という権力装置内部の情報公開とはせいぜいこの程度のもの、特別監察で大騒ぎしても、出てくるものは、迷彩服もどきの報告にすぎないというわけだから、このような「軍部」をこのまま放置しておいてよいかが問われる大事件だった、と私はいま考える。

もちろん、これは防衛省内部の問題というのは正確ではない。安倍政権が、政権にとって不都合な情報は最後まで隠蔽を貫く、たとえ子どもにでも見透かされるような矛盾を犯してでも、「不都合な真実」は徹底して隠し通す態度を不動のものとしていたことが問題なのである。これに従った防衛監察の結果については後日談がある。八月に入って、国会の閉会中審査が行われ、肝心の稲田前防衛相をはじめ重要な証人は喚問されなかったが、防衛省・自衛隊側の出席者（辰己《たつみ》昌良《まさよし》大臣官房審議官、小野寺新防衛相）は、会議内容を追及されても、「監察結果に記述されている通り」という答弁を繰り返すだけであった。つまり、特別防衛監察が、「国権の最高機関」としての国会内では、防衛省幹部の隠れ蓑として使われ、防衛省幹部は事実上、真相を明らかにしなかったのである。

ここで話に一区切りつけておくと、要するに、安倍政権は南スーダンが抜き差しならぬ戦闘状態にあることを百も承知のうえで、「駆けつけ警護」の危険な任務を新たに付与したＰＫＯ部隊を現地に派遣し、自衛隊員に死傷者がでる危険性を高めていた、ということである。現地の深刻な「戦闘状態」を伝えた派遣部隊からの「日報」が、防衛省によって隠蔽されたのは、南スーダンの戦況がいかに悪化していたかを逆に示すものであったといってよい。現地の実際の戦況に照らしていえば、「ＰＫＯ部隊に死傷者が出れば、最高指揮官の立場にある首相としては辞任を覚悟しなければならない」とする安倍発言が現実性を持ち始めていた、すなわち「首相の終活」が本物になる可能性が高まっていたのである。

そこで、安倍首相は、ＰＫＯ部隊にもしものことがあれば自らも政治的に自刃（辞任）すると約束した日からおよそ一ヶ月後の三月一〇日、急遽、緊急の記者会見を開き、なんと「南スーダンからＰＫＯ部隊を撤収させる」と発表することになった。時あたかも、籠池泰典森友学園理事長（当時）が「瑞穂の國記念小学院」の認可申請を取り下げる旨の記者会見を行ったのと同じ時間帯でのことであった。首相が、突然、任務遂行途上にある自衛隊ＰＫＯ部隊を撤退させることにしたのは、いうまでもなく、森友疑惑起点の終活よりも、南スーダンＰＫＯ起点の終活のほうが早く本物になりそうな情勢を迎えていたからである。「朝日」（三月一一日）によると、ある防衛相経験者は「実際には現地情勢について、ＰＫＯ参加５原則に適合しないと、自衛隊の最高指揮官である総理が決断したのだろう」と語ったという。要するに、ＰＫＯ五原則に違反する自衛隊の派遣は、派遣部隊から死傷者を生み出しかねず、そうなれば安倍首相も一巻の終わりになる、それを避けるためにＰＫＯ部隊を撤収させたということである。

安倍政権にとりついた内閣支持率の傾向的低落の法則

南スーダンの現地状況は、派遣されたＰＫＯ部隊にもしものことがあれば辞任するとした安倍首相の「終活宣言」を現実化する危険性を高めていた。「戦闘状態」にあるという現実は、いかにそれを伝える「日報」を稲田防衛相・防衛省総ぐるみで隠蔽したとしても、抹消・消去することのできない事実である。たとえば、国連安保理事会は、南スーダンの引き続く戦闘状態を憂い、当事者たちを強く非難し、市民の殺害、民族間の暴力、性暴力、家屋の破壊、財産の収奪などに「深刻な懸念」を表明した（『朝日』一七年二月一二日）。これは、再び稲田防衛相の言葉を引き合いにしていうと、国連が「一般的な辞書的な意味」においても「法的な意味においても」紛れもなく戦闘状態にあるということを認め、警告したことを意味する。

安倍政権にとってやっかいなことは、こうした国連の声明については、自衛隊ＰＫＯ部隊の「日報」や、森友・加計問題での記録や証言等とちがって、政権がいかに総力を傾けたとしても、隠蔽したり、抹消したり、記憶喪失を装って、言い逃れしたりすることができないということである。もっとも、安倍政権は、国連筋の意見や勧告といっても、政権にとって不都合な場合には、たとえば共謀罪に関する国連サイドの勧告について実際にやったように（この点は一七三〜一七五ページで後述）、ふてぶてしくも、それは「国連を公式に代表する意見ではない」などと言い逃れ、無視するほどの図太さを持ち合わせている。それでも、実際に、ＰＫＯ部隊に死傷者が出るようなことがあれば、安倍「辞任発言」は、もはや健忘症などで取り消すことのできないものとなる。上記〈補注〉で書いたように、そこから、安倍首相は、国連の声明の約一ヶ月後、自衛隊の撤収に踏み切ることになった「朝日」（一七年三月一四日）は、複数の政府関係者によるとして、ＰＫＯ部隊の撤退のきっかけになったのは、現地からの「日報」で報告された一六年七月の大統領派・副大統領派間の大規模衝突だった、と報じている。一六年七月八日には、対戦車ヘリ二機が大統領府の上空を旋回し、戦車も出動、銃撃戦のすえ、双方あわせて約一五〇人の死傷者が発生したとみられていた。

自衛隊の南スーダンからの撤退は、無事、五月末に進められ、安倍首相には幸いなるかな、国会で自ら口にした「終活宣言」が現実化することはなかった。とはいえ、森友・加計疑惑を契機にした首相の終活は終わらず、戦争法にもとづく自衛隊の武力行使の機会がなくなったというわけでもない。いまここで、話を先に進めるために確認すべきことは、次の三点である。

第一は、安倍内閣支持率及び首相個人に対する「人柄支持率」の低下は、森友・加計疑惑にせよ、南スーダンＰＫＯ部隊への「駆けつけ警護」等の新任務付与にせよ、すべて首相本人と安倍政権自らが呼び起こしたものだ、ということである。その意味で、安倍政権に対する世論の支持率低下は、安倍政権による一種の自業自得の結末を物語るものにほかならなかった。

第二は、安倍首相が首相としての責任を口にし、辞任覚悟の切り札を切るのは、自業自得の結果、すなわち実際に政治的生命をかけなければならないような事態を自ら作り出している場合に多い、ということである。森友・加計疑惑で「首相の関与」があれば、首相も国会議員も辞めるとした勇み足発言は、前章でみたとおり、このことを実証するものであった。首相は、南スーダンの派遣部隊に死傷者が出るような場合には己も辞任するとの覚悟を示したが、実は、そもそも死傷者が出かねない南スーダンに自衛隊を派遣するという無理を冒したのは安倍政権にほかならない。首相に「政治的死に場」を与えようとしたのは、そもそも安倍政権が強行した戦争法なのである。その意味でいうと、安倍政権は「終活政権」として生まれ、その歴史的宿命に忠実に政治的寿命をまっとうしようとしているといってよい。

第三は、安倍政権自らが始めた終活を途中でやめ、逆に首相と内閣の延命に向けて「官邸チーム」が総力を傾けたとしても、その効果はむなしく、安倍首相の「人柄支持率」は確実に下がっていくこと、したがって「首相の終活」それ自体を食い止めることはできない、ということである。先に、安倍政権は「人柄支持率の低下→内閣支持率低下」といういわば「支持率の傾向的低落の法則」にとりつかれた政権だと述べたが、「人柄支持率の低下」は、いまや安倍首相のみならず、菅官房長官や稲田防衛相等の主要閣僚にとりつき、「安倍官邸チーム」を総なめにする、といって過言ではない状況に至った（先述のように稲田は先鞭を切って辞任に追い込まれた）。少なくとも、本稿執筆の一七年盛夏の時点では、こう述べて間違いないと私は確信する。

そこで、本書でこれから問わなければならないことは、①安倍内閣を貫徹する「支持率の傾向的低落の法則」はいかなる理由や背景によっているのか、その構造はどういうものか、②「支持率の傾向的低落の法則」が中断するとか、逆転する可能性はないのか、③支持率そのものは、安倍政権に対する国民・有権者の側の評価による以上、安倍政権の路線や構造に対する国民的評価をどのようにとらえたらよいのか、この三点である（正確には、この三点に絞って、今後の検討課題を設定する）。本章では、以下、①の支持率低下の要因・背景の検討を進めることにしたい。

「没落の弁証法」を生み出す「安倍ノーマリズム」

安倍内閣の支持率を左右する要因を簡潔に述べて確認しておくと、①「アベ政治」の現実的動向、②「アベ政治」に対する世論の動向（本書では、国民のコミュニケーション的理性による評価）、この二点であった。二点の関係は、いうまでもなく「①アベ政治→②世論の反応・評価」という関係で、支持率自体は後者の世論サイドが決めることである。この点を押さえていうと、安倍内閣に対して、「支持率の傾向的低落の法則」が貫徹するとすれば、それは、少々のことでは取り除くことのできない構造的・致命的欠陥が政権内部に存在し、実際に内閣が常軌を逸脱した路線上を走りだし、他方で、少なからぬ国民の良識（コミュニケーション的理性）がその欠陥、危険性や異常性を見抜いていく場合である。

一七年初夏の都議選をはさむ時期は、通常国会が終わりはしたものの、すでにみてきた森友・加計学園問題、共謀罪等をめぐって国民の政治的関心が高まっていた頃であった。国民の関心を駆り立てた問題には、そのほか、南スーダンでのＰＫＯ部隊、その南スーダンを巡る防衛省・自衛隊内での「日報隠し」問題、「５・３安倍改憲メッセージ」、北朝鮮のミサイル・核開発問題、トランプ政権の北朝鮮・中東政策等があるが、ここではその一つひとつを全てとりあげるいとまはない。当面の私たちの関心は、国会の終盤でいえば、共謀罪の強行採決、森友・加計学園をめぐる論戦等が、連日、マスメディアでも大きく取り上げられる過程で、安倍内閣の支持率が鋭角的に落ち込み、逆に不支持率が急速に上昇したのはなぜか、その理由を安倍政権側の要因、つまり政権の弱点において突き止めることである。ここでは、できるだけ話を明快に進めるために、語弊を恐れずにキーワードを選んで述べておくと、それは「安倍政権の異常性」にあったと思われる。

周知のとおり、「異常」は、英語ではノーマル（正常）の前にアブ（離脱の意味の接頭語 ab）をつけてアブノーマル（abnormal）という。このアブノーマル（abnormal）は、アベ・ノーマル（abe-normal）とはほんの一字違いである。駄洒落風にいって、安倍晋三にとってノーマルな政治、すなわち「アベノーマル政治」とは、実は「アブノーマル政治」を意味する、と私はとらえる。この「安倍ノーマル＝アブノーマル政治」こそは、安倍政権にとりついた「支持率の傾向的低落の法則」を呼び起こすことになったと考えられる。

たとえば、これまでにみてきた森友・加計疑惑をめぐる安倍政権の対応をまともで正常な政治と考える人は、ほとんどおるまい。当の安倍首相ですら、通常国会終了後には、たとえ口先だけのこととはいえ、「国民の皆様の政府に対する不信を招いたことについては、率直に反省しなければならない」と述べ、また今後については「国民の皆様から信頼が得られるよう、冷静に、一つ一つ丁寧に説明する努力を積み重ねていかなければならない」と反省の弁を口にせざるをえなかったのである。「安倍一強」といわれながら、強さ一辺倒の国会運営を押し通すことができないほど〈異常〉だったことを認めざるをえなかったのである。

憲法民主主義の体制からみて異常な政治は、必ず矛盾を呼び起こす。この矛盾を国民・有権者のコミュニケーション的理性が把握したときに、世論からみれば内閣支持率は下がり、安倍政権からみれば、その終活が始まるのである。これは、一言でいうと、「終活に向かうアベ政治の弁証法」である。アベ政治は、その逸脱・異常な路線を走るがゆえに、自ら国民内部に墓掘人を作りだし、己に引導を渡す終活に向かわざるをえない。私はかつて、橋下主義は橋下主義であるがゆえに必ず滅びるという観点から『橋下主義解体新書』（高文研）を書いたことがあるが（いま、橋下主義は橋下主義であるがゆえに亡びるという見方そのものは間違っていないと確信するが、その延命に「安倍・菅一派」と公明党・創価学会とが発揮した力については、私の過小評価があったと思う）、これにならっていえば、安倍政権はアベ政治であるがゆえに没落するのである。

「アベノーマル＝アブノーマル政治」は多面に及ぶが、ここではアベ政治を輪切りにして、その断面図を三点からとらえておくことにしよう。駄洒落ついでに半ば言葉遊びを続けがてらいえば、安倍政権の異常性（アブノーマル＝アベノーマル）は、①トランペット安倍、②アベクロニズム、③アベコベミクスの三面に分けて把握することができる。ただ、この三面については、もう少し説明が必要だろう。以下に、具体例をあげながら、この「アベノーマル＝アブノーマル政治」が生みだしている「三兄妹」をみておくことにする（ただし、本章では①トランペット安倍、②アベクロニズムの二点に絞り、最後の③アベコベミクスについては、次章以下にまわす）。

2　トランペット安倍による対米従属の異常性

トランプ政権への朝貢外交に走る「トランペット安倍」

「トランペット安倍」とは「トランプのペット安倍」を縮めていったものである。安倍政権（特に安倍首相当人）が、二〇一六年大統領選で誕生したトランプ政権に対して、あたかもそのペットであるかのごとき従順な態度をとり続けてきたことをさす。トランプに対する安倍のひたすら恭順な態度は、国際的にも「おべっか、ごますり（flattery）外交」と皮肉られるほど、異常なものであった。この「トランペット安倍政治」の異常性が、「アベノーマル＝アブノーマル政治」の第一である。

トランプ大統領が就任した直後の一例をあげると、新政権がイスラム圏七ヶ国からの一時入国禁止、難民受け入れ停止措置をとったとき、先進諸国の首脳は、一斉に批判の声を上げた。アメリカ国内でも、連邦・州裁判所が憲法違反だとして、その差し止めを命じたほどである。新大統領が最初に打った手に対して、国の内外から「差別」「憲法違反」の非難が殺到したのであるが、日本政府だけは、「内政問題なのでノーコメント」の立場をとり、ただアメリカに従うのみの態度をとった。なんとも情けない話である。ただアメリカ国内外から出鼻をくじかれた格好のトランプ政権にとって、安倍政権の援軍は貴重であり、一七年二月の日米首脳会談では、安倍首相に別荘での供応、ゴルフ外交を振る舞った。安倍は安倍でまたこれを喜び、ゴルフ外交の成果として「大統領の時間をとることは簡単ではない。いっぱい話をするチャンスがあった」と自慢した（「朝日」二月一四日）。

本書第一章を読まれた方に向けて、ここで余談を一言はさむ。安倍首相は、トランプの別荘において、二日ばかりのゴルフ接待に嬉々として「いっぱい話をする機会があった」と自慢するが、その一方で、第二次安倍政権発足以降、一四回もゴルフや会食の機会をもった加計学園理事長に対しては、古くからの親しい友人であるというのにもかかわらず、獣医学部新設計画については一言も話を交わしたことがないと述べている（第一章一〇二～一〇三ページ）。私はゴルフ場に行ったこともなければ、ゴルフをやったこともないので、その場の雰囲気はよくわからないが、初対面のトランプとは一、二度コースをまわって「いっぱい話をする機会があった」のに、長年の親友とのあいだでは、獣医学部建設のような重要な案件については一言もしゃべらないですませるような遊び事なのか、ゴルフ接待に詳しい人に尋ねたい気がする（むろん、これはジョークであり、訊くまでもなく、安倍と加計のあいだに話し合いがあった、と私は百パーセント確信する。「ごますり」と「うそつき」はいつの場合にも紙一重の違いでしかない）。

ゴルフの供応・接待でたらしこまれたわけではあるまいが、安倍首相は、その後も、トランプ政権の施策には何一つ異議を申し立てなかった。とりわけ外交・軍事面におけるトランペットぶりは際だっており、盲従といってよいほどにトランプに恭順な態度をとり続けた。一七年四月初め、トランプ政権がトマホークによるシリア攻撃を開始したときには、あたかも条件反射のように、安倍政権はただちに「米国政府を支持する」と表明した。四月下旬、トランプ政権が北朝鮮に対する威嚇として、空母カールビンソンを朝鮮半島近海に派遣した際には、安倍首相は、当時滞在していたロンドンにおいて、ただちに「すべての選択肢がテーブルの上にあることを言葉と行動で示していることを高く評価する」と称賛した（「朝日」四月三〇日）。同時に、北朝鮮の核開発問題をめぐる六者協議については、「対話のための対話は何の解決にもつながらない」と否定的な考えを示し、北朝鮮には強硬な圧力を主張しつづけ、国際的には「トランプ政権第一主義」の態度を貫いた。これは異常というほかはあるまい（一七年二月一二日にドイツの新大統領に選出されたフランクワルター・シュタインマイヤー前外相は、大統領選の期間中には、トランプを「憎しみの説教者」と厳しく批判し、大統領選の結果については、

「ドイツのほとんどの人が願っていたのとは違う結果になった」と失望感をあらわにして、少なくとも「トランプのペット」とはほど遠い意見を述べている）。

こうしたことは、アメリカの大統領の威光にふれると、安倍政権が一種思考停止状態に陥り、ひたすら対米追随の道しか選択しなくなることを示すものである（急いで付け加えておくが、この対米追随は戦後の自民党政権がお家芸としてきたものであって、そのかぎりで、「アベ政治」はただこの伝統を従来にまして強く継承しているにすぎない）。別の一例をひくと、一七年三月末、トランプは地球温暖化対策を全面的に見直す大統領令に署名し、六月初めにはパリ協定（一九〇以上の国・地域が参加する地球温暖化防止の協定）からの離脱を表明した。当然、国際的に大きな批判がわき起こったが、このような環境問題であっても、安倍政権がトランプ政権にたてつくようなことはなく、一種の思考停止を決め込んだのである。

アメリカ・ファーストの餌食でしかないTPP後始末

安倍政権が、日米関係にかかわることであっても、およそ自分の頭で考えるまともな政権になることができないことは、トランプ大統領が就任早々、選挙期間中の公約どおり、ＴＰＰ（環太平洋経済連携協定）からの永久離脱を決定したときに、鮮明にあらわれた。トランプがＴＰＰ離脱の大統領令に署名したのは、就任間もない一七年一月二三日のことである。もちろん、トランプ政権が発足早々にＴＰＰからの離脱に踏み切ることは、それ以前から周知のことであった。にもかかわらず、安倍首相は参院本会議において（一月二四日）、「トランプ大統領は、自由で公正な貿易の重要性は認識していると考えており、ＴＰＰが持つ戦略的、経済的意義について腰を据えて理解を求めていきたい」と語った。以前から述べてきたことの単純な繰り返しである。翌日の「朝日」は早速、トランプ大統領が「永久離脱」を宣言した大統領令に署名する前も後も、首相の姿勢は少しも変わっていない、と書いた。つまり、相変わらず同じことの繰り返しで、思考停止状態にあったというのである。

それから約一週間後、米通商代表部がＴＰＰからの離脱の正式通告を事務担当のニュージーランドに送った時点で、菅官房長官は、再び「トランプ大統領も自由で公正な貿易の重要性については認識していると考えており、ＴＰＰの持つ戦略的、経済的意義について腰を据えてしっかり、理解を求めていきたい」と繰り返した。事態がどう進展しようと、一字一句判を押したように同じことしかいえない内閣をどう形容したらよいのか、思考停止内閣としかいいようがあるまい。なんとも情けない話ではないか。

内政課題では、森友・加計問題や「自衛隊日報隠蔽」問題でみてきたように、「安倍官邸」はしばしば感染力の強い健忘症に伝染したが、外交の舞台では健忘症は通用しないから、一瞬、思考停止状態に陥るのである。これでは、ある意味において、ロボット以下である。現在のＡＩ（人工知能）であれば、記憶力が抜群であるだけでなく、一定の判断力を持ちあわせているから、もっとましな対応ができるかもしれない、と思わずにはいられないだろう。

自らの考えにもとづくのではなく、ただ外部の変化を待ち、外からやってくるショックに反応・適応して動くだけの外交を、かつて加藤周一は「座頭市外交」と名づけた。盲目の座頭市が唯一頼みとする剣術は、こちらから仕掛けるのではなく、ひたすら敵側の動作・変化を待ち、相手の動きを一瞬にして素早く察知することで刀をさばく術である。独自の考えにもとづき自主的な外交を進めるのではなく、自らの思考は一時停止状態において、ただアメリカを第一にした外部の変化に反応し、素早くそれに追随する形でしか振る舞うことのできない安倍政権も、一種の「座頭市外交」を踏襲したものであるといってよい。トランプ政権は、ＴＰＰからの離脱を決めた後、ＴＰＰに代えて今度は「個別の国と、直接一対一で将来の貿易交渉を進める」と宣言した（これも大統領選時の公約どおりであった）。このような新たな動きがトランプ側にでてくると、もはや指摘するまでもあるまいが、「トランペット安倍」の「座頭市外交」は、瞬時にしてこれに従うことになる。

だが、ＴＰＰにかわる二ヶ国間協議にとりくむことは、わざわざこちらからトランプの新たな術中にはまっていくことを意味する。さしずめ、飛んで火に入る夏の虫ならぬ「安倍の虫」というところである。トランプがＴＰＰに代えて二ヶ国間協議を持ち出すのは、「アメリカ第一主義」の観点からみると、ＴＰＰではまだ不十分であり、むしろ二ヶ国間協定（ＦＴＡ）に切り替えることによって、アメリカに一層有利な条件を引き出すためである。たとえば、ＴＰＰでも俎上に載ったコメ、麦、牛肉・豚肉、乳製品、砂糖の重要五品目の関税撤廃をさらに強く日本に求めていくためであった。日米二ヶ国間協議は、ＴＰＰ交渉と並行して進められたときの日米間個別協議が実際に示したように、もともと「TPPプラス」のもの、つまりTPPに上乗せして関税撤廃等の米にとって有利な条件を引きだそうとするものであった。だからこそトランプはTPPやNAFTA（北米自由貿易協定）を二ヶ国間協定に切り替える政策を公約に掲げてきたのである。トランプ政権のこのネライはほぼ常識に属することである。

だが、安倍政権にはこうした常識は通用せず、別の異常な選択に向かう。異常な選択とは、「トランペット安倍」による瑞穂の国――水と緑に豊かな農水国――の犠牲、つまり売国的外交である。安倍政権のもとでの「TPP交渉」は、こうしてTPPプラス（つまりTPP以上）の売国的外交となっていく。それは、私も参加する「TPP参加交渉からの即時脱退を求める大学教員の会」の声明「TPPの国会承認手続きを中止し、TPP協定からの離脱を要求する」（一六年一一月）の言葉を借用していうと、日本が「米国第一主義の餌食」となる「アリ地獄」にさらに深く入りこむようなものだといって過言ではない。

問題は、このような恥知らずな売国的対応が、なぜ安倍政権において繰り返し出てくるかである。正確にいって、それは、安倍政権の中枢がしばしば思考停止状態に陥るからというだけではない。アメリカ一辺倒で、米政権に従属した外交、否、屈従してきたといってよい外交を続けてくると、肝心のアメリカ側の政策が一変すると、どう振る舞ってよいものか、考えようとしても知恵がまわらず、いわば惰性的に、まずアメリカの意向を探ることが先にたって、「米国第一主義の餌食」になることに鈍感になってしまうこと、これが安倍政権では慣行化してしまっているからである。このことは、もちろんTPP問題で初めてあらわになったというものではなく、日米間の戦後構造（日本の対米追随・従属構造）に根ざしたものである。とりわけ軍事・外交面では、アメリカ一辺倒の対米追随政治が「トランペット安倍」の骨髄にまで行き渡っていることによる。

そこで、ここでは、このアメリカ一辺倒の「トランペット安倍政治」の異常性（アブノーマル＝アベノーマル）を最もよく物語るものとして、沖縄の辺野古新基地建設と国連の核兵器禁止条約に対する「トランペット安倍」の文字通り異常事態をみておくことにする。

トランプにはへつらい、沖縄には傲慢な安倍政権

アメリカ・ファースト（アメリカ第一主義）を看板に掲げるトランプ政権は、大統領選中から、「我々はもはや世界の警察官ではない」「世界の警察官をやめる」と述べ、NATO（北大西洋条約機構）諸国や日本に軍事費の肩代わり、軍事分担強化を要求してきた。「トランペット政治」の一般的特質は、このトランプの軍事分担要求に対してひたすら恭順な姿勢を示す点にあった。そのうえ、「トランペット安倍」の場合には、「へつらい、おべっか政治（flattery politics）」にはつきものの、目上の者にはおもねるが、目下とみなす者には見下すという事大主義が貫かれることになる。安倍政権の一方でのトランプに対する態度と、他方での沖縄県翁長雄志《おながたけし》知事に対する態度とは、この目上にはへつらうが、目下には威張るというアベ式事大主義を物語るものであった。

一七年二月、安倍首相はトランプ新大統領との初めての首脳会談後、「米国は民主主義のチャンピオンだ」とごまをする一方、軍事分担の強化を求めるトランプ政権には従順に、帰国後、たとえば「わが国は防衛力の質も量も強化し、自らが果たし得る役割の拡大を図る」と声明し、軍備拡張を意図して「防衛費をGDPの一％以内に抑えるという考え方はない」と主張した（一七年三月参院予算委員会）。その後も安倍政権は、たとえば北朝鮮の核・ミサイル開発に対抗して、弾道ミサイルに備える陸上配備型の迎撃システム「イージス・アショア」の導入に踏み切り、ひたすらトランプ政権の軍事分担要求に積極的に呼応する姿勢を堅持している（一七年八月末の防衛省の一八年度概算要求では、軍事費要求総額は五兆二五五一億円で過去最大となった）。それと同時に重要なことは、安倍政権がトランプに忠誠をつくせばつくすほど、すでに在日米軍基地の四分の三を押しつけている沖縄に対しては、傲慢なまでに、上から目線の居丈高な態度を強めていくことである。

安倍政権の外交・内政を貫く一つの重要な特徴は、本来であれば、対等・平等な関係において応対し、つきあっていかなければならない相手に対して、上位に位置するとみなす相手と下位に位置するとみなす相手とでは、正反対といってよいほどに異なる態度をとるという点にある。一言でいえば、対等平等の感覚が欠落する。「アベ政治」にとってトランプ政権は目上の相手だから、へつらい、おもねり、従順な「トランペット安倍」に徹するが、沖縄県民と翁長県知事には、下位にあるものとみなして、横柄きわまりない態度をとって、見下す。つまり沖縄には無礼を働いて恥じない。

安倍がトランプとの首脳会談において、沖縄の基地問題に関して引き出した回答はなんであったか。それは、首脳会談に先立つ稲田・マティス防衛担当大臣間の会談で確認された「辺野古移転が唯一の解決策」とする合意の再確認であった。安倍首相は、普天間基地問題解決にとって辺野古移設が「唯一の解決策」とする「お墨付き」をトランプから引き出し、首脳の権威でいわば箔を付けたわけである。安倍首相はこれをトランプのゴルフ接待の土産として日本に持ち帰った。沖縄からみれば、まことに無礼千万な土産でしかない。

念のため、この土産に該当する日米共同声明の部分を引いておくと、こうである。「両首脳は、日米両国がキャンプ・シュワブ辺野古崎地区（沖縄県名護《なご》市）およびこれに隣接する水域に普天間飛行場（同県宜野湾《ぎのわん》市）の代替施設を建設する計画にコミットしていることを確認した。これは、普天間飛行場の継続的な使用を回避するための唯一の解決策である」。トランプとそのペットが、沖縄県民そっちのけで、太平洋の彼岸において、辺野古新基地建設が「唯一の解決策」と宣言する――これはオール沖縄に対するアブノーマルな無礼千万である。翁長知事は、こういう両国政府間のやりとりに対し、（恐らくは煮えたぎる思いを抑制して）沖縄県民に対して失礼ではないかと述べたそうだが、失礼どころか、無礼千万といっても足りないほどだ、と私はいっておきたい。

なぜ無礼千万といっても足りないのか。それは、安倍政権が「辺野古移転が唯一の解決策」を盾にとって、首脳会談直後、早速にも、辺野古沖海上工事に乗り出したからである（一七年二月上旬）。安倍政権は、トランプの威を借り、一個一四トン程のコンクリートブロックを二二八個も大浦湾に投下し、沖縄県民が「命の源」と呼ぶ貴重な海を無残に破壊する「無礼」に着手した（この辺野古の「命の源泉破壊工事」は、その後、護岸建設工事として続けられている)。ちょうどこれと同じ頃、菅官房長官はトランプの軍事分担要求に応え、辺野古新基地建設に関して「粛々と進める」と表明した。「粛々」とは、菅が、強権的に物事を進めるときに使う常套文句である。また、防衛省幹部は、北朝鮮や中国を念頭に、「沖縄周辺に米軍をとどまらせることは『抑止力の観点から不可欠』」と主張し、「朝日」(四月二六日)によると、首相官邸の幹部は、「歴代政権は沖縄に反発されると腰砕けになった。安倍政権では、辺野古移設の方針は何を言われても1ミリも曲げることはない」と語ったという。「トランペット安倍」は、トランプの要求にはすぐさま腰抜けになって応えるが、沖縄県民の声には、断じて腰砕けにはならず、辺野古の海破壊は粛々として一ミリといえども止めることはないというわけである。

安倍政権は、「アメリカ・ファーストのトランプ」に対しては、いわば「トランプ・ファースト(トランプ第一主義)」の「トランペット安倍」の顔で臨み、沖縄の反発や沖縄県民の願いに対しては傲岸な態度を貫き、それを一ミリといえども動かさない。これは、安倍にとってはノーマルな政治(アベノーマル政治)が、国民からみれば、アブノーマル(異常)きわまりないものであることを示す一例である。

マイナスでしかない沖縄米軍基地の抑止力効果

辺野古新基地建設の方針に関し、「何を言われても1ミリも曲げることのない」という安倍政権の異常性、これは安倍首相の人格的偏狭性に根ざすことによる、というだけではない。それも一部あるが、政権が「アベ政治」のベースにおく安保・外交政策路線がそもそも逸脱していることによるからである。とはいっても、辺野古沖の新基地建設は、普天間基地の移転先としてはやむをえざる選択なのではないか、と思う向きがあるやもしれない。だが、それはそもそも膨大な米軍基地を沖縄に存続させてきた「屁理屈」の根本的過ちを見過ごしたものにすぎないことを、ここで一言述べておくことにする。

普天間にしろ、辺野古沖にせよ、沖縄における米軍基地を正当化しようする議論は、究極のところ、「抑止力論」に帰着する。抑止力（deterrent power）とは、戦後アメリカの核戦略に起因する考え方で、簡単にいうと、相手が攻撃するなら、その何倍、何十倍もの報復力を準備して、相手方の攻撃を抑止するというものである。相手を壊滅するほどの大量の報復力を用意しておけば、敵の攻撃や戦争は未然に防ぐことができる、と考えるわけだから、肝心なことは、仮想敵の攻撃や紛争を未然に抑制したり、封じこめるに十分なほどに、膨大な報復力、軍事力を保有しておくことになる。そうすると、たとえば対峙するA・B両国が同時に、この抑止力論に依拠して安保・外交政策を進めるようになると、一方のA国側の軍事力強化が、他方のB国側の抑止力としての軍事力強化を呼び起こし、それがまたA国にはね返って更なる軍事力の強化を招く、という結果を生み出していく。つまり、抑止力論は軍拡の連鎖、悪循環を生み出していくのである。戦後米ソ冷戦期には、いまでは周知のとおり、このような抑止力政策が核兵器に適用され、恐るべき核軍拡競争を米ソ間で呼び起こすことになった。

だが、核抑止力論にもとづく核軍拡競争は、地球を何十回も破壊するほどの核兵器を累積し、結局、皮肉にも、核兵器は実際には使いものにならないことを明らかにした。核抑止力論は、いわば人類全体が自爆テロに使う道具を準備したようなもので、一種狂気の産物にほかならなかったのである。核兵器保有国がいま、ひとたび核兵器の使用に手をつけ、全面核戦争に火をつけるようなことになれば、人類と地球そのものが亡びる。だとすれば、抑止力もへったくれもあったものではあるまい。核抑止力論はとんでもない狂気の産物であり、「屁理屈」とすらいえない代物だったのである。

ところが、いま沖縄の米軍基地を正当化し、オーソライズする唯一の理屈は、依然としてこの抑止力論である。たとえば、アメリカが中国や北朝鮮の軍事的脅威に対抗するために持ち出す理屈は、相変わらず、グアムや在日米軍基地等が保有する抑止力効果である。これを沖縄に適用すると、北朝鮮のミサイル・核開発を抑止するためには、いま沖縄米軍基地とその抑止力の効果に期待するほかはない——これがまことしやかに主張される普天間基地や辺野古移設の効用である。

だが、沖縄の米軍基地が実際に中国・北朝鮮の軍事的脅威に対して抑止力となってきたかといえば、その答えはノーである。中国の海洋進出、北朝鮮のミサイル・核開発は、米軍基地の抑止力によって、多少とも抑制されてきたかといえば、答えはノー、それどころかむしろ助長してきたといってよい。実際には、北朝鮮の核開発、ミサイル発射実験は近年になって頻繁になり、中国の南シナ海等における軍事的進出もますます拡大してきた。この間、米軍基地の軍事力は強化され、その分だけ相手方に対する抑止力が高められたはずであるにもかかわらず、少なくとも日本周辺におよぶ中国・北朝鮮の脅威は衰えることはなかった。日本国民の不安感をとりだしてみると、今や不安を感じる人は九割以上で圧倒的多数にのぼり、抑止力効果はまったくといってよいほどに認められない。最近の「朝日」世論調査（一七年五月二日）によると、中国の海洋進出、北朝鮮の核・ミサイル開発の動きに関し、「不安を感じる」は九三％に達した（「大いに感じる」五八％、「ある程度感じる」三五％の合計）。

国民世論のこのような圧倒的不安感を呼び起こす第一の原因が、国連決議に違反する北朝鮮の核・ミサイル開発にあることはいうまでもないが、同時に、北朝鮮の軍拡を挑発しているのは、核抑止力を中心にすえた米日の軍事・安保政策であるという点を私たちは押さえておかなければならない。辺野古新基地建設を阻止し、沖縄の米軍基地の縮小・撤廃に向かう力を強化することは、この抑止力論がもたらす軍拡の連鎖を断ちきり、国民の高まる不安感を取り除く道でもある。にもかかわらず、核抑止力の神話に取り憑かれた安倍政権は、「トランペット安倍政治」において、辺野古基地建設を強行しようとするだけではなく、最近では、核兵器禁止条約にも背を向けるという「自乗化された異常」ぶりを発揮するにいたっている。これを「トランペット安倍」の「アベノーマル＝アブノーマル」の最後の事例としてみておくことにしよう。

核兵器禁止条約に背を向けた恥ずべき背教者たち

一七年七月七日、国連において、核兵器禁止条約が一二二ヶ国・地域の賛成多数によって採択された。条約の正式名は、「核兵器の開発、実験、製造、備蓄、移譲、使用及び威嚇としての使用の禁止ならびにその廃絶に関する条約」というものである。核兵器の開発から使用の禁止、そして廃絶までの核兵器禁止にかかわる包括的・網羅的な条約である。これが人類史上、将来の核兵器廃絶に向けて画期的な段階を築いたものになることは疑いをいれない。

条約づくりが本格化したのは、一六年末(一二月二三日)の国連総会において、「核兵器全面廃絶につながる、核兵器を禁止する法的拘束力のある協定について交渉する国連会議」が多数の賛成によって採択された時からである。この決議にもとづき、翌一七年三月下旬には、核兵器禁止条約づくり交渉のための最初の国連会議が開催された。ところが、安倍政権は、三月二八日、「核兵器保有国の理解や関与が得られない」という理由を持ち出し、この核兵器禁止条約の交渉会議には参加しないと閣議決定した。核兵器保有国の立場にたって交渉会議不参加を決めたのである。岸田文雄外相は、閣議後、不参加を決めた理由について、「核兵器国と非核兵器国の対立をいっそう深めるという意味で逆効果にもなりかねない」と釈明した(「朝日」三月二八日夕刊)。

この国連交渉会議に背を向けた安倍政権の方針は、本書でみてきた「トランペット安倍政治」の産物であったが、国民からみれば、とんでもない裏切りであった。なぜなら、岸田外相は、一六年一〇月には、「私としては交渉に積極的に参加し、唯一の被爆国として核兵器国、非核兵器国の協力を重視する立場から主張すべきことはしっかり主張したい」と述べていた、つまり交渉には参加する、と表明していたからである。彼は、その舌の根も乾かないうちに、交渉会議には参加しないと前言を翻した。岸田のこういう態度を、世間では二枚舌、裏切りと呼ぶ。

国連の交渉会議には、一〇〇以上の非核保有国が参加する一方、アメリカ、ロシア、中国などの核保有大国や北朝鮮はボイコットしたが、日本は唯一の被爆国でありながら、なんと核保有国側の末席に座ったのである。さすがに「朝日」（三月二九日）は、この安倍政権の態度を「核保有国と足並みをそろえる形で不参加を表明するとは、責任放棄もはなはだしい」と批判したが、他ならぬ被爆地広島県から国会に送り出された岸田外相は、いったいこの批判をどう受けとめるのか。

日本被団協の藤森俊希《としき》事務局次長は、交渉会議において、広島の被爆体験を語って、「同じ地獄をどの国の誰にも絶対に再現してはならない」と主張し、交渉会議不参加を決めた日本政府に対し、「被爆者で日本国民である私は、心が裂ける思いで今日を迎えた」と話した。国連におけるこの「心が裂ける思い」というヒバクシャの声を、広島一区選出の岸田文雄はいったいどう受けとめるのか、私は再度問いただしたいと思う。彼は外務大臣として、その後も、被団協を始め、広島・長崎市長等から交渉会議への参加を要請されている。安倍内閣の一閣僚であるとはいえ、岸田は他ならぬ被爆地から選出された国会議員である。前章で私は、政治の世界では政策の科学性や規範性にあわせて「誠実性規準のコミュニケーション的理性」が問われることを強調してきたが、岸田は、この核兵器禁止条約に対する態度において、人間としての誠実性の真価が問われているのだ、ということを指摘しておきたいと思う。

ここで一言、個人的な思い出の余談をはさむ。私は、広島からみれば瀬戸内海を挟んで対岸にあたる愛媛県の出身である。子どもの頃から広島への原爆投下について知ってはいたが、被爆者の生の言葉を耳にしたのは確か高校二年生の時、広島出身の若い教師（豊島先生という名だったと記憶する）の話が初めてであった。あれから五〇年以上たったいま、詳細を思い出すことはできないが、先生がまだ小学生の頃、学校に到着した直後の八時一三分に、「ピカっとした恐ろしい光にやられた」ということから始まって、被爆体験をなまなましく話された（いまでは原爆投下は八時一五分とされているようだが、私がそのとき耳にしたのは八時一三分で、その時刻が妙に記憶に残っている）。これは、私にとって原爆がいかに身近なことであるかを思いしらされた初めての話であった。その当時の子どもにとって、地理的にいえば広島は海を挟んですぐ向こうの近くではあっても、原爆投下の悲惨な実態はまだ遠いところの話であった。だが、被爆者の教師の生の声で聞く原爆の話は、高校生の私には衝撃的だった。被爆者に限らず、3・11被災でも同じく、その場にいた人の決して語り尽くすことのできない体験は、恐らくはそれ自体が他の何にもかえがたい力を持っているのだと思う。

私が、ここで岸田を名指ししていうのは、仮にも広島選出の政治家は、被爆者の生の声はもとより、広島市民の思いや願いを決して忘れてはならない、それを粗末にするようでは、後になっては取り戻すことのできないほどに、政治的信頼感を失うことになるだろう、ということを指摘しておきたいためである。いったんは被爆国を代表すると述べておいて、いざという時になるや、核保有国の立場に寝返る――この岸田の姿を国民は決して忘れることはない、ということである（岸田は、一七年八月初めの内閣改造によって、外務大臣から自民党政調会長に横滑りしたが、それによって外務大臣のこの責任問題を水に流すことができると思ったら大間違いだということを追記しておく）。

核兵器禁止条約に背を向ける安倍政権の異常性

話を再び安倍政権に戻す。安倍政権が、なぜ核兵器禁止条約交渉会議に加わらず、禁止条約にも賛成しなかったのか、その理由は「トランペット安倍」の政権だったからである。トランプの掲げる核戦略は、基本的には相も変わらず、先述の核抑止力に依拠した戦略にほかならない。この核抑止力戦略を日米同盟に適用したとき、「拡大抑止」の考え方が生まれる。「拡大抑止」とは、（アメリカからみて）自国だけでなく同盟国が攻撃されたときでも、自国に対する攻撃とみなして報復する軍事的抑止力を拡大強化し、同盟諸国の安全を守るという戦略をさすが、手っ取り早くいうと、核の傘を同盟国にまで拡大して敵国の攻撃を未然に抑止するというものである。日本からみれば、アメリカの核の傘のもとに深く入って、北朝鮮の核攻撃に備えるというものである。

一五年四月の日米防衛ガイドラインは、「米国は核戦力を含むあらゆる種類の能力を通じ、日本に拡大抑止を提供する」と謳って、この「拡大抑止」の考え方を採用した。最近では、一七年八月、北朝鮮が長距離ミサイルの実験をくりかえし、グアム島周辺に向けた弾道ミサイル発射を予告したことに対抗して、日米両国は外務・防衛担当閣僚会議（2プラス2）を開催したが、その共同発表において、再度この核を含む拡大抑止の考え方をとりあげ、米側が「核戦力を含むあらゆる種類の能力」を用いて日本の安全を守るとの方針を再確認している。要するに「核兵器には核兵器の拡大された抑止力をもって対応する」という戦略をとっている、ということである。

安倍政権がアメリカのこのような拡大抑止に依存する限り、核兵器は禁止すべきものではなく、むしろその抑止力を肯定し、その効果に依存するものとなる。したがって、安倍政権が「トランペット」としての本性をむきだしにすればするほど、核兵器禁止条約からはますます遠ざかることにならざるをえない。核兵器禁止条約に参加しないことにとどまらず、トランプ政権の核の傘にさらに深くはいりこんで、核抑止力が呼び起こす軍拡の連鎖、悪循環から抜け出すことができなくなるのである。

これが異常（アベノーマル＝アブノーマル）であることは、長崎県平和運動センター被爆者連絡会議の川野浩一議長の言葉が証明していると私は思う。一七年八月九日、原水禁世界大会長崎大会において、彼は要望書を安倍首相に渡すとき、強い口調で「あなたはどこの国の総理ですか。私たちをあなたは見捨てるのですか」と述べた。どうしてもこういわざるを得なかったのは、「核の傘に依存し、条約に冷淡な首相には面と向かってただしたかったからだ」という（「朝日」八月一〇日）。

長崎被爆者五団体は政府に対する要望書に、安倍内閣が核兵器禁止条約採択の場に欠席を決めこんだことに関し、「唯一の戦争被爆国である我が国の代表の姿が見えなかったことは極めて残念です。私たち長崎の被爆者は満腔の怒りを込め、政府に対して強く抗議します」と書き込んだ。核兵器禁止条約に背を向けた安倍政権の態度に対して、広島の被爆者は「心が裂ける思い」を抱いたが、長崎の被爆者は「満腔の怒り」を感じたというのである。

被爆者たちによるこうした悲痛や公憤の表現は、単なる感情の吐露ではない。本書で使用してきた概念でいうと、これらはコミュニケーション的理性の産物にほかならない。安倍政権に向けられた被爆者たちの「心が裂ける思い」や「満腔の怒り」の背後にあるものは、長崎平和宣言の一節を引いて説明すると、こうである。「日本政府に訴えます。核兵器のない世界を目指してリーダーシップをとり、核兵器を持つ国々と持たない国々の橋渡し役を務めると明言しているにも関わらず、核兵器禁止条約の交渉会議にさえ参加しない姿勢を、被爆地は到底理解できません」。

「宣言」が述べていることは、安倍政権の非合理性（非理性）に対する批判であり、政府が一方では核保有国と非保有国との橋渡しを自らの任務と公言しておきながら、他方で国連を舞台にした交渉の場に参加すらしない、つまり国連で橋渡しの場を設けてやろうというのに、そこに参加もしない、というのはあまりにも非合理であり、世界を欺くことではないか、ということである。これがコミュニケーション的理性の発揮である。「宣言」がここで糾弾しているのは、安倍政権の背信であり、裏切りであり、二枚舌である。私は、先に岸田外相（当時）の振る舞いを二枚舌、裏切りと断じて批判したが、被爆者たちがここで安倍政権を糾弾するのもこれと同じ理由、すなわち二枚舌を弄し、世を欺き、被爆地を裏切ってはばからない政権だからである。

核兵器禁止・廃絶に向けて国連が画期的な第一歩を踏み出したときに、唯一の被爆国日本の被爆者たちがこぞって、その二枚舌ぶりや、背信・裏切りを理由に指弾する安倍政権に対して、もし異常性を感じない人がいれば、私はそれこそが一種の異常であり、本書の言葉でいうと「規範性・誠実性規準のコミュニケーション的理性の欠如」による異常だといっておきたい。幸い、国民のなかに息づいているコミュニケーション的理性は、安倍政権の異常性を察知して、一七年夏、広島・長崎の原爆デーの頃には、内閣支持率を大きく引きずり落とす力となって作用した。この点を確認しておいて、安倍政権の第二の「アベノーマル＝アブノーマル」性に話を移すことにしよう。

3　安倍政権のアナクロニズム＝アベクロニズム

森友疑惑の温床としての日本会議人脈

安倍政権につきまとう第二の「アベノーマル＝アブノーマル」は、安倍のアナクロニズム（時代錯誤性）に起因するものであった。先に指摘しておいたように、ここでは安倍のアナクロニズムを「アベクロニズム」と呼んで話を進めることにしよう。

安倍政権の時代錯誤性（アベクロニズム）を最も典型的にあらわしているのは、安倍首相個人を貫く靖国史観（歴史修正主義）である。この靖国史観的アベクロニズムは、最近では、森友学園をめぐる政治的人脈において、目にみえる具体的な形であらわれた。その政治的人脈が作られた舞台は、いまでは周知のとおり、日本会議である。日本会議は、一九九七年五月、それまでの右翼的団体の有力な二つの組織、「日本を守る国民会議」と「日本を守る会」とが合流してつくられた団体であるが、結成当時の運動方針には、①皇室の尊崇《そんすう》、②憲法の改正、③国防の充実、④愛国教育の推進、そして

⑤伝統的家族観の重視等がかかげられていた（以下、日本会議にかかわることは、主に青木理《おさむ》『日本会議の正体』平凡社新書、菅野完《たもつ》『日本会議の研究』扶桑社、ともに二〇一六年による）。ここにみる歴史＝社会観が典型的な靖国史観（＝歴史修正主義）である。

「瑞穂の國記念小学院」設立をめぐる森友学園問題で浮かび上がった籠池学園理事長、安倍首相夫妻、稲田防衛相等を貫く人脈は、この日本会議を舞台にして築かれたものであった。同会議に呼応する中央政界の団体に日本会議国会議員懇談会があり、そこには安倍政権の閣僚、たとえば麻生太郎、菅義偉、高市早苗、塩崎恭久《やすひさ》等が名を連ねていた（一七年当時）。多くの人々に衝撃を与えた森友学園幼稚園児たちによる教育勅語の素読、また運動会時の園児四人による選手宣誓「日本を悪者として扱っている中国、韓国が心改め、歴史教科書でうそを教えないよう、お願いいたします。安倍首相がんばれ、安倍首相がんばれ。安保法制国会通過よかったです」の唱和は、日本会議の歴史＝教育観にもとづくものにほかならなかった。これが、いかに時代錯誤的な異常性を示すものであったかは、いちいち説明する必要はあるまいが、「朝日」（大阪版、一七年三月七日）に寄せられた老人の投書が「時代錯誤」の言葉を使って、教育勅語のエピソードを語っているので、その一部を紹介しておこう。

投書子は八八歳の男性（京都府）である。彼は、森友学園幼稚園の子どもたちの教育勅語の唱和に衝撃を受け、八十余年前の小学一年生だった頃の自分を思い出したという。「朕惟《ちんおも》ふに我か皇祖皇宗国を肇《はじ》むること……」に始まる教育勅語を暗誦するのは小学生の頃からの義務であった。投書は、「入学とともに、天皇を神とし、天皇のために死ぬのが日本人道徳の神髄と信じ込ませる教育勅語を覚えさせられ、育った私」と書き、勅語を「世界に通用せず、時代錯誤な教育勅語」と断じている。時代錯誤的なこと一般がただちに異常であるとか、そのすべてが違法であるというものではないが、投書がここで「時代錯誤な教育勅語」とよぶのは、すでにカビの生えた教育勅語を現在の日本に持ち出すことは明らかに時代錯誤的異常だといいたいがためである。

安倍首相は、森友学園との過去のつきあいを問われたとき、学園理事長の籠池を「私の思想に共鳴する人」と説明したが、老齢の投書子からみれば、少なくとも彼らは教育勅語的教育観を有する「アナクロニスト＝アベクロニスト」なのである。

ただし、いまここでそれ以上に重要なことは、森友疑惑が浮上し、同学園における時代錯誤的幼児教育が世間の注目を集める数年前、すなわち一三年師走の頃から、靖国史観に染まった安倍首相の言動や時代錯誤的政策があらわになり、そこからすでに世間の「アベ離れ」が進行し始めていたということである。いささか逆説的になるが、この「アベ離れ」の動きは、同時に、政界における「安倍一強」化が進む過程と並行していた。一方での世論の「アベ離れ」と他方での「安倍一強化」とが同時に進むという奇妙なことが起こったのである。この一見すると矛盾する動きにここでは目をむけておかなければならない。

なだれ型「アベ離れ」の起点となった特定秘密保護法

時代錯誤性にもとづく安倍政権の異常性が世間の「アベ離れ」を呼び起こしていくプロセスは、大胆に単純化していうと、①知識人・文化人の「アベ離れ」、②良識的メディアの「アベ離れ」、③大衆的レベルでの「アベ離れ」の順に進んだとみることができる。「アベ離れ」が、概ねのところ、「知識人・文化人→良質メディア→大衆的諸階層」の順に進むのは、一般的に安倍政権の異常性を察知するコミュニケーション的理性の働きやそのスピードにおいて、これら三者の階層間に違いがあることによるが、それにプラスして、日本的事情が背景にある。ただ、この論点については後回しにして、いまは安倍政権の時代錯誤的異常性から「アベ離れ」が「知識人・文化人→良質メディア」の順で進み始めた起点に目をむけておくことにしよう。

時代錯誤の「アベ政治」が、知識人・文化人のみならず、「朝日」「毎日」の大手メディアからも明瞭に毛嫌いされ始めたのは、一四年七月の集団的自衛権行使容認の閣議決定に至る前年、すなわち一三年の暮れあたりからである。安倍政権にそくしていうと、第二次安倍内閣発足後、およそ一年を経過した頃のことである。雪崩のような「アベ離れ」現象が始まったきっかけは特定秘密保護法の強行採決にあった。特定秘密保護法とは、端的にいって、国民に対しては知る権利を侵害し、権力に対しては不都合な情報の漏洩を防止してやることを狙った法、つまり悪法の見本のような（前近代的）法案であった。安倍政権は日本の戦争国家化に向けて、国民に知らせたくない情報を権力的に秘匿しようとしたのである。

この秘密保護法案は、一つの法案というよりも、より厳密にいえば、およそ法としての要件を欠くボロボロの「法もどき案」というのが適切である。というのは、この法案は、国家が指定する特定秘密の情報漏出を防止する、そして秘密を漏らした人には最高一〇年の厳罰を科す、という重大かつ深刻な内容を含んでいるにもかかわらず、そもそもいったい何が特定秘密情報なのかが明らかではない、という根本的欠陥をもっていたからである。処罰の対象についても、いかなる範囲の漏洩・教唆・扇動・過失等の行為が罰則の対象になるかも不明、という曖昧な規定になっていた。およそ近代法としての要件を欠いた法案、まさに時代錯誤の異常な「法もどき案」だったのである。このことをいち早く見抜いたのは、専門的研究者、知識人、弁護士等のインテリゲンチャであった。

同時に、法案の中身が明るみになるや、反対の声は、ただちに国民の知る権利や言論・報道・表現の自由と不可分の新聞等のメディアに広がった。言論人、ジャーナリスト、マスコミ関係者が一斉にこの「法もどき案」に反対の声をあげることになったのである。逆にいうと、特定秘密保護法は、広く情報を対象にした研究・教育・調査・報道・言論・文化活動の自由を侵害する悪法、また民主主義的統治にとっては生命線というべき国民の知る権利を蹂躙する稀代の悪法、ジャーナリスト斎藤貴男の言葉では「権力の胸三寸で何でもできる法律」として（斎藤『戦争のできる国へ――安倍政権の正体』朝日新書、一四年、一〇〇ページ）、安倍政権の「アベノーマル＝アブノーマル政治」の正体をまざまざと示してみせたのである。これに知識人・文化人・学者・研究者、そして言論人、メディア関係者がこぞって反対したのは、当然だったというほかはない。

問題なのは、安倍政権がこのきわめつけの時代錯誤法案を、知識人・文化人からマスメディアにまで大きく広がった反対の世論を泥靴で踏みにじるようにして、強行採決したことである。これは、後に戦争法（安保法制）、共謀罪で繰り返される国会民主主義の破壊にほかならなかった。六〇年の安保闘争期には、衆議院における岸内閣による安保条約強行採決の五月一九日以降、「安保反対」にあわせて「民主主義を守れ」の世論が一段と高まり、運動の規模において空前の広がりをみせたが、岸信介の孫による政権は、この安保闘争を再現するようなことを特定秘密保護法でやってのけたのである。憲法違反の悪法の強行採決、一三年師走、これが引き金になって「アベ離れ」の大衆化が進み始める。

内閣支持率をガクンと落とした共謀罪のウソ

ここでは、特定秘密保護法に立ち入ったついでに、これに類似した性格をもった共謀罪法案についてふれておくことにする。共謀罪が特定秘密保護法と同様に強行採決されたのは一七年六月の通常国会終盤の時点だから、話は三年半後に飛ぶ。時期にはズレがあるが、ここで共謀罪をとりあげるのは、それが特定秘密保護法と同様に安倍政権の「アナクロニズム＝アベクロニスム」の異常性（アブノーマル＝アベノーマル）をよく示しているからである。この異常性に対する国民のコミュニケーション的理性の働きが知識人、文化人、言論人、ジャーナリスト等で一気に高まったのは特定秘密保護法をきっかけとしてであったが、共謀罪は、それが大衆化し、安倍政権に終活を始めさせる一大契機になったのである。

東京都議選（一七年七月）前後に安倍内閣支持率が急落したのは、安倍政権がＭＫＫ（森友・加計・共謀罪）問題でピンチに陥ったまま、強引に通常国会の幕引きに走ったことによっていた（一七年通常国会が共謀罪の強行採決をもって幕を閉じたのは、六月一八日のことである）。国会が終わりに近づいた頃、すでに第一章で紹介しておいたが、「朝日」（六月一四日）によると、首相周辺は「支持率は政策の是非ではなく、『政権がうそを言っている』と思われるとガクンと下がる」と不安を漏らしていた。「アベ政治」のとりまき連中が、この手の不安を抱いたのは、ある意味で当然であった。なぜなら、ＭＫＫ問題に対する「アベ政治」は、文字通り「ウソで塗り固めたような政治」にほかならず、ウソがウソを呼んで支持率の下落を招き、やがては奈落の底に向かうという「政権滅亡の物語」を地で行くようなものだったからである。「ＭＫＫ」の前二つの「ＭＫ」問題にかかわるウソは、すでに本書でもかなり詳しくみてきたから、ここでは最後のＫ問題（共謀罪）にかかわる「ウソ政治」ぶりをみておくことにする。

共謀罪の審議過程は、確かに、ウソつき内閣だと思われると支持率が下がることを裏づける面をもつものであったが、ただし、これはことの一面を物語るものにすぎなかった。もともと、首相周辺の

「政策の是非ではなく、政権がウソを言っていると疑われるときに、支持率がガクンと落ちる」という見方は、世論があたかも「政策の是非」を問わないとみている点において一面的である。正確には、「政策の是非」とあわせてウソが問題になるとき、すなわち「政策の中身にたいする悪評とともに、政権がウソつきだと思われたときに、内閣支持率がガクンと落ちる」というべきなのである。共謀罪では、この意味での「支持率がガクンと下がる現実」を裏付けたのである。

共謀罪は、個々人の内心の自由、思想の自由を侵害する違憲の法制である。実際の犯行にいたる前の「心の中」、犯罪以前の意図や計画、準備段階において罪を問う、という近代の刑法原則からみれば噴飯物、先述のアナクロニズム（＝アベクロニズム）法案の典型を物語るものにほかならなかった。このアベクロニズム的共謀罪法案を通すために、安倍政権が唯一の拠り所としたのは「テロ防止」の一点であった。現在なお世界各地で頻発するテロ事件に対する国民の不安感は日本でも高く、テロ対策の必要性は世論が求めるところでもある。この「テロ防止」の目的を装うために安倍政権が目を付けたのが、国際組織犯罪防止（ＴＯＣ）条約であった。安倍内閣は、一四年一二月の国連安保理決議がテロの資金源となる国際組織犯罪への対応として、このＴＯＣ条約を含めたテロ防止関連条約の締結を求めている、として共謀罪の通過をはかろうとしたのである。

たとえば、安倍首相は一七年一月二三日、国会において「共謀罪と呼ぶのは間違い。（国際組織犯罪防止）条約を締結できなければ、東京オリンピック・パラリンピックを開けないといっても過言ではない」と述べ、国民の関心の高い東京五輪の開催を引き合いにし、いわばオリンピックを「人質」にとって、共謀罪の必要性を主張した。だが、この安倍発言は明らかなウソであった。それは、刑法専門の高山佳奈子（京大）が「テロ対策の主要な国際条約は批准し、すでに国内法の整備は終わっている。五輪の安全のためという説明は虚偽だ」と批判したとおり（『朝日』一七年五月一八日）、真っ赤なウソであった。

「安倍発言は真っ赤なウソ」ということは、引き合いにされたＴＯＣ条約の「立法ガイド」を作成した中心人物、ニコス・パッサス教授（米ノースイースタン大）が「条約の目的はテロ対策ではない」と明言したことによって、さらに裏付けられた。パッサス教授によれば、ＴＯＣ条約はテロ集団を対象にしたものではなく、経済的利益を目指す組織犯罪集団（たとえばマフィア）を対象にしたものである。安倍首相はこの指摘を無視して、ウソを述べたわけである。担当大臣の金田法相も、国連筋からの否定にもかかわらず、共謀罪の立法事実（法律が必要な理由）を問われると、それはあくまでもＴＯＣ条約の締結にある、とおよそ不可解な答弁を繰り返した。

官邸御用達の評論家による安倍政権の「ほめ殺し」

行きがけの駄賃でいえば、このウソまみれの共謀罪法案には、さらに国連筋から追い打ちの矢が放たれた。一七年五月一八日、国連のプライバシー権に関する特別報告者ジョセフ・カナタチ教授（マルタ大）が、日本政府に対し共謀罪法案に関する懸念を示した書簡を送ったのである。新聞報道によると、書簡は、法案が罪に問う「犯罪計画」の具体的な定義において十分ではなく、犯罪前の「準備行為」とみなされるものがあまりに曖昧すぎること、また被疑者には起訴に先立って相当程度の監視が行われることなど、まさに人権侵害の法案にほかならないことを指摘したものであった。さすがに安倍政権は外務省を通してこれに抗議し、菅官房長官は「特別報告者は国連の立場を反映するものではない」などと、恥知らずの抵抗を試みたが、カナタチ教授は、日本政府の「抗議」は「怒りの言葉が並べられているだけで、全く中身がない、書簡の内容については一つも反論していない」と回答し、したがって「いまのところ一言一句、ピリオドなども含めて書簡を訂正する必要はない」、と全面的な反論を放った（「朝日」五月二三日夕刊・二四・二五・二六日等）。なお、共謀罪が施行された七月一一日、岸田外相は、カナタチの質問には回答を準備していると記者に答えたが、その後、五月一八日からおよそ二ヶ月になったいまも（本稿執筆時点）、回答したとの話は耳にしていない（追記：その後八月二一日に回答したと報じられた）。

こうした共謀罪をめぐる「安倍政権 vs.専門的研究者」の論戦・応酬が示したことは、何よりも「ウソを言っている」のは安倍政権側であり、専門的研究者の側ではない、ということである。国際組織犯罪防止（TOC）条約はテロ対策のためのものでもなければ、この条約のための共謀罪を抜きには東京オリンピックが開催できないなどというものでもない、という国連サイドの主張に対して、安倍政権は何一つ反駁することはできなかった。また、共謀罪が表現の自由等の人権を侵害する恐れがあるとの国連サイドの指摘に対し、政権側はまともに反論できなかったどころか、菅官房長官にいたっては「それは国連を代表する意見ではない」と逃げるだけ、というよりも誹謗《ひぼう》するだけで、およそ何一つまともな対応ができなかった。ちなみに、菅の誹謗に対してカナタチは、書簡は国連特別報告者として送ったものであり、個人の意見を述べたものではないと再反論している（「朝日」五月二六日）。

菅官房長官のこの「難癖発言」を耳にした人は、かつて加計学園疑惑にかかわって浮上した文書を「怪文書扱い」した官房長官の姿を思い出すだろう。この官房長官は、加計疑惑では、文科省内からあらわれた「首相・官邸の関与」を示す文書を怪文書扱いし、森友学園問題では「昭恵夫人の関与」を示すＦＡＸ文書を昭恵夫人付き秘書の私信にねじ曲げた。「官邸チームのリーダー菅」は、ウソがばれたときには、この程度の言い逃れしかできない人物なのである。国民のコミュニケーション的理性は、こういうとき、共謀罪の持つ政策的含意とあわせて、安倍官邸のウソを見抜き、世論全体の流れを、大潮時の引き潮さながら「アベ離れ」に向かわせるのである。

忘れないうちに一言、いわばついでのついでの話になるが、このような菅を「記者会見で失言したことがほとんどない」と持ち上げ、ヨイショとばかりに「言葉の一つひとつは研ぎ澄まされていて、核心を突く」とか「菅の言葉はつねに、味気ないほど短い。余計なことは一切言わない」と書いた「ジャーナリスト」がいる（引用はすべて前掲田崎『安倍官邸の正体』一七四ページから）。私なら「ふて腐れの菅」と呼ぶところを、この男は「菅はカンが良い」（同一七五ページ）という。第一章（七八〜七九ページ）でも少し言及したが、田崎史郎（時事通信社）である。彼は、第二次安倍政権の発足時点から終活期にいたるまで、私がたまたまみたＴＶ番組のほとんどすべてにおいて、呆れるばかりに安倍弁護論を並べ立て、「安倍政権の幇間ぶり」をいかんなく発揮した。だが、タイコ持ちも度が過ぎると、人々から飽きられ、見透かされる。田崎が、MKK問題等での菅発言を「言葉の一つひとつは研ぎ澄まされていて、核心を突く」というとき、彼はこの「度の過ぎたタイコ持ち」となる。幇間が一線を越えると、主人への褒め言葉は、「ほめ殺し」の効果しか持たなくなる。安倍政権の「ほめ殺し」は、世論の「アベ離れ」を後押しすることになるだろう。田崎のような官邸御用達の評論家は、終活期にさしかかった政権の応援団として、安倍官邸を弁護すればするほど、もはやそれは安倍政権に対する「ほめ殺し」の逆効果しか持ちえないということを彼のためにここでは指摘しておく。

話を先の共謀罪に関する官房長官発言に戻して続けると、田崎が「余計なことは一切言わない」と述べた褒めした菅が、一方で「ムチムチの安倍」を支えて、はしなくも、己れの「無知・無恥ぶり」を発揮し、他方で安倍首相や金田法相が偽りの答弁を続けていけばいくほど、首相周辺がもっとも恐れた「政権がうそを言っていると思われる姿」を浮き彫りにする結果を招くことになった（「ムチムチの安倍」については二〇五〜二〇六ページで後述する）。衆院における共謀罪の強行採決直後の世論調査によると（「朝日」五月二六日）、法案に賛成が三〇%、反対が三五%と、賛否が逆転し、衆院の審議は十分ではなかったとする意見が六〇%を占めた（一七年二月の「朝日」世論調査では、法案賛成四四%、反対二五%だったことと対比せよ）。共謀罪は、こうして安倍政権の異常性が、政権の終活に直結することを裏づけることになったのである。

靖国参拝が示した安倍首相の極右的情念

特定秘密法の話から一気に共謀罪の話に飛んでしまったので、ここでもう一度、特定秘密保護法の強行採決から間もない一三年師走の暮れに、視点を戻すことにしよう。特定秘密法の強行によって「アベ政治」批判の吹雪が吹き荒れる最中に、安倍首相は、あたかも開き直ったかのように、靖国神社参拝の不意打ちに出た。もっとも、不意打ちを食らったのはもっぱら国民やメディアの側で、安倍当人からすれば、靖国参拝は自らの信念による計算ずくの確信的行為にほかならなかった。

安倍晋三という人物の頭のてっぺんから足のつま先までを貫く信念ないし妄信とは、一言でいえば靖国史観である。言い換えると、一九九〇年代以降、歴史教育分野で歴史修正主義の名で知られるようになった右翼的歴史観である。先に日本会議の歴史＝社会観にふれたが、歴史修正主義の内実をさらにぎりぎり絞りこむと、①過去の天皇制の擁護、②侵略戦争の否定、この二点のイデオロギーに要約される。この二点が現代日本の右翼的歴史観の共有する思想的フレームである、といってもよい。ただし、このような靖国史観を単に右翼史観と呼ぶのは正確ではない。靖国史観や靖国参拝は、戦後日本の思想動向や二一世紀の国際的世論状況に照らしていうと、単なるライト・ウィング（右より）の歴史観というよりは、きわめつけのウルトラ・ライト、すなわち極右史観に属する言動である。

一例をあげると、戦後日本の代表的ケインジアンの一人伊東光晴《みつはる》は、安倍晋三、石原慎太郎、橋下徹等の「右翼的政治家」をとりあげ、「海外のメディアと日本の全国紙との違いは、海外のメディアが［彼らを］日本版極右としているのに対して、全国紙が極右と書くことを避けていることである」と指摘しつつ、安倍政権については、「戦後の日本で、例外的な『極右政権』である」と言い切っている（伊東光晴『アベノミクス批判――四本の矢を折る』、岩波書店、一四年、一四三ページ、Ⅸページ。なお、「安倍政権は、戦後最も右に政治の軸を置いた政権である」〈一一三ページ〉とも指摘している）。伊東の指摘どおり、日本の大手メディアは安倍晋三や橋下徹を「ウルトラ・ライト＝極右」と性格規定することはない。だが、たとえばアメリカの大統領選で共和党の候補者となったトランプは、国際的にみれば、安倍や橋下とほぼ同類の「ウルトラ・ライト＝極右」派に属する。現代日本でも、メディアが極右的発言を繰り返すトランプの言動をそのまま極端に右派的なものと報道し、その率直な印象を世間に焼き付ければ、さすがに国民世論のなかでかかる極右派とされる人物の人気は失墜する。

私は、アメリカ大統領選挙のおよそ一ヶ月前の「朝日」（一六年一〇月一八日）世論調査を読んでこのことを痛感した。同調査によると、アメリカの大統領としてクリントンとトランプのどちらがふさわしいかの問いに対して、日本人は七九％がクリントンと答え、トランプと答えたのはわずか三％にすぎなかった。トランプに限ったことではないが、日本人は彼のような極右派の政治家を嫌うのである。もちろん、日本人の多くが、太平洋の彼方のトランプのことをよく知っているわけではなく、知っているのはマスメディアによって流布された彼の極右的人物像にすぎない。極右派の印象をメディアによって世間にばらまかれたトランプが日本では数パーセントの支持しか集められなかったとき、

「極右政権」とは決して報道されない安倍政権は、いわば無傷のまま、依然として四八％の高支持率を誇った（一七年二月の安倍・トランプ両首脳による日米会談は、「極右派同士の会談」であったにもかかわらず、「非極右安倍」と「極右トランプ」の会談として報道されたために、会談直後の共同通信世論調査によると、「よかった」の評価が七〇・二％で、「よくなかった」の一九・五％をはるかに凌駕することになった。ただし、イスラム圏七ヶ国からの入国を制限する極右トランプの大統領令については、「理解できない」が七五・五％であった。日本では、極右のトランプは嫌われるが、極右と描かれない安倍との会談は嫌われない、という点に注目しておかなければならない）。

だが、伊東にいわせれば、安倍政権は、海外では、トランプと同類の「極右政権」にほかならない。その理由を説明して、彼は上記の靖国参拝を引き合いにして、こう述べている。「中国や欧米の人たちにとって、靖国神社には東条英機をはじめＡ級の戦争犯罪人が祀られているのであるから、そこで頭を下げるというのはヒトラーの墓にドイツの首相が参拝に行くことを意味しており、各国への軍事介入もユダヤ人ホロコーストも是とすることになり、ゆるしがたいということになる」（伊東、前掲、一一三ページ）。ヒトラーの墓参りをするような政治家は、ドイツであれ日本であれ、いわばグローバル・スタンダードの極右派である。だが日本では、靖国参拝は極右的行為とはみなされないから、安倍はウルトラ・ライトの政治家とは扱われない。ついでにいえば、「慰安婦は必要だった」と発言した橋下徹も、発言直後の一時期には右翼扱いされはしたものの、橋下流にいうと、二〇〇％極右政治家としてみなされることは決してなかった。

日本の国民世論は、「右翼」と「極右」の区別、また「右より＝右派」と「過激な右＝極右派」の区別に敏感である。「右派＝右翼」に比較的甘い日本人も、「ウルトラ・ライト＝極右派」は嫌う。国民のコミュニケーション的理性は「ウルトラ・ライト＝極右派」には異常性を察知し、厳しい判断を下し、嫌うのである。安倍首相も自らの極右的反動性をそのままの姿で公の場にさらけ出すと、知識人のみならず広汎な大衆層からも敬遠されるということを一応理解している。だが、彼は同時に、おのれに課せられた歴史的任務を実現するには、極右的言動に走らざるをえない、という位置にあることも自覚している。そこで、問題は、靖国史観的言動の「アベクロニズム＝アナクロニズム」に対して、国民世論（あるいは国民のコミュニケーション的理性）がどのように反応するかである。安倍首相当人のなかでは、特定秘密保護法にかける戦争国家化への衝動と靖国参拝にあらわれた極右的信念とが渾然一体となっている。ここではこの点を押さえておいて、彼の極右的言動に対する世論の反応、そして靖国参拝の意味をさらに検討していくことにしよう。

4　靖国参拝が象徴するアベクロニズムの極右的性格

靖国参拝の極右的体質に対する国際社会の総反発

靖国参拝にあらわれた「アベ政治」の極右的体質は、少なくとも戦後憲法の洗礼を受けた者にとっては、異常（アベノーマル＝アブノーマル）である。これに対する反発は、国の内外を問わず、特に知識人・文化人層において強い。たとえば、二〇一五年五月、米英の親日派に属する歴史研究者、つまりインテリ層（知識人）の反発・批判を呼び起こすにいたった。国際的に著名な歴史研究者一八七名が、連名をもって、過去の日本のアジアに対する「侵略」や「植民地支配」について安倍が（日本を代表する首相として）一言も「謝罪」を口にしないことにたまりかね、業を煮やして異議を申し立てたのである。まさにインテリジェンスと研究者的良心をかけた、安倍の非知性的・極右的体質に対する抗議・反撃の表明であった。

声明文には日本でもよく知られたジョン・ダワー（ＭＩＴ名誉教授）、エズラ・ボーゲル（ハーバード大名誉教授）、アンドルー・ゴードン（ハーバード大）、ロナルド・ドーア（ロンドン大名誉教授）らが名を連ねた。「アベ政治」が、他ならぬ「インテリジェンスの欠落」ゆえに国際的知識人から猛反発を呼び起こすとあっては、宿願の集団的自衛権の行使も、戦争法の強行採決・実施もそう簡単には進められない。

かかる状況のもとにおいて、さすがの「安倍ブレーン」の面々も、首相本人の内部に深く根ざす極右性とは、一線を画さざるをえなくなった。たとえば、戦争法の強行採決をリードした「新外務官僚」（国家安全保障局長谷内《やち》正太郎、安保法制懇座長柳井俊二《しゅんじ》等）、あるいは集団的自衛権行使容認の閣議決定に導いた立役者北岡伸一（国際大学学長）等にとっては、一時期、安倍の靖国参拝は悩みの種になった。なぜか。靖国参拝がアジアを始め海外から総スカンの反発を呼び起こすことは、自明、周知のことだったからである。中国・韓国等のアジア諸国がモーレツに反対するというだけではない、アメリカのオバマ政権（当時）も「アベ靖国参拝」には露骨に嫌悪感を示し、未然に制止すべく、思いとどまるよう忠告した。マイケル・オースティン（アメリカン・エンタープライズ研究所日本部長）は、「オバマ政権内には、靖国神社に参拝し、早急に軍事力を強化しようとする安倍氏は向こう見ずだという見方があります」と語ったが（「日経」一四年四月二一日）、靖国参拝は、まさに「向こう見ず」の、言葉本来の意味での「インテリジェンスの欠落」を物語るもの以外の何ものでもなかったのである。

現代日本では、たかが靖国参拝ごときで、極右史観だの、知性の欠如だのと、目くじら立てて批判するほどのことではない、と思う向きがあるやもしれない。とりわけ靖国神社には疎遠な若い世代には、いまさら大騒ぎするほどの問題ではないと思われるかもしれない。だが、そうではない、靖国参拝を単に戦死者を弔う宗教的行事の一つとして見過ごしてはならない、断じてならないということをここでは述べておこう。靖国参拝がいかに常軌を逸したものであるか、先述の伊東の指摘に続けて、一言触れておくことにしたい（伊東には靖国に対する一部誤解があるので、それもただしておく）。

靖国神社にまといつく三点の異常性

まず、靖国神社とはいかなる施設なのか、ここでは三点を指摘しておきたいと思う（靖国神社については、大江志乃夫《しのぶ》『靖国神社』岩波新書、一九八四年、高橋哲哉《てつや》『靖国問題』ちくま新書、二〇〇五年を初め、朝日新聞取材班『戦争責任と追悼』朝日新聞社、〇六年、小島毅《つよし》『増補靖国史観』ちくま学芸文庫、一四年等を参考にした）。

第一に、もともと靖国神社は戊辰《ぼしん》戦争における官軍側の戦死者を悼む施設、皇軍兵士の「霊魂収容所」「英霊安置所」として出発した施設であった。天皇制国家のために殉死した者を合祀する神社だったわけである。だから、たとえば、倒幕期に官軍に属してはいたものの西南戦争で賊軍に転じた西郷隆盛《たかもり》は祀られておらず、明治天皇制には忠誠をつくしたものの、戦死者とはならなかった乃木希典《まれすけ》や東郷平八郎は合祀されてはいない。この伝統は、十五年戦争時の死者にも適用され、戦没者であっても、合祀の対象は軍人軍属等の戦死者に限られ、一般民間人の戦没者は合祀から外されている。

靖国に合祀されている戦死者は約二五〇万人とされているが、明治以降の戦没者総数からみれば、それは限られた軍人軍属に過ぎないのである（ちなみに、一九三七年以降の「先の大戦」における軍民あわせた日本人死者は約三一〇万人とされている）。靖国は、神格化された天皇制国家のために殉死した限られた人々、いわば軍人軍属のエリートを祀る神社なのである。この軍人軍属たちは、次にみるように、天皇制国家の確立とともに、神格化され、やがて殉死者たちは神霊＝英霊化されることになる。その意味でいえば、戦没者を差別した「英霊収容所」であるといってよい。

第二に、靖国に合祀された戦死者は、単なる追悼・哀悼の対象ではなく、名誉ある戦死を遂げた霊魂、したがって護国の英霊として祀られる、ということである。戦死者を英霊として称えることは、追悼するというよりは、顕彰することを意味する。なぜ、単なる追悼、哀悼の対象ではなく、英霊として顕彰されるかといえば、戦死者は靖国に合祀されることによって、神になる、神霊になるからである。靖国は戦没者を神として祀る神社であり、そこに合祀された者は人霊から神霊に転化するのである。

靖国問題では、この点に関する誤解が一番多いように思われる。誤解というのは、靖国を一般の墳墓と同じものととらえ、墓地の一種と理解することである。靖国は単なる墓場ではなく、死者を神として祀る神社なのである。先に伊東光晴が靖国参拝をヒトラーの墓参にたとえた話を引いておいたが、このたとえは、靖国神社を一般の墳墓、墓、慰霊所の一種と誤解させるところがあり、厳密にい

う と正しくない。靖国参拝は通常の墓参りとは全然違った行為なのである。

靖国への合祀とは、戦死者を天皇制国家に属する神にして祀ることを意味するから、その瞬間から、死者の人霊は神霊となり、家族のものではなくなる。合祀された瞬間に、死者の霊魂は国家によって家族から奪い取られ、英霊となって国家に帰属する。したがって家族のものではなくなり、遺族から切り離されて遠い存在となる。それが証拠に、「九段の春」の歌詞冒頭は、「靖国の宮に御霊《みたま》は鎮まるも、折々かえれ母の夢路に」である（私は、大江、前掲『靖国神社』によって、その作詞者が大江志乃夫の父・大江一二三の作によるものだということを初めて知った。大江は、この歌詞の持つ意味が、同書の執筆に向かわせた動機だと書いている）。これは、「靖国に合祀されると、その御霊は家族とは遠い神霊となってしまうので、時には故郷に帰って母親の夢枕に立て」という、一種残酷な意味をもつ歌であった。

だが、息子の霊魂を国家によって奪われる母親にとっては残酷であっても、靖国は戦没者の単なる追悼施設であってはならず、国家のために名誉ある戦死を遂げた英霊を神として顕彰する施設でなければならなかった。天皇制国家にとって、戦死は悲しまれるものであってはならず、むしろ称賛され美化されるべきもの、その英霊は神の一員として合祀されるべきものでなければならなかった。なぜ戦死者が美化され、顕彰されるのか。いうまでもなく、それは国民を戦争に総動員し、名誉ある戦死を厭わないようにするためである。

「靖国の英霊」を顕彰することは、同時に、たとえ幻想ではあっても、残された「靖国の妻」、「靖国の母」、「靖国の遺児」に栄光をもたらし、親族縁者を根こそぎ戦争に動員する役割を発揮する（実際には、「靖国の母」なるものは、戦死した息子が「神」となって国家のもとに奪われている以上、存在しない）。その意味で、靖国は国民全体を戦争に総動員するために欠くことのできない国家装置であった。

第三に、安倍首相の参拝にとってはこれが最も重要な意味を持つが、靖国にはA級戦犯が合祀されている。A級戦犯とは、周知のとおり、東京裁判において侵略戦争首謀・指導の罪を問われた者、たとえば東条英機、板垣征四郎《せいしろう》、土肥原《どいはら》賢二、廣田弘毅《こうき》等の戦争犯罪人をさす。ドイツでいえば、戦後、ニュールンベルグ裁判で断罪されたナチスの幹部に匹敵する。東京裁判で有罪判決を受けたA級戦犯は二五名、そのうち東条や板垣等の絞首刑にされた者や、病死した松岡洋右《ようすけ》、受刑中に獄死した東郷茂徳《しげのり》等、合計一四名が、戦後三十数年を経た一九七八年一〇月、靖国に合祀された（B・C級戦犯はそれ以前から合祀されている）。

これは、A級戦犯が他の合祀者とともに、護国の英霊として祀られたこと、したがって戦争犯罪人ではなく、むしろ顕彰される神霊になったことを意味する。戦争を首謀し指導した者を英霊として嘆美し、顕彰するということは、戦争それ自体を侵略戦争としてではなく「正しい戦争」とみなすことを意味するだろう。それは、たとえばドイツ国民が旧ナチス幹部を英霊として称賛し、奉った場合のことを想定してみれば、すぐわかることである。これは、戦争観と一五年に及ぶアジア・太平洋戦争の歴史観を一気に修正すること、すなわち歴史修正主義によって過去を塗り変えることを意味する。

以上の三点を押さえたうえで、もう一度、安倍首相の靖国参拝の何が問題なのかに立ち返ってみよう。

靖国史観派の異常な言動を異常と思わぬ異常

首相による靖国参拝にもっとも強く反発し、抗議し、批判してきたのは、かつての侵略戦争の被害諸国、特にもっとも大きな犠牲を強いられた中国である。ただし、中国が靖国神社で問題視するのは、戦死者追悼の施設としての靖国（つまり、先述の言葉でいえば「お墓」としての靖国）に首相が参拝することにあるのではなく、そこに合祀されたA級戦犯を首相が英霊として称賛・顕彰し、その結果、中国・アジアに対する日本の侵略戦争を正当化しようとする点にあった。「靖国問題」を検討した哲学者高橋哲哉（東京大）は、小泉政権期の靖国参拝をとりあげ、中国側の対応について、「中国政府の批判は、日本の一宗教法人・靖国神社が『A級戦犯』を合祀したこと自体にではなく、そうした戦犯が合祀されていることが明らかになっている靖国神社に、日本の首相が公然と参拝するという現在の政治行為に向けられている、と考えるべきであろう」と指摘している（高橋、前掲、七一ページ）。ここで高橋の指摘した「現在の政治行為」の意味するところは、現時点において靖国参拝がA級戦犯を免罪し、過去の侵略戦争を否定する「政治行為」の意味を持つ、ということである。この高橋の指摘は当たっていると思う。

ちなみに、昭和天皇は、A級戦犯の合祀に反対の立場に立ち、A級戦犯を合祀して以降は、靖国参拝に出向かなかった（これは、「日経」〈〇六年七月〉のスクープ記事で明らかにされた〈朝日新聞取材班、前掲、四三ページ〉）。昭和天皇がA級戦犯の靖国合祀に反対したのは、A級戦犯が合祀され、英霊にされてしまうと、いったい誰が最終的に戦争責任をとるのか、誰が戦争犯罪者の罪を引き受けるのか、わけのわからない話となって、ふたたび天皇の戦争責任問題がぶり返される恐れがあったからである。東条英機等が戦犯でなくなってしまえば、戦争犯罪の張本人はいったい誰が引き受けるのか、残るところは天皇しかいなくなるということは、およそ自明のことである。

だが、すでに指摘したとおり（一〇四ページ）、明治憲法下の天皇はそもそも無答責の存在、つまり「神聖にして侵すべからず君主」として、何につけ一切責任を問われない存在である。「神＝君主＝天皇観」のもとでは、そもそも神にはいかなる責任も求められない以上、天皇無答責論は成立する。もちろん、この天皇無答責論は一つのイデオロギー（虚偽意識）にすぎず、ここで肯定するつもりは毛頭ないが、少なくとも靖国参拝者はすべて、天皇には一切の責任が問われないことを固く信じていたし、現在でもそう思っているはずである。安倍首相とて同じである。まさか彼が靖国に参拝してA級戦犯の戦争責任を免除してやり、その代わりに昭和天皇に戦争責任をかぶせるつもりでいるわけではあるまい。だとすれば、現代日本の首相がA級戦犯を合祀する靖国に参拝し、彼らを英霊として称え、戦犯の罪から解放してやった暁には、誰もがアジア・太平洋戦争を含む一五年戦争の責任から免れる、という結果だけが残ることになる。斎藤貴男（前掲『戦争のできる国へ』）によれば、安倍首相は、一三年八月一五日の戦没者追悼式式辞から、歴代首相が表明し続けてきた「深い反省」や、犠牲にされた諸国民への「哀悼の意」、さらに「不戦の誓い」の言葉が消え、その代わりに神道用語の「御霊」が繰り返されることになった〈同書二一六ページ〉）。

そうすると、戦後早くに丸山真男が糾弾した「無責任国家」、日本国民の誰もが戦争に対してまったく責任をとらなくてもよいというきわめつけの無責任体制が、ここに再び死に損ないのゾンビのように、蘇ってくることになる。安倍首相の靖国参拝は、ほかならぬ現在の日本において、過去の戦争には無責任を決め込む「無責任国家」をまたもや再現すること、その象徴的行為の意味を持つということである。靖国参拝には、どう言い逃れようと、こういう問題がべったりと貼りついており、これを拭い去ることは決してできない。現代日本の国民が、若い世代を含めて、首相の靖国参拝をそのまま認めてしまってはならないのは、現在に生きる者が、過去の無責任体制を再びぶり返すようなことをやってはならないからである。この点をここであえて強調する理由を一つ付け加える。

「戦後レジームからの脱却」を意図した靖国参拝、真珠湾訪問

一七年四月二六日、ワシントン訪問中の安倍首相はアーリントン墓地に赴き献花した。アーリントン墓地は一八六四年に設立された南北戦争以来の墓地である。無名戦士等を埋葬した宗教上の宗派を問わない慰霊の場である。つまり、靖国神社との対比でいうと、言葉本来の意味における墳墓であり墓地である（だから、その墓石には仏教、イスラム教、無信教者等のものがある）。その後、帰国した安

倍首相に対して自民党参院議員山田宏が、「日本で言うとアーリントン墓地に当たる場所はどこか」と質問した（六月五日）。

山田は、ずばりいって、たちの悪い右翼政治家であり、これはいわば「やらせ質問」の一種である。質問に対し安倍は、国立の墓地としては千鳥ヶ淵があるとしつつ、同時に多くの遺族は靖国神社に参拝すると述べて、「中心的な場所は靖国神社と言えるだろう」と答えた。山田と安倍の二人は、掛け合い漫才のような問答で、アーリントン墓地と靖国神社とを意識的に混同し、同じような墓地に仕立てあげたのである。そればかりではない。驚くべきことに、山田は、「トランプ大統領に、米大統領として初めて靖国神社を参拝していただきたい」と述べ、安倍に、「そう話していただけないか」と要望したという（「赤旗」六月六日等）。これには、さすがの安倍も、米大統領の日程は米側が決めると答えてお茶を濁したが、なんとも馬鹿馬鹿しいというか、ふざけた議論が国会でなされたのである。

山田は、かつて橋下徹率いる日本維新の会に属していた男である。アメリカの大統領に靖国神社の参拝を勧めた山田の姿は、在沖米軍司令官に「風俗の利用」を勧めた橋下の姿とダブってみえるだろう。橋下は、一三年五月、戦時中の「銃弾の雨、嵐のごとく飛び交う中」での「猛者集団」には「慰安婦制度は必要だった。いまは認められないだろうが、慰安婦制度でなくても風俗業は必要だ」と述べ、勢いあまって、普天間を訪問したときには、沖縄の米軍司令官に「もっと風俗を活用してほしい」と勧めておいた、と自慢そうに語った。橋下によれば、これを聞いた司令官は「凍り付いたように苦笑いになっ」たという。米軍に「風俗の利用」を勧める橋下と、米大統領に「靖国の参拝」を勧める山田とは、いかにも日本維新の会で同じ釜の飯を食った同志らしく、その異常性を共有する。すなわち、本書でいう「アベノーマル＝アブノーマル性」を安倍首相とともに持ち合わせた人物にほかならない。

ただし、ここで異常性というのは、安倍の靖国参拝、山田のトランプへの靖国参拝の進言、橋下の米軍への風俗利用の勧めが、それ自体として異常な言動だということだけをさすのではない。それもあるが、安倍も山田も橋下も、こぞって自らの言動が異常だとは思っていないこと、これが異常、クレイジーなのである。現代の国民が、彼らの無責任な言動の異常性を見逃してはならない理由は、ここにある。

安倍のアーリントン墓地訪問の話が出たついでに、もう一つ、首相の真珠湾訪問についても、目をむけておこう。安倍首相は、一六年の暮れ（一二月二七日）、オバマ大統領とともに、真珠湾を訪問し、追悼施設「アリゾナ記念館」で献花し、真珠湾攻撃の犠牲者を慰霊した。後日の世論調査によると、この真珠湾訪問について、国民の八三％が評価すると回答している（大いに評価が三〇％、ある程度評価が五三％）。

だが、このような世論動向は、真珠湾訪問時の安倍首相の「異常性」を見抜いたうえでのものではなかった、と私には思われる。ここでいう「異常性」とは、かの真珠湾攻撃に対する謝罪が一言もなかったことである。真珠湾攻撃に一言の謝罪もないというのは、私は異常だと思う。真珠湾に出向いたのであれば、一九四一年一二月八日の宣戦布告なき先制攻撃、あの一方的なだまし討ちに対して（この場合、アメリカ側が事前に察知・予測していたかどうかは問題外）、誰もが、謝罪なり反省の言葉が出ると期待するのは当然であったが、この期待はあっさりと裏切られた。安倍首相が、日本の真珠湾攻撃によって命を失った犠牲者を語ったくだりは、「兵士たちが、あの日、爆撃が戦艦アリゾナを二つに切り裂いたとき、紅蓮の炎の中で、死んでいった」というものである。ここには、誰がどのように「爆撃」したのかについて、また日本側の奇襲攻撃に対して反省や謝罪は一言もない。謝罪の代わりに、首相が口にしたのは、「寛容の心」と「和解の力」であった。西崎文子（東京大）も、この点に注目し、「戦後の総括となるはずの真珠湾での演説の中で、首相は日本の開戦責任や、攻撃の引き金となったアジアでの戦争に対する反省を語らなかった」と批判している（「朝日」一七年一月一五日）。

真珠湾攻撃に対する反省や謝罪を語らずに、いったい安倍首相はなんのためにわざわざ真珠湾を訪れたのか。いうまでもなく、それは「過去のことを水に流す」ためである。過去のこととは、この場合、過去の戦争責任のことである。安倍首相とともに真珠湾を訪れた稲田防衛相（当時）は、帰国の翌日、ただちに、あたかも安倍の代人であるかのように、靖国神社に参拝した。稲田からみれば、真珠湾訪問も靖国参拝も同じ意味を持っていたのであろう。これに対し、中国の華春瑩《しゅんえい》副報道局長は「昨日は和解と寛容を言いながら、今日はA級戦犯が祭られている靖国神社に参拝する。『和解の旅』に対する大きな皮肉となった」と述べたという。私には、特に中国の肩を持つ意図はないが、この言葉は中国としては精一杯の皮肉だった、と思う。

靖国参拝に対する中国・韓国等の反発を前に、稲田は「未来志向に立って日本と政界の平和を築きたいという思いで参拝した」と語った。ここで「未来志向」という言葉がくせものである。「未来志向」とは、過ぎたことは水に流すため、過去の臭いものにはフタをするための一種の方便である。先の西崎も、この点に注目し、「戦後70年談話や慰安婦問題に関する日韓合意と共に、歴史論争を『最終的かつ不可逆的』に解決し『未来志向』に立つのが政権の狙いなのである」と指摘している。「戦後レジームからの脱却」を狙う安倍政権からみれば、「未来志向」とは過ぎ去った「不都合な真実」を水に流し、過去の戦争責任から解放されるための「志向」なのである。だが、戦争責任を水に流し、靖国参拝の「アナクロニズム＝アベクロニズム」に走ることは、どこまでいっても、「アブノーマル＝アベノーマル」でしかない行為である。本節の最後として、この「アベ政治」の異常性を、国際比較の視点からみておくことにしよう。

〈追記〉

本章脱稿後の一七年九月下旬、衆院解散直前に小池百合子を代表とした「希望の党」が発足した。小池が「希望」という言葉を選んだ理由は、稲田が口にした「未来志向」と同じである。小池流の「希望」には「過去を水に流す」の意味が強く込められている。彼女は、だから、結党当時に「希望」の言葉とともに「しがらみ政治から脱却」や「日本をリセット」といった言葉を乱発した。いずれも、過去のしがらみを水に流す、という意味を込めた言葉である。これが「罪深い過去」をも背負った安倍政権にとってまことに都合のいいキャッチフレーズであったことは指摘するまでもないであろう。小池は、自らのやましい過去、安倍晋三らとともにした過去の政治的責任を「古いしがらみ」として、いったん水に流す、という日本伝統の無責任手法を打ち出したのである。

戦犯者に対する断罪の日独間の違い

安倍首相の祖父岸信介は、戦後、A級戦犯容疑者約六〇人中の一人として逮捕され、巣鴨プリズンに約三年半拘留された人物である。戦犯容疑者とされたのは、開戦時の東条内閣の重要閣僚として戦争責任を問われたためである。だが彼は、その後、起訴を免れ、無事釈放され、公職追放の身に甘んじたあと、サンフランシスコ条約発効によって追放が解除され、一九五七年、首相として返り咲いた。なぜ、戦時中に権力の中枢にいた岸のような人物がA級戦犯の容疑を免れたのかは釈然としないが〈原彬久《よしひさ》『岸信介』〈岩波新書、九五年〉によると、岸の釈放はGHQ内のG2のウィロビーがマッカーサーに勧告したもので、冷戦が本格化するにしたがって、当時、岸等の反共グループの利用価値が高まり、戦犯容疑者に対する扱いにおいてGHQの態度に変化が生まれた、とされている〉、とりあえず、岸が戦犯格の政治家だったことだけは確かである。

そうすると、その孫の安倍晋三による靖国参拝は、事実上、A級戦犯もろとも、岸等の戦犯容疑者全員の免罪を主張する意味を持つことになる。岸の「断想録」（これは『岸信介の回想』〈文芸春秋、八一年〉の資料篇の9として収録されている）には、「大東亜戦争を以て日本の侵略戦争と云ふは許すべからざるところなり。之れ事実を故意に歪曲するものなり」（前掲三一〇～三一一ページ）と綴られているが、巣鴨の獄中にあったときは、怒りに渦巻いていたという。岸は過去の侵略戦争を真っ向から否定する「確信的戦犯」だったのである。その孫の安倍としては、恐らくは、靖国参拝によって、この「日本の侵略戦争と云ふは許すべからざるところ」とする祖父の心情を代弁したかったのだろう。安倍自身も、いまだに「日本の侵略戦争」を認めようとしない態度を堅持している。

安倍の靖国参拝の意味をかかる文脈において把握するとすれば、一三年暮れの靖国参拝時にあらわれた国民世論の反応（反発の程度）は、明らかに不十分なものであった。安倍による靖国参拝が、たとえ国民にとっては不意打ちであったにしても、世論は、間髪を入れずに反撃に出るべきだったのである。先に使った言葉でいえば、たかが靖国参拝ごときで、極右史観だの、インテリジェンス（知性）の欠如だのと、目くじら立てて批判するほどのことではない、と高を括っていてはならなかったのである。

二〇世紀の日本が誇った代表的知識人加藤周一は、戦後史を振り返る場で、A級戦犯容疑者の岸信介が、一九五七年、石橋湛山《たんざん》に代わって首相の座についたときの様子を、「いや、実に驚くべきこと」と語った。岸の返り咲きから四〇年後、憲法学者樋口陽一との対談の場においてである。ただ、いかにも加藤らしいのは、戦犯容疑者の岸が首相の座に登りついたこと自体に驚いた、というのではないとしていることである。岸が首相になったのは、戦後まだ一二年しかたっていない五七年のことである。私は、一〇歳の子どもにすぎなかったが、小学生ながらにその時代の雰囲気（反戦・厭戦の雰囲気）をそれなりに感じていた記憶がある。東条英機などは、子ども心にも、悪人の代表として映っていたものだった。加藤が驚いたのは、そういう状況でありながら、「石橋から岸に代わるところで反対がまったくなかった」こと、つまりA級戦犯容疑者の岸が首相になるという時代錯誤的事態（アナクロニズム）に世論が特に強い反応を示さなかった点にあった。

国民サイドのいかにも鈍い反応、これになぜ加藤が驚いたのか、その理由をこう述べている。「もしドイツでヒトラー政権の閣僚が戦後、総理大臣になったとしたら、ヨーロッパの周りの国が黙っていなかったろう。再占領するぐらいの反応を起こしたかもしれない。それはドイツ人も知っていたから、そういうことは起こらなかった」（加藤周一・樋口陽一『時代を読む』小学館、九七年、六四ページ）。この加藤の話は、先に紹介した伊東光晴の述懐、すなわち、日本における首相の靖国参拝はドイツ首相によるヒトラーの墓参りに匹敵するという話に似ている。加藤の話に引き寄せていえば、私がここでいいたいことは、たとえば次のようなことである。

ドイツであれば、「岸的人物（旧ヒトラー政権閣僚）」は決して総理大臣になることはなかったであろう。そんな歴史的逆行が起これば、連合国側が再占領に出たかもしれない。ドイツ人は、そういうことを重々承知していたから、ナチスの残党に復権を許すようなことは決してなかった。岸信介がドイツ人であったとすれば、彼は、恐らくは永久追放の憂き目にあったであろう。なぜなら、日本が敗戦時に受諾したポツダム宣言には、「日本国国民を欺瞞し之れをして世界征服の挙に出づるの過誤を犯さしめたる者の権力及び勢力は永久に除去せられざるべからず」（当時の外務省翻訳）と書かれていたからである。ドイツであれば、ヒトラーをはじめナチス幹部を一斉に揃えて「ドイツ版靖国教会」に合祀するような馬鹿げたことはしなかった。ドイツ国民が戦後建立したのは、ナチスの慰霊碑ではなく、ユダヤ人大量虐殺の犠牲者を慰霊するホロコースト記念碑であった。このドイツ人に学ぶとすれば、戦後日本人がやるべきことは、靖国の参拝ではなく、たとえば南京虐殺の犠牲者に対する慰霊でなければならない。首相は、靖国に出向くのではなく、むしろ南京に巡礼すべきであった……。

ユダヤ人犠牲者のためのホロコースト記念碑が戦後ドイツの「知性」を象徴するものであったとすれば、中曽根、小泉、安倍と続く歴代首相の靖国参拝はいわば戦後日本の「知性の欠落」を表現するものであろう。安倍首相の靖国参拝に「知性の欠如」を発見しえない者は、安倍とともにその知性を、本書で使ってきた言葉でいえば「コミュニケーション的理性」を疑われることにもなりかねないのである。上でふれた加藤および樋口は、共通して、日本の右傾化の背景に「脱知性」の傾向をみている（たとえば、加藤・樋口、前掲、六六ページを参照。加藤は、そこで学生の動向などについて、いささか誇張した表現だが、「六八年以降、一網打尽に漫画の時代になった」と述べている。ただし、加藤が「漫画の時代」になったという時には、彼独特の「漫画論」を押さえておかなければならない。その加藤版漫画論は、本書でもエピローグ〈三七七ページ〉で一部触れるが、加藤周一「戦後四十年」〈同『現代日本私注』平凡社、八七年、所収〉を参照）。特定秘密保護法の強行とそれに引き続く首相の靖国参拝に対する世論の反応・反発の程度は、その意味で、当時のコミュニケーション的理性の水準をはかる物差しであった。

おわりに——アベノーマリズムの補足と総括

本章では、これまで、「アベ政治」の異常性を国民のコミュニケーション的理性が察知するとき、「安倍一強」の体制が崩れていくこと、この点に注目して、安倍政権の「アベノーマル＝アブノーマル」性を、①トランペット安倍政治にもとづく「異常性」、②アベクロニズム＝アナクロニズムにもとづく「異常性」の二点から検討を進めてきた。残るところは、第三の「異常性」が生まれる「アベノミクス＝アベコベミクス」の構造を解明することである。安倍政権の経済政策（アベノミクス）をアベコベミクスと呼ぶのは、単なる言葉遊びでいうのではないのだが、本章でこのことを説明するには、すでにこの第二章そのものが当初の予定以上に長くなっているので、窮屈である。よって、本章での「アベノーマル＝アブノーマル」の構造分析は、上記の①と②にとどめ、経済政策は私の専攻するところでもあるので、第三のアベノミクスの解明については第三・四章にまわすことにしたい思う。

アベコベミクスと呼ぶ理由

ただ、それでは肩すかしを食わされたようなものだと思われる方もいると予想されるので、アベノミクスがなぜ「アベコベのエコノミクス」なのかの、ほんのさわりの部分について一言説明しておくことにしよう。

アベノミクスが不況打開の第一の矢として放った量的金融緩和策とは、インフレターゲット策を狙ったものであった。インフレターゲット策とは、将来のインフレ率（物価上昇率）をターゲット（目標）に設定し、たとえば年間インフレ率二％をターゲットにした場合には、その目標達成のために金融政策を総動員する施策のことである。この政策の理論的根拠は、ごく単純化していうと「デフレが不況の原因である、よって不況打開にはまずデフレ退治が必要である」と考える点にある。つまり「デフレ→不況」の因果関係を出発点においた政策がインフレターゲット策である。

だが、この考え方は因果関係をまさにあべこべにとらえたものにほかならない。経済理論の基本では、「デフレ→不況」の推論ではなく、「不況だからデフレ、物価下落が起こる」という「不況→デフレ」の推論が正しいのである。アベノミクスをアベコベミクスと呼ぶのは、たとえばこういう逆立ちした考え方によっているからである。アベノミクスは逆立ちした本末転倒の理論によって支えられているからアベコベミクスなのである、といってもよい。

アベコベミクスから生まれる実際の経済的帰結は、アブノーマルなものにならざるをえないことは、およそ誰にも推測のつくところであろう。ただ、アベノミクスが異常な帰結を生み出す回路は、いささか複雑である。そこでその検討は次章以降にまわすことにして、ここでは本章の最後として、アベノミクスの帰結を含む「三つの異常性」がなぜ安倍政権のもとで生まれざるをえないのか、その構造的な根拠を振り返っておくことにしたい。

安倍政権がその上を走る二つのレール

私は、安倍政権がその上を暴走する政治路線は、基本的に二つのレールによって構成されていると考えてきた。個人的な事柄になるが、私の古くからの友人の渡辺治（一橋大名誉教授）も基本は同じで、彼の言葉を使っていうと、安倍政治は二つの顔を持つ、つまり二面相である。一面は日米同盟強化と新自由主義的改革とを同時に進める顔、したがってグローバル競争大国化に向かう顔であり、他面では、歴史修正主義だとか靖国史観と呼ばれる日本伝統の右翼的顔つきである（渡辺治『現代史のなかの安倍政権』かもがわ出版、一六年）。ここでは、私なりに、①新自由主義的グローバル競争大国化路線、②日本的靖国史観＝歴史修正主義路線の二つとしておきたい（二宮厚美「安倍政権が走るグローバル競争国家化路線の国民的帰結」、渡辺治他『〈大国〉への執念』大月書店、一四年、参照）。

大づかみにいって、このような①新自由主義の系譜に位置する思想・政策と、②歴史修正主義の右翼的系譜に位置するイデオロギーとの二面から安倍政権の特徴をとらえる見方は、現代日本の社会科学の良識で通説であるといってよい（たとえば、中野晃一『右傾化する日本政治』岩波新書、一五年、前掲渡辺他『〈大国〉への執念』）。問題なのは、渡辺説でいうこの二面相は、通常であれば、同一人物の左右両面の顔つきといったものではなく、動物の容貌にたとえると、虎と狼ほどの違いがある、ということである。虎と狼はともに猛獣であるとはいえ、仲間同士ではなく、互いに親和的であるどころか、狩場では敵対する。これと同じように、一方での新自由主義を基調にしたグローバル競争大国化志向の顔と、他方での右翼的ナショナリズムに立脚する歴史修正主義の顔とは、理論的・思想的には非調和的で、矛盾する関係にある。現実の政治の場でも、両者はしばしば衝突し、対立しあう。

戦争法を例にとっていうと、解釈改憲による集団的自衛権行使容認の主流に立つ新外務官僚や包括的容認論者は、概して、安倍首相の靖国参拝に反対し、靖国史観に同調するものではない。これは本章でもすでに述べたところである（一八二ページ）。これと同様に、オバマ政権や日本の財界も、新自由主義的なグローバル競争大国化路線には賛同するが、首相の靖国参拝や、過去の侵略戦争の否定には同調しない。これは安倍の二つの路線が質的には異なった性格を持つことによる。

たとえば、第一の新自由主義的競争大国化とは、グローバルな自由競争を前提にした国家的競争力強化路線であり、競争力は市場原理にもとづいて強化されるべきものである。だが、第二の靖国史観的な歴史修正主義では、市場原理ではなく国家主義が基軸であり、グローバリズムではなく、ナショナリズムが基調におかれる。前者は「国家からの自由」を合言葉とし、後者は「国家による統制・干渉・保護」を標榜する。前者の権威は「市場」だが、後者の権威は「国家」である。

両生類的性格をもった安倍政権

したがって、安倍政権左右の二面相は、論理整合的な関係にあるわけではなく、いわば水と油のように異質なものである。私は、こういう一方での新自由主義的なものと他方での歴史修正主義的なものとを同時に併せ持つ人物を「両生類」にたとえてきた。

周知のとおり、カエルやイモリ等の両生類は幼いときにえら呼吸で生存し、成熟するや肺呼吸に切り替える。えら呼吸と肺呼吸とでは、酸素の摂取法において原理が異なる。この生き様の違いをイデオロギーに置き換えていうと、政治家安倍晋三は、えら呼吸のイデオロギーと肺呼吸のイデオロギーとを一身に合体した両生類的機能の持ち主である。

実は、私がその人物像を語って両生類的性格を初めて比喩に用いたのは、橋下徹である。安倍と橋下の両人は、ここでは端折った言い方をしておくが、復古的国家主義と日本的新白由主義との二つの反動イデオロギーを一身に兼ね備えているという意味では、同じ両生類的人物である（二宮、前掲『橋下主義解体新書』参照）。違いは、復古的国家主義と日本的新自由主義のバランスの取り方にあるだけといって過言ではない。あるいは、イメージの差異でいうと、カエルとイモリの違い程度といったほうがよいかもしれない（イモリのなかでもイボイモリが、私が橋下政治に抱くイメージである。イボイモリくんにはこのようなことで引き合いに出されるのは不本意だろうが、その姿がどんなものであるかを知らない方は、百科事典で自ら確かめられたい）。

それはともあれ、ここで確かめておきたいことは、安倍政権の顔ないし路線は、二面相と呼ぶにせよ、両生類にたとえるにせよ、非調和的で互いに矛盾しあう関係にあるということである。そのうえに重要なことは、本章でみてきた安倍政権の三面にわたる異常性（アベノーマル＝アブノーマル）は、この二つの矛盾しあう顔、路線から生まれているということである。本章でみてきた「トランペット安倍」の異常性は、安倍政権の新自由主義的グローバル競争国家化路線に根ざすものであり、「アベクロニズム＝アナクロニズム」の異常性は安倍官邸の靖国史観から生まれたものであった。国民のコミュニケーション的理性は、この異常性の根源を捉えて、安倍政権の「内閣支持率」、「政策支持率」、「人柄支持率」を引きずり落としたのである。

一皮むけば「ムチムチの安倍」という正体

残された安倍政権を取り巻く大きな謎、とりわけ多くの研究者が安倍政権に抱く謎は、安倍政権に終活を余儀なくさせるような二面相、すなわち両生類的性格が、なぜ安倍政権において両立させられ、執拗に保持されているのかである。水と油さながらの関係にある新自由主義と歴史修正主義が、矛盾・軋轢《あつれき》を伴いながらではあっても、なぜ安倍政権において両立し、一種の相互補完関係を形成しているのか。

先述の畏友渡辺治がこれに対して与えた解答は、安倍首相個人の他ならぬ「大国への野望」が二面相を統一している、というものであった。安倍個人の人格内部において長年にわたって鬱積《うっせき》してきた「大国への野望」は、渡辺の言葉でいうと、「『戦後』を否定する野蛮な情熱」だとか、「グローバル競争大国化への野望」だと説明されている（渡辺前掲、『現代史のなかの安倍政権』『〈大国〉への執念』参照）。論理的に整合性を持たない思想や政策を、ミソクソ一緒にするように統一したり混合するには、ただ安倍個人の「非合理的人格」による統一や合体によるほかはないのである。一言でいうと、互いに矛盾する性格をもつ新自由主義と靖国史観とは安倍個人の非合理的人格において統一される――これが渡辺説の要点である（と私は理解した）。

私は、渡辺説のこの点に啓発されて、安倍晋三とは一体いかなる人格の持ち主かの問題にしばらく興味をそそられ、安倍の人物像にかかわる本を何冊か読むことになった。そのなかで、私が最も参考になったのは、青木理『安倍三代』（朝日新聞出版、一七年）であるが、なかでもそこで紹介されている安倍の母校成蹊大学名誉教授の加藤節による安倍評がもっとも印象的であった。安倍に対する加藤の酷評は、安倍当人の常套文句を借用していえば、数ある「印象操作」のなかでも辛辣性において最たるものであったといってよい。実は、この安倍評が、前（一六六～一六七ページ）に紹介した投書子が呆れた「時代錯誤」＝「安倍の厚顔無恥ぶり」に重なるのである。

結論からいうと、加藤節は安倍を評して「二つのムチ」を指摘した。いわば「ムチムチの安倍」

と、時の首相を容赦なくこきおろしたのである。第一のムチとは無知（ignorant）、第二のムチとは無恥（shameless）である。加藤が安倍の「無知」を指摘するのは、安倍が国会答弁において憲法学者芦部《あしべ》信喜《のぶよし》を知らなかったと述べたからであり、その「無恥」をなじるのは、芦部に対する無知を頬被りして改憲を自らの使命と自認する安倍があまりにも恥知らずだからである。

念のため一言添えておくが、安倍は成蹊大法学部の卒業生である。彼が学生時代の頃には、小林直樹と芦部信喜の二人（共に東大法学部教授）は学説の違いを超えて、憲法論ではまず知らぬ人はいないと思われるほどの存在であった。経済学を専攻とする私ですら、両人の書いた本は数冊持っている。安倍は、そのうち芦部を公然と知らないといい、また知らぬことを恥ともしなかった。加藤はこのような安倍を思わず「無知と無恥」と呼んだのである。私は「ムチムチの安倍」と呼ぶ加藤に、万感の思いもって共感する。

他ならぬ「ムチムチの安倍」であれば、互いに矛盾しあう新自由主義と歴史修正主義とを非合理的に統一することは、それほど難しいことではあるまい。ムチ（無知）とムチ（無恥）とを同時にあわせ持つキャラクターにあっては、ミソとクソをごちゃ混ぜにしてもへっちゃらなように、「トランペット安倍」も「靖国史観安倍」も同時に演じて平気である。さらに、ミソクソ一緒の「ムチムチの安倍」を親玉とする政権ならば、共謀罪や加計学園問題をめぐる国会での紛糾の責任をあげて野党に転嫁し、たとえそれに厚顔無恥などと新聞投書子から非難が飛んでこようと、うろたえることはないだろう。菅官房長官の、いつもふて腐れ顔の記者会見がこれを示している。

だが、国民のコミュニケーション的理性が「ムチムチの安倍」の正体を見誤ることは、安倍政権が期待するほどには多くない。真理性規準のコミュニケーション的理性は安倍政権の「政策支持率」を引き下げ、誠実性規準のそれは安倍官邸の「人柄支持率」を下落させ、最後に規範性規準のそれが「内閣支持率」を急落させる——「ムチムチの政権」が、この傾向に抗うことはできない相談である。

この点を指摘しておいて、次章以下では、この傾向に重力をかけるアベノミクスの異常性を検討する。

第三章　終活期にさしかかった
原型アベノミクス＝アベコベミクスの構造

はじめに――「輪転機安倍＝ヘリコプター安倍」の離陸からアベノミクスへ

原型アベノミクスは「輪転機安倍」に始まる。「輪転機安倍」とは、第二次安倍政権が成立する前、二〇一二年師走の総選挙戦時に生まれた政治家安倍晋三の異名である。その当時安倍は、民主党野田内閣を相手に政権奪還の選挙戦に挑み、デフレ不況の対策として、しきりに「輪転機をぐるぐる回して、日本銀行に無制限にお札を刷ってもらう」とか、「輪転機をまわしてじゃんじゃんお札をすればいいんです」と弁じた（『朝日』一二年一一月二〇日等）。これは、現在ではしばしば「ヘリコプター・マネー」として呼ばれるようになった「中央銀行による国債の直接引き受け」のことを安倍流にしゃべったものだったから、「ヘリコプター安倍」のあだ名でもよかったのだが、そうもいかない事情があった。というのは、以前のＦＲＢ（連邦準備制度理事会）議長ベン・バーナンキが「ヘリコプター・マネー論者」であったことから、世間はすでに彼を「ヘリコプター・ベン」と呼ぶようになっていたからである。太平洋の彼岸で「ヘリコプター・ベン」がいち早く飛び立っているところに、「ヘリコプター安倍」が後追いしても、いかにも二番煎じで世間受けはしない。

とはいっても、「輪転機安倍」のあだ名をそのまま流布するのに任せたのでは、当人の軽率な経済政策観や貧しき経済学を印象づけるだけで、再スタートの安倍政権を飾るには到底ふさわしくない。

どうみても「輪転機安倍」では貧相すぎる、もう少し世間受けする呼び名はないか、というわけで登場したのがアベノミクス（安倍のエコノミクス）であった。当初、そのアベノミクス指南役にあたったのは、浜田宏一（内閣官房参与、イェール大名誉教授）だったという。浜田は、後にふれるリフレ派の代表的論者の一人であり、マネタリズムに立脚する新自由主義論者であった。その当時浜田の書いた本を読んでみると（たとえば浜田『アメリカは日本経済の復活を知っている』同浜田『アベノミクスとTPPが創る日本』ともに講談社、一三年）、彼は金融緩和を徹底してデフレからの脱却を図れという一点を強調して、「輪転機安倍」に自らを売り込んだようである。安倍は、浜田の知恵で「輪転機でじゃんじゃん印刷したお札を流す」式のアベノミクスに若干の修正を施し、黒田東彦《はるひこ》総裁率いる日銀の量的・質的金融緩和策を鏑矢《かぶらや》にしたアベノミクスに再構成した。

ところが、「輪転機安倍」による原型アベノミクスが登場してからおよそ四年後、教祖の浜田が、突然、宗旨変えを表明、「学者として以前言っていたことと考えが変わった」と告白する、という一つの事件が起こった（『日経』一六年一一月一五日）。アベノミクスの獅子身中から、それも元祖というべき大物が造反の名乗りを上げたのである。

浜田は、その後、「『アベノミクス』私は考え直した」（『文藝春秋』一七年一月号）の論稿を発表し、アベノミクス派が共有していた新自由主義的マネタリズムによるデフレ観、すなわち「デフレは過少な通貨供給による」とする貨幣数量説的な見方は、マイナス金利のもとでは当てはまらず、したがって、アベノミクス第一の矢として鳴り物入りで登場した「異次元の金融緩和策」は有効ではないと主張した。「デフレは貨幣的現象である」とする貨幣数量説の撤回ないし修正は、アベノミクスの教祖が自らの宗旨に絶縁状をつきつけたようなものである。アベノミクス（の理論）にとっては致命傷を帯びたに等しい。この「教祖の変節」に、マスメディアもすかさず注目した。たとえば、「朝日」編集委員原真人《まこと》は、コラム「波聞風問」の記事「『教祖』の変節 アベノミクスよどこへ」で、次のように論じた（一六年一二月一三日）。

アベノミクスの提唱者である浜田等のいわゆるリフレ論者は、「日本銀行が空前の規模のお金を市場に投入する政策で必ずデフレから脱却して景気が良くなる」と主張してきた。ところが、現実をみれば、日銀がいくら市場に資金を投入してもインフレの徴候はみえず、政策の誤りは隠しようがない。この現実があって、浜田はとうとう白旗を掲げることになった。これは「教祖が突然『信仰をやめる』と言い出したに等しい」。だが、黒田日銀（黒田東彦総裁のもとでの日銀を以下では黒田日銀と呼ぶ）は相当に頑固である。欧米では量的緩和の修正に向かい始めたというのに、「アベノミクスの呪縛にとらわれた日銀」だけは、金融政策の異常をただそうとはしていない。

こう書いた原がいいたかったのは、恐らくは、なぜ黒田日銀はその教祖すらもが宗旨変えに及んだアベノミクスに今なお呪縛され続けるのか、いい加減にしたらどうか、ということであったに違いない。

「朝日」はその後も（一七年二月三日）、インタビュー記事で内閣官房参与浜田を登場させ、彼にこういわせている。「アベノミクス以前は金融政策が過小評価されており、『金融緩和だけでデフレ脱却できる』と主張していた。ただ、効果は次第に薄れた」。そこで浜田いわく、手詰まりの打開は「財政拡大だ」。この記事のインタビュアー鯨岡仁《ひとし》は「浜田氏の変心は、素直に驚きだ」と書いている。同じ頃、「東京新聞」もこれとほぼ同様の趣旨の「浜田の変心」をとりあげた（本章の後の議論に関連する論点をあげておくと、「東京」〈一七年一月三一日〉は、浜田等のリフレ説に代わって、ここに来て財政による景気対策が再び注目され、最近では国の借金を増やして意図的にインフレを起こすという学説が脚光を浴びている、と書いている。これは浜田が影響を受けたというクリストファー・シムズの「物価水準の財政理論」をさす。「朝日新聞デジタル版」〈二月一日〉でも、本文でふれた原真人が同じシムズの議論を紹介している）。

もちろん、「教祖の変節」は浜田一人の思いつきによるだけのものではない。アベノミクスが所期の目的としたデフレ不況の打開が三年たっても、四年目を迎えても、いっこうに達成されない状況に業を煮やした人々は、方々からアベノミクスの失敗・破綻・崩壊・限界等を論じ、なかには血気盛んに（いささか品は欠くものの）アホノミクスと罵倒する論調もあらわれる始末で、世間全体に「アベノミクス離れ」が広がっていたこと、これが背景にあって元祖の背教を呼び起こしたのである。

本章は、そこで、三本の矢で構成されたアベノミクスの「刀折れ、矢尽きた」事態に至る過程を、第一の矢から焦点をあわせてみていくことにしたいと思う。主要な論点は、そもそも第一の矢を飛ばすときの弓にあたるリフレ論、インフレターゲット論それ自体には生来の理論的欠陥があり、それが教祖の背教を生むことになったもともとの原因だということである。重大な理論的致命傷を最初から負ったアベノミクスや安倍政権が、そうそう長くは保たないのは、仕方のないことなのである。

1　アベノミクス三本の矢の成り立ちと逆立ちの構造

手始めに話の進め方への戒め

二〇一七年二月初め、日銀自身の世論調査によると、日銀の説明は、言葉が専門的で難しく、わかりにくいと答えた人は五八・四％、わかりやすいとした人は五・八％だったという。ただ私は、この報道に接したときに、なんとなくすっきりしない違和感を持った。主たる専攻を経済学におく筆者の感想を率直にいえば、日銀の説明に関して、少なくとも八割程度（あるいはそれ以上）の人がわかりにくいと感じ、わかりやすいと思っている人はせいぜい数パーセントどまりではないか、と私は思っていた。というのは、本章のように主に金融政策を取り扱う論稿を書くときに、私が一番苦労するのは、いかにわかりやすい言葉とロジックを使って書くのかという点にあるからである。こちらとしてはできるだけやさしく書いたつもりの金融政策に関する原稿に対して、難解だったという読後感をなんど聞かされたことか、筆者には苦い思い出が幾度もある。したがって、やや古い言い方になるが、第二次大戦後の「国民のための科学」運動に賛同してきた筆者のような者からみれば、日銀の説明をそのまま使って本章の扱う金融政策を論じることは、到底できるものではない。それは「国民のための科学」がとる作法とは思われない。

もちろんそうはいっても、本章では、取り扱う問題の性質上、金融に関する「業界用語」を避けてとおることはできない。金融業界の言葉は必要以上に難解だというのは、世間の常識に属する。ところが、その上に日銀の説明は、後で時折言葉をはさむことになるが、その難解さをいささか誇示するようなところさえある。先にも引いたが、かつて作家の井上ひさしは、自らのモットーとして、「難しいことは易しく、易しいことは具体的に、具体的なことは面白く」を叙述の作法にしたというが、日銀の作法はその逆、すなわち「易しいことはつまらぬ事例で、具体的なことは抽象的に、理論的なことは難解に」を心がけているのではないかと疑いたくなるほどである。井上ひさしのモットーは真実を語るときの心がけを示すものだが、日銀のそれ（とここで私が推測するもの）は、およそ理論的に確信を持ち得ないときの作法である。

「言葉＝用語」と「論理＝展開」との二点において、できるだけわかりやすく語ること、これを本論に入る前の筆者自身への戒めにするとすれば、アベノミクス鏑矢の致命的欠陥を論じるに先だって、読者への便宜上、ここでは、まず二つのことを述べておかなければならない。第一は、アベノミクスの全体像の確認、第二は、第一の矢が放たれた後にどのようなコースをたどったかの大筋の確認、この二つである。

三本の矢の基本的性格

安倍首相がアベノミクスを公式に打ち出したのは、第二次内閣成立直後の通常国会施政方針演説（一三年二月二八日）であったが、彼はそれを「『三本の矢』を、力強く、射込みます。大胆な金融政策であり、機動的な財政政策。そして民間投資を喚起する成長戦略です」と説明した。この演説にいうアベノミクス三本の矢は、いまでは周知のことだと思われるが、念のために再確認しておくと、第一の矢は量的金融緩和政策、第二は機動的な財政出動、第三は成長戦略、この三つであった。

私は、アベノミクスが発動されて間もない頃に、この三本の矢を、デフレ不況打開を標的にした弓矢にたとえるならば、第一の鏑矢は的に届かぬ矢、第二は的をかすめる矢、第三は的外れの矢と形容しておいた（図示すると、別図のようなイメージになるだろう。二宮『安倍政権の末路』旬報社、一三年参照）。それからおよそ四年を経過したいま、この三本の矢はどのように評価・総括されるか、弓矢の比喩に照らしながら、簡単に概括しておくことにする。

ただ、あらかじめ三本の矢の経済学的性格についてふれておくと、第一の矢はマネタリズムの貨幣数量説をベースにした金融政策、すなわち新自由主義を基調にしたデフレ対策である。これに対して第二の機動的財政出動は、アメリカを本場とした主流経済学のなかでは新自由主義とは一線を画した潮流、ケインズ主義的財政政策によるものである。第三の成長戦略は、再び新自由主義に立脚したものである。成長戦略にも新自由主義派とケインズ派との両方が考えられるが、ケインズ主義が市場における需要面を重視するのに対し、新自由主義は供給サイドの改革、すなわち世にいう構造改革に力点をおき、潜在的成長力の引き上げを重視する。今世紀初頭の小泉構造改革は、その意味で、日本型新自由主義の典型を物語るものであった。

アベノミクス三本の矢

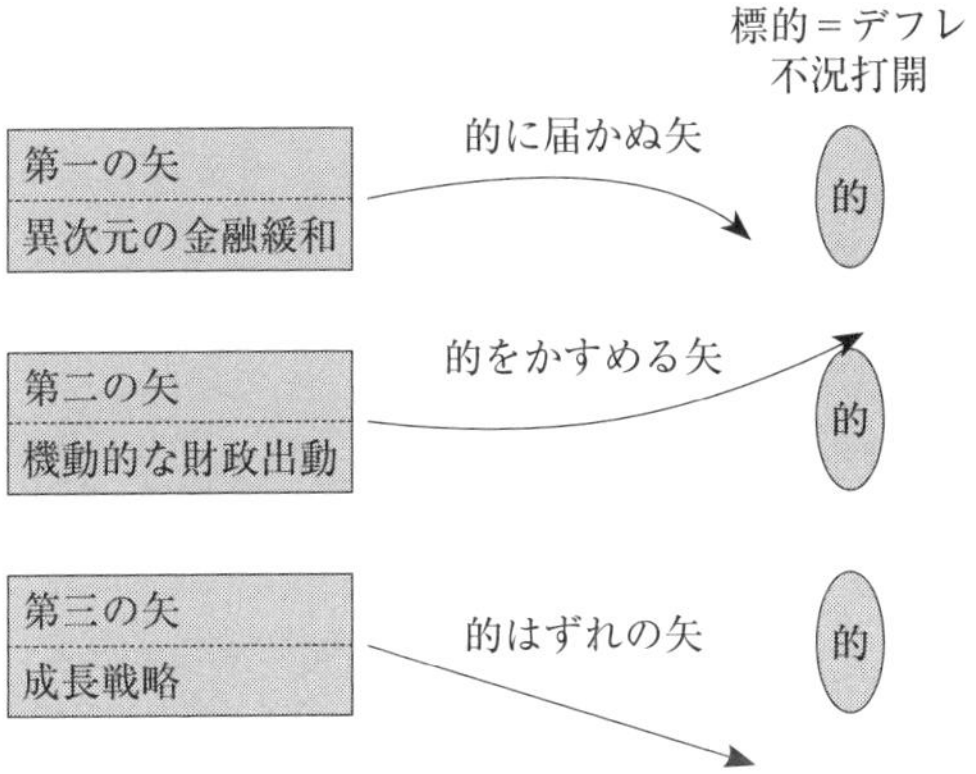

さしあたり三本の矢をこのようにとらえておくとすれば、そのうち、第一・第三の二つの矢は新自由主義、第二の矢はケインズ主義の性格を有するから、これは混合政策（ミックスポリシー）になる、悪くいえば混ぜ物、雑炊のようなごちゃまぜの政策である。実際に、そういう見方があるが、私は必ずしもそのようには把握しない。三本の矢すべてを束ねたアベノミクス総体の性格は、要約していえば、「ケインズ主義に助けを求めた新自由主義」ないし「ケインズ主義に補完された新自由主義」というのが適切だろう、というのが私の意見である。ここでの主役はあくまでも新自由主義である。このようにみなす理由は後に説明するが、そのイントロダクションをかねて、三本の矢そ

れぞれについてもう少し立ち入っておくことにしよう。

黒田日銀の放った的まで届かぬ第一の矢

まず、第一の矢は「異次元緩和」と呼ばれた量的金融緩和策であった。一三年四月初旬、安倍政権(=「輪転機安倍」)の期待を担い、自信満々にこの第一の矢を放ったのは、日銀総裁黒田東彦であった。金融政策の手段を「金利」から「量」に変え、従来とは異次元の量的・質的金融緩和策に踏み切るというのが、その第一の矢の中身である。この通称「異次元緩和」が直接に目的としたのは、消費者物価を引き上げること、つまりインフレターゲット策の実現にあった。黒田日銀は自信たっぷりに、二年間で二%の物価上昇率を達成する、と大見得を切ったのである。

その際、金融緩和策が「量的」なものになったのは、日銀がいわゆる「ゼロ金利の制約」下におかれていたためであった。一般的にいって、名目金利はゼロ以下の水準、すなわちマイナスにするわけにはいかない。この「ゼロ金利の制約」のもとにあって、日銀は、金融政策の王道である金利政策を進めることができず、非伝統的な金融政策である「量的緩和策」を進めざるをえなくなったのである。したがって、量的金融緩和策とは、「金利」を操作目標にした伝統的金融政策にとってかわる非伝統的金融政策の意味として登場したのである。

量的緩和策の要点は、市中銀行が保有する国債等の金融資産を日銀が買い取ってやり、マネタリーベース（日銀券プラス日銀当座預金）の「量」を増やすことにある。このマネタリーベースの増加がマネーストック（日銀券プラス各種預金通貨）の増大につながれば、市場では、デフレが反転してインフレに向かう。これを見込んだのが「量」に着眼した異次元緩和策であった。

ここまでの説明において、早くも、世間ではそれほど頻繁に使われているとはいえないマネタリーベース（ないしベースマネー）とかマネーストック（〇八年以前の言い方ではマネーサプライ）といった非日常的な用語が出たので、念のため、イメージを喚起するために注釈をはさんでおくと、大づかみにいって、マネタリーベースとは銀行の保有する通貨量であり、マネーストックとは実際の市場に流通する通貨量をさす。したがって、「マネタリーベースの増加→マネーストックの増加」という流れが生まれるためには、銀行のもとにある通貨が銀行の外、すなわち一般の市場に流れ出さなければならない。だが、この「銀行→市場」の通貨の流れは、市場側の資金需要が決めることであって、日銀が決められることではない。日銀がやれることはマネタリーベースを増やすところまで、つまり「日銀の量的緩和策→マネタリーベースの増加」の流れにとどまり、「マネタリーベースの増加→マネーストックの増加」の流れを直接につくりだすことはできないのである（この問題は改めて二三五ページ以下で説明する）。

実際に、黒田日銀による「異次元緩和」によって第一の矢が放たれて以降、確かに「異次元緩和→マネタリーベースの増加」の経路は通じたが、「マネタリーベースの増加→マネーストックの増加」の関係は現実化しなかった。これは黒田日銀の放った第一の矢が的まで届かず、途中で落ちてしまったことを意味する。

これを異次元緩和の所期の狙いであったインフレターゲット策にそくして言い直せば、こうなる。インフレターゲット策の目論見は、「日銀の異次元緩和でインフレを呼び起こす→インフレによって実質金利を引き下げる→投資・消費の拡大をはかる」というシナリオにあった。この筋書きの後段「インフレによる実質金利の引き下げ→投資・消費の喚起→不況の打開」という推論は、ごく一般的にいえば、一応成立するものである。だが、それはその前段の「異次元緩和→インフレ（物価上昇）」というアベノミクスのいわば核心にあたる論理が現実化した場合の話である。ところが、実際には、「異次元緩和→インフレ」のインフレターゲット策は空回りに終わった。先の比喩を繰り返していえば、黒田日銀の放った「異次元緩和」の第一の矢は、デフレ不況打開の標的には届かないまま、折れるようにして途中で地に落ちてしまったのである。

標的の片隅をかすめる程度の第二の矢

アベノミクス第一の矢が的に届かぬ腰折れの矢に終わった理由については、この後でもう少し丁寧にみていくことにして、ここでは第二の矢とされた財政出動に目を転じることにしよう。アベノミクスが放った第二の矢は、より具体的にいうと、公共事業のバラマキであった。アベノミクス元年にあたる一三年度だけで、およそ一〇兆円の公共事業費が支出された（一二年度補正予算と一三年度当初予算の合計）。「国土強靭《きょうじん》化」の名によって、かつての土建国家時代を思わせるほどの公共事業費がばらまかれたのである。

財政支出の拡大は、公共事業に限らず、軍事費であろうと福祉関連費であろうと、一般に景気を刺激する。なぜなら、ケインズ主義が着眼したように、政府の財政支出は金融緩和策とは違い、民間市場に対して、直接に有効需要を生みだすからである。このことは、日本経済が不況に陥るたびに、過去繰り返し、景気の底上げを狙った大型の公共事業予算が組まれてきたこれまでの経緯が示すところである。その意味でいうと、アベノミクス第二の矢とは、土建国家型ケインズ主義の助力によってデフレ不況の打開をはかろうとしたもの、とみることができる。

経済学には一知半解の安倍首相（前章の言葉でいえば「ムチムチの安倍」）が、先述の「輪転機安倍」として、日銀が輪転機を回して増刷したお札を政府が「餅撒き」のようにばらまけばデフレ不況は打開できる、と思い込んだのは、実は、この土建国家型ケインズ主義を取り違えて理解していたことによっていた。「輪転機安倍」が「日銀にじゃんじゃんお札を印刷してもらえばいいんです」と述べたことは、彼自身の頭のなかでは、日銀から無期限・無利息で借り入れたお金を政府が市場にばらまく、たとえば土木事業によってばらまく、ということを意味していたのである（と筆者は推測する）。安倍当人は、当初、これを金融政策と取り違えていたのだが、首相に就任後、その誤りに気づいてからは、輪転機の話はもちださないようになったわけである。

話を土建国家型ケインズ主義に戻して続けると、公共事業の財政支出は、確かに、土木・建設関連分野の有効需要を高め、それなりに一定の景気刺激効果を発揮する。だが、この財政出動は、デフレ不況をその根源に遡って克服する役割を果たすものではない。というのは、今世紀に入って以降、今日まで続くデフレ不況の最大の根拠は、家計消費不振を背景にした内需の低迷にあるからである。家計消費不振の理由は、端的にいって、雇用破壊にもとづく賃金の悪化にある。そうであれば、勤労国民の所得の改善と消費の底上げを抜きには、デフレ不況の根を絶つことはできない。これは、断言してもよいが、今では、我が国の経済学ではほぼ常識、ないし通説であるといって過言ではない（後に再述）。

この点を計算にいれていうと、もし果敢な財政出動が公共事業ではなく、国民の福祉・生活領域に向けられたとすれば、つまり、土建国家型ケインズ主義ではなく福祉国家型ケインズ主義にもとづいてなされていたならば、デフレ不況打開の標的を中心部に近い所で射貫くことができたかもしれない、ということである。だが、アベノミクスが基調に据えた新自由主義は、そもそも戦後福祉国家の解体を歴史的使命にして登場したものだから、「安倍によるアベコベのエコノミクス」（アベコベミクス）ぶりを発揮し、福祉国家ではなく土建国家に顔向けして、デフレ不況克服の標的からみれば、的の端っこを少しばかりかすめる程度の矢にとどまったのである（アベノミクスがアベコベのエコノミクスであることは二三二〜二三三ページで後述）。

ところが、第二の矢の効果はそれにとどまらない。借金に依存した公共事業は、財政赤字のツケを将来に残す。つまり、アベノミクス第二の矢は的をかすめる程度の効果を残したとはいえ、それ以上に重要な帰結は、財政危機の深刻化という点に求められる。財政危機の深化は、さしあたり、三つばかりの圧力を呼び起こすだろう。その要点は、①財政危機緩和のための増税（特に消費増税）圧力、②同じく危機緩和のための財政削減（特に社会保障財政削減）圧力、③財政債務負担（国債利子）を抑えるための低利子率維持圧力、これら三点の圧力を強めるということである。

現に、これら三点の圧力は安倍政権下で現実のものになった。たとえば、安倍政権二年目の一四年四月には消費税率は五％から八％に引き上げられ、一〇％への再増税は現在は先送りされているとはいえ、一九年一〇月には実施予定となっている。社会保障財政の自然増部分は、連年、安倍政権によって圧縮・抑制された。そして、黒田日銀はゼロ金利の維持、マイナス金利の導入（後述）によって、事実上財政ファイナンスの役を買って出ている。これらは何を意味するか。総じていえば、これら三点は新自由主義路線の強化を意味する。

かくしてアベノミクス第二の矢は、土建国家型ケインズ主義の入り口から入って、その出口に新自由主義を待機させるのである。先に私は、アベノミクスはケインズ主義や新自由主義を混ぜあわせた雑炊のような政策にみえるが、基本的性格は「ケインズ主義に助けを求めた新自由主義」という点にあり、主役はあくまで新自由主義にあると述べておいたが、これは今みてきたように、新自由主義が助っ人役の土建国家型ケインズ主義の助力をえて、元の新自由主義路線に再帰するという関係があるためである。アベノミクスが助力を求めたケインズ主義が、皮肉なことに、新自由主義路線の強行を命じる、というねじれた関係をおさえておいて、急いで第三の矢に目を移さなければならない。

的外れの第三の矢としての成長戦略

アベノミクス第三の矢は、成長戦略であった。安倍成長戦略は、アベノミクスの政策的発動順でいうと、「第三」の名にふさわしく、トリとして最後に放たれる矢である。その意味で、成長戦略はアベノミクスの総決算を示すものとなる。

アベノミクスがその当初、成長戦略として用意したのは、①日本産業再興プラン、②戦略市場創造プラン、③国際展開戦略の三つであった。詳細は省略するとして、これら三面から構成される成長戦略とは、①国際展開戦略によって外需を新たに取り込むこと、②戦略市場の創造の名で新たな市場と投資機会を切り開くこと、③日本企業の競争力を強化するための基盤整備を進めることを基本にしたものである。したがって、アベノミクスの描く成長軌道は、日本のお家芸というべき外需依存・投資主導型成長軌道の再現を狙ったものであるといってよい（第三の矢は、その後一部に手が加えられるが、成長戦略の基本的な構造は変わってない）。

資本主義諸国の経済成長は、どこであれ、多かれ少なかれ、資本蓄積を主導力にして進むものであるが、外需依存・投資主導型成長の特質は、投資（資本蓄積）が主に外需に依存して進められる点、つまり内需ではなく国外の需要、今ではグローバルに広がる海外の需要に引っ張られるようにして進む点にある。戦後日本の経済成長は、低賃金加工貿易主義と呼ばれた高度成長期以来、この外需依存・投資主導型軌道上で進行してきた。この点を考慮にいれていうと、安倍成長戦略は従来の外需依存・投資主導型成長の再版ないし改定版を狙ったものである。日本企業のグローバルな競争力を強化して外需の取り込みをはかり、それに結びつけて投資の促進・拡大を進めるという作戦である。

いまこのような第三の矢の現実的帰結をみるうえで重要なことは、安倍成長戦略が再版・外需依存投資主導型成長を軌道に乗せるために、ひたすら「グローバルな競争力の強化」を最優先の課題に設定し、首相自身の言葉を借用すると、日本を「世界で一番企業が活動しやすい国」にする、としたことである。「世界で一番企業が活動しやすい国」とは、日本経済の現実に照らしていえば、多国籍型大企業のグローバルな競争力強化を第一にした国ということにほかならない。本書では、すでに前章（二〇〇ページ）で言及しておいたように、このような「世界で一番企業が活動しやすい国」のことを「グローバル競争国家（大国）」と呼んで話を進める。

「グローバル競争国家」＝「世界で一番企業が活動しやすい国」とは、企業にとっては天国のような楽園を意味するから、これは言い換えると「企業天国」である。企業天国化の主要方策として一貫して最初に掲げられてきたのは「規制改革プラス法人減税」である。そこでアベノミクスは、規制改革を「成長戦略の一丁目一番地」としてきたが、なかでも労働・雇用分野の規制緩和が最も重視されてきたのは、「企業による自由な労働支配」が「企業天国」の最たる要件だからである。一七年現在も「働き方改革」が「最大のチャレンジ」とされており、森友・加計問題を振り切るように、安倍政権は「働き方改革」を前面にうちだしている。それはしかし、過労死を容認するような残業時間規制

（実態は規制緩和）であり、「残業代ゼロ法案」の強行であって、「企業天国」に花を添えるようなものでしかない。

ところで、企業にとって楽園のような所で築かれる国の姿とは、端的にいって「企業王国」である。この企業王国では、それまで企業の領地とはされてこなかった領域が企業の営業圏域に組み込まれることが肝要となる。現代の日本で、これまで企業にとって「立ち入り禁止」ないし「立ち入り制限」の看板がかかっていた分野はどこか。それはアベノミクスを担う規制改革推進会議が教えるところである。同会議は、一六年以降、「農業」「人材」「医療・介護・保育」「投資等」の四部会を設けてきた。この部会構成で示された「農業・医療・介護・保育」の分野がさしあたり「民間活力」や「企業進出」の十分進んでいない領域となる。したがって、これらの領域において「企業が一番活動しやすい国」づくりが進行することが「企業王国」化の意味である。一言でいえば、福祉国家の領域とされていた医療・介護・保育そしてネイティブ産業（内生産業）の代表である農業が、企業の営利活動領域に転化すること、これが企業王国の姿となる。

企業天国化プラス企業王国化のグローバル競争国家

これらをまとめると、アベノミクス第三の矢の成長戦略とは、多国籍型大企業のグローバルな競争力強化を第一にした「グローバル競争国家」化のために、国内を「企業天国」と「企業王国」の領地にしてしまおうとする戦略だ、と読み換えるができるだろう。問題なのは、この戦略が果たして、第三の矢として見事「デフレ不況打開」の的を射貫くことになるかどうかである。だが、アベノミクスは、どこまでいっても、本末転倒のアベコベミクス的本領から外れることはできない。つまり、この成長戦略は、実際には、マイナスの成長戦略、ないし停滞戦略になってしまうのである。それはなぜか。

ここで思い出しておかなければならないことは、そもそも二一世紀日本の経済停滞、デフレ不況は何によっていたか、という根源の問題である。この問題はいわゆるキモにあたる論点だから、本書では繰り返し立ち返ることになるが、デフレ不況の最大の根拠は、家計消費不振を背景にした内需の低迷にあった。消費不振の最大の要因は、雇用破壊にもとづく賃金の悪化に求められる。日本の非正規雇用は、被用者約五二〇〇万のうち一六年に入って二〇五〇万人近くに増加し、総数のおよそ四割近くに達した。年収二〇〇万円以下の給与所得者（いわゆるワーキングプア層）は一〇〇〇万人の大台に乗り、一四年段階で一一三九万人となっている（国税庁統計）。労働者の実質賃金指数（二〇一〇年平均を一〇〇）は、九七年をピーク（一〇九・五）として、一五年には九四・六に落ち、ピーク時から一四ポイントも下落している（毎月勤労統計調査）。直近の厚労省「勤労統計調査」によると、一六年の実質賃金は五年ぶりに微増、〇・五％増えたが、それは物価の下落によったものであった。言い換えると、アベノミクス第一の矢が狙ったインフレターゲット策が功を奏さず、物価が下落したから、実質賃金がわずかながら上昇した、という始末である。

デフレ不況の元凶が「雇用破壊→賃金の悪化・下落→家計消費不振→内需の低迷」という関係にあることは、くどいようだが、現代日本ではもはや常識に属する。ところが、アベノミクスは、その成長戦略の一丁目一番地に他ならぬこのデフレ不況の根源、すなわち労働・雇用分野の規制緩和をおき、まさに雇用破壊によってこの日本を企業天国化しようというものであった。デフレ不況の根源を成長戦略の先頭において、どうして経済が成長できるというのか、本末転倒のアベコベミクス以外に、こんなことを夢想する経済学は存在しないだろう。

かくして、アベノミクス第三の矢は、完全に的外れの矢である。いや、的外れどころか、この矢はあたかもブーメランのように射手の元に舞い戻って、その胸を射貫くことにもなりかねない矢なのである。この点を押さえて、ここでは、あらためて三本の矢がいかなる性格のものであるか、そしてそれらの矢は互いにどういう関係にあるか、という点を振り返っておくことにしよう。そこから、今後の話の進め方を考えていくことにしたい。

第一・第二の矢、第一・第三の矢の新たな相互関係

まず、第一の矢としての量的金融緩和策は的に届かぬ矢であった。これは黒田日銀の「異次元緩和」が、インフレターゲット策としては、実際に所期の目的（二％物価上昇率）を達成することができない、ということを意味する。実は、その目標未達成が、本章冒頭で紹介した教祖浜田宏一の失望

と背教を呼び起こしたのである。第一の矢の教祖として白旗を掲げた浜田が、先にも一言ふれておいたが、インフレの実現のために助けを求めた先は財政であった。金融緩和だけでは不十分、物価の引き上げには「財政の拡大」が必要だ、というのが彼の変節時の主張であった。

財政出動というのは、アベノミクスでいえば、もともとは第二の矢が受け持つ政策である。ただし、アベノミクスの第二の矢は、公共事業中心の土建国家型財政出動であって、デフレ不況打開の標的に対しては、ほんの片隅をかすめる程度の効果しか発揮できないものにすぎなかった。しかもその上に、この第二の矢はネオ・リベラル派の浜田らとは違うケインズ主義陣営に属する矢であって、同じ第二の矢の追加的な連射に頼るのは、いくらなんでも無責任というか、経済学者としては恥さらしである。もともとアメリカ産の主流経済学では、ネオ・リベ派とケインズ派は犬猿の仲であって、犬が猿に向かって助けを求めるようでは、理屈にも芝居にもならないのである。では、いったい浜田は、第一の矢に見切りをつけた後で、いかなる新しい（第二の）矢に助けを求めようとしたのか、これが問題になる。本章でこのあとに検討しようと思うのは、この問題である。

この問題を「第一の矢の挫折↓新第二の矢への期待」の関係とすれば、いま一つの問題は、第一の矢と第三の矢の相互関係である。第一の矢が的に届かず、日本経済がいっこうに晴れないまま、だらだらと停滞感だけが蔓延してくると、浜田らとは違って、財政出動ではなく、成長戦略の側に軸足を移してデフレ不況の突破をはかろうという作戦があらわれる。いささか単純化していうと、第一の矢の金融政策も無理、第二の財政出動も不可、となれば残るところは第三の成長戦略のほかにはない、という理屈があらわれるわけである。これは「第一の矢の挫折→第三の成長戦略への軸足移動」という作戦である。強いていえば、これがアベノミクス第二ステージとして浮上したものである。

第二ステージは、公式的には、一六年五月、安倍政権が打ち出した時点から開始する。ただし、この「ニッポン一億総活躍プラン」はいかにも付け焼き刃風に登場したものであり、位置づけも「第二ステージ」であって、筋書きを全く変更した新成長戦略（つまり第二のストラテジーとか第二ビジョン）というわけではない。この点は後に説明するが、ここで確認しておかなければならないことは、この「第一の矢の挫折→第三の矢としての成長戦略の新ステージ」の展開が実際には何をもたらすかについては、それなりの検討が必要だということである。本書では、次章において、この問題を扱う。結論だけを先に書いておくと、第三の矢の成長戦略にアベノミクス最後の頼みを期待すればするほど、逆にデフレ不況が繰り返されて、結局、悪循環（あるいは悪魔の循環）から抜け出すことができない、ということである。だから、このアベノミクス最終局面は、安倍政権の終活の重要な一面を構成することになる、ということである。

さて、この点を押さえておいて、本章では、以下、もう一度第一の矢に立ち戻って再出発する。いささかまどろっこしい話になるが、「第一の矢の挫折→新第二の矢への期待」という教祖浜田のたどった動きをみていくことにしよう。

2　黒田日銀による「異次元緩和」の鏑矢

アベコベミクスに立脚した黒田日銀の異次元緩和

二〇一三年四月初旬、安倍政権（＝「輪転機安倍」）の期待を担い、自信満々に第一の矢を放ったのは、日銀総裁黒田東彦であった。金融政策の手段を「金利」から「量」に変え、従来とは異次元の量的質的金融緩和策に踏み切るというのが、その第一の矢の中身である。この通称「異次元緩和」が直接に目的としたのは、消費者物価を引き上げること、つまりインフレターゲット策の実現にあった。黒田日銀は自信たっぷりに、二年間で二％の物価上昇率を達成する、と大見得を切ったのである。

それから四年以上を経過したいま、果たして黒田日銀の約束は実現したか。その答えは、いうまでもなく、ノーである。すでに教祖浜田の変節の背景でふれておいたように、第一の矢が射止めるとしたデフレからの脱却、不況の克服という目標（＝標的）は、ほとんどといってよいほどに実現していない。浜田はそれに失望して変心したのである。

そこで、次章（二九四ページ以下）で詳述するが、ここではあらかじめ、異次元緩和の開始から浜田の変節にいたるまでの経過、すなわち、第一の矢を受け持つ黒田日銀がとってきた政策の流れをざっと眺めておくことにしよう。それは、四段階に分かれる。

第一は、一三年四月、「異次元緩和」と呼ばれる量的・質的金融緩和策によって、実際に第一の矢を放った段階である。第二は、その翌年の一四年一〇月、いわゆるハロウィン緩和と呼ばれる追加的緩和策を打ち出した段階である。第三は、インフレターゲット策が事実上挫折する過程で、一六年一月、日銀当座預金にマイナス金利を導入したことである。第四段階は、長短金利操作付き量的・質的金融緩和政策の長ったらしい名前で、金融政策の手段＝対象を、事実上、「量」から再び「金利」に戻したことである。現在は、この第四局面の渦中にあるといってよい。将来を予測していえば、おそらくはこの第四局面は、アベノミクスの最終局面になるはず、すなわちアベノミクス終活期の政策になるはずである。

こうした四つの段階は、これまでの現実的推移にそくしていえば、黒田日銀によって放たれたアベノミクス第一の矢が、デフレ不況からの脱却という標的を射貫くことなく、むなしくも失敗・破綻に終わった経過を示すことになった。以下、「異次元緩和」の鳴り物入りで出発した黒田日銀がなぜ「壮大な失敗」に終わったのか、その理論的根拠を確かめながらみていくことにする。

黒田日銀の放ったアベノミクス第一の矢の核心的目標は、「デフレ不況からの脱却」であったから、矢はインフレターゲット策の定めた方向に放たれた。インフレターゲット策とは、一定のインフレ目標を掲げ、期限を決めてその実現に取り組む金融緩和策のことである。具体的には、年率二％の消費者物価上昇率を二年程度で実現するというものであった。現在では、黒田日銀によるこのインフレターゲット策自体は比較的よく知られているところだから、詳しい説明は不要だろうが、後の議論との関連で一点だけ補足を加えておくと、このインフレターゲット策は二年間という相当に「短期決戦型」の作戦であった。これを金融論の専門家筋は、真珠湾攻撃のような奇襲作戦に近い、と評価したほどである。

奇襲は、きわめて短期のうちに戦果をあげないかぎり、失敗に終わる。それは、真珠湾攻撃後の戦史が実際に示したとおりである。だが、奇襲による短期決戦型インフレターゲット策は、あたかも真珠湾攻撃の二の舞を演ずるかのごとく、失敗に帰結する運命をたどった。サプライズ型演出効果を狙った「異次元緩和」が発表されたのは一三年四月、それからもう四年以上を経過しようというのに、年率二％の物価上昇率の達成にはほど遠い状態にある。日銀自身も二％の達成は一八年度頃として、すでに黒田総裁の任期中の達成は困難になったことを公認している（さらにその後、一七年には、目標達成は再び先送りされ、一九年度頃に修正された）。

一九四一年一二月の真珠湾攻撃から四五年八月の敗戦までの期間はおよそ三年八ヶ月だったが、同じような奇襲で開始したインフレターゲット策がこれと同じ期間を経たのは一七年一月のことである。その一ヶ月前の一六年師走の暮れ、前章（一九一～一九三ページ）でふれたように、安倍首相は真珠湾を訪れたが、失敗に終わろうとしているアベノミクス版奇襲作戦で責任を問われるいわばＡ級戦犯は、誰よりも黒田総裁になるはずである。なぜなら、彼はインフレターゲット策の司令官として、太平洋戦争の期間を超えてもなお、失敗が明らかな当初の奇襲作戦にこだわり続けているからである。

ただ、黒田日銀の失策に対する責任を問う前に、ここでみておかなければならない点は、なぜインフレターゲット策が第一の矢として放たれたのか、その理由である。奇襲の作戦としてインフレターゲット策が打ち出された根拠やそのねらい、この基本的な論点にあらためて立ち入っておかなければならない。

インフレターゲット策の三点にわたる理論的根拠

アベノミクスがインフレターゲット策を打ち出すときの理論的根拠とは、大要、次の三点にあったと考えられる。

第一は、デフレが日本経済を蝕むいわばガンのような病原である、という見立て（いわばデフレ元凶説）である。すなわち、日本経済の長きにわたる不況・混迷・停滞等はデフレによるものであり、デフレからの脱却こそが日本経済の成長・再生をはかる大前提になるという見方が、インフレターゲット策を導き出したのである。

先にも指摘したが、この「デフレが原因になって不況が進む」という「デフレ→不況」説は、理論的には誤りである。誤りは、原因と結果の取り違えにある。すなわち、原因・結果をアベコベにとらえたこと、アベコベのエコノミクスに陥った点にある。アベノミクスは、「デフレ＝原因」が「不況＝結果」を呼び起こすという謬論に頼って、いわば第一のボタンを掛け違えてしまったのである。事態の因果関係は、その逆であって、「不況＝原因」が「デフレ＝結果」を招くとみる「不況→デフレ」説が正確な捉え方である。もちろん、実態の流れは「不況→デフレ→不況深化→デフレ持続……」のドミノ倒しのような循環型の動きをとるために「デフレ→不況」の局面がないではないが、経済構造のからくりとしては、「不況→デフレ」の関係が基本である。だから、アベノミクスは物事の因果関係をアベコベにとらえたアベコベミクスなのである。

第二は、デフレとは市場に必要な貨幣（＝通貨）の供給不足、過少な量によって進行する、という見方である。これはデフレを貨幣的現象ととらえる見地、貨幣数量の不足から生まれるものとみなす理論（貨幣数量説）を意味する。

ここで数量説というのは、社会の商品価格総額は、価格（P）に商品量（T）を掛けたもの（PT）であり、その取引に必要とされる通貨量（必要通貨量）は、通貨数量（M）にその流通速度（V）を掛けたもの（MV）である、とする考え方をさす。これはMV＝PTという単純な交換方程式であらわすことができる。この方程式を使っていえば、仮に通貨の流通速度（V）と商品量（T）とが一定であるとした場合には、商品価格（P）は通貨量（M）によって決まるということになる。通貨の数量が市場の価格を決定する――これが数量説のポイントである。したがって、最も単純かつ粗野な貨幣数量説は、市場に供給される商品総量に対して、需要サイドの貨幣数量が相対的に少ない場合には、商品供給に対する購買力の不足にもとづいて価格が下落すると考える。これが続くと、物価一般の下落傾向が生まれ、デフレーション（通貨価値の上昇にもとづく物価下落）が進行する。このようにとらえるマネタリズム的な見方が、インフレターゲット策の指導理論になるわけである。

第三は、貨幣的現象としてのデフレは、中央銀行の金融政策によって操作可能であり、インフレに転換できるとする見方である。中央銀行が操作できるのは、いわゆるマネタリーベースである。先に述べたことを再確認しておくと、マネタリーベースとは「日銀当座預金プラス銀行券・補助通貨（流通現金）」のことである。このベースマネーとも呼ばれるものは、中央銀行が市中銀行に向けて信用創造したものであり、民間銀行にとっては自行の信用創造のベースとなり、市中のマネーストック（古い言い方ではマネーサプライ）に影響をあたえる。貨幣数量説にいう、貨幣とはこのマネーストック（＝旧マネーサプライ）の方をさす。

マネーストックの計り方にはいろいろなものがあるが、通常はM３（現金通貨＋預金通貨＋準通貨＋CD〈譲渡性預金〉）と呼ばれているものである。M３は、現金通貨に加えて全ての預金取扱機関に預けられた預金を合計したもの、したがって日常の市場取引で実際に使用されている通貨の大半だと考えればよい（日銀は、対象とする通貨および通貨発行主体の範囲に応じて、M１、M２、M３、広義流動性の四つの指標を作成・公表しているが、ここではM３を用いて話を進める）。マネタリズムは、中銀が「マネタリーベースの増加➡マネーストック（M３）の増加」の関係を通じて、デフレをインフレに転化できるとみなし、インフレターゲット策を採用するわけである。

インフレターゲット策につきまとう二つの難問

インフレターゲット策とは、およそ以上のような三点を理論的根拠にしたものであった。だが、黒田日銀によるインフレターゲット策には、最初から、二つばかりの難問がつきまとっていた。その難問とは、①マネーストックは果たして金融政策による「マネタリーベースの政策的操作→マネーストックの変化」の関係によって動くものなのか、②インフレ実現を目標にした金融政策はゼロ金利という特殊な制約のもとにおいても通用するのか、という基本的問題である。この問題に対してきちんとした「解」を持たないかぎり、インフレターゲット策にはのっけから成功の見込みがないということになる。そこでここでは、この二つの基本問題を解きほぐしておくことにしよう。

まず、第一の「マネタリーベースの操作→マネーストックの変化」という関係は、先述の貨幣数量説（マネタリズム）を前提にした量的金融緩和策のシナリオを示すものであるが、この筋書きにそったインフレターゲット策は失敗に終わらざるをえない。つまり、量的金融緩和策はその政策効果を見通す肝心な推論の所で挫折するのである。おまけに、この「マネタリーベースの操作→マネーストックの変化」の関係は、ゼロ金利下においては、通常の（ゼロ以上の）金利水準における関係とは違ったものになり、その結果、マネタリーベースの増加に随伴してマネーストックが増加するとは限らない関係が生まれる。量的金融緩和策とはマネタリーベースの「量」を増やそうとするものであるが、この「量」が増加してもマネーストックの増加にさほどの影響を与えなくなってくると、物価上昇の圧力が働かなくなってくるわけである。簡単にいうと、「マネタリーベース→マネーストック」の連動関係が目論見どおりには作動しないということである。

これらは、マネタリーベースとマネーストックの関係はゼロ金利のもとでどのようなものになっているのか、という基本問題にかかわることである。したがって、私たちも、近代銀行制度の仕組みと金融政策の基本にあたるマネタリーベースとマネーストックの関係に立ち戻って、黒田日銀によるインフレターゲット策を理論的に検証しておくことにしよう。少し回り道をすることになるが、金融論の基本にかかわる論点なので、煩《はん》を厭わずこの金融政策の回路にあたる所をみておかなければならない。

独立変数としてのマネーストック、従属変数としてのマネタリーベース

まず、マネタリーベースとマネーストックの違いをおさえておくこと、そして両者の相互関係とを把握しておくことが重要である。先に説明したことの繰り返しになるが、マネタリーベースとは、日銀の解説をそのまま使っていうと、「日本銀行が世の中に直接的に供給するお金」のことである（以下、日本銀行ホームページ「マネタリーベースの解説」等）。具体的には、民間銀行による日銀内の当座

預金額と、流通現金（日銀券発行高＋貨幣流通高）との合計額だから、これは日銀からみれば市場社会に対して負う債務ということになる。日銀が銀行等に対して実施した信用創造をさすといってもよい。これに対して、マネーストックとは、大ざっぱにいうと、世間が保有する通貨の総量のことである。日銀の解説では、「一般法人、個人、地方公共団体などの通貨保有主体が保有する通貨（現金通貨や預金通貨など）の残高」である。銀行全体からみれば、家計・企業等に向けた銀行業界（日銀プラス民間銀行）の信用創造の残高、したがって債務総額を意味する。だから、大づかみのイメージでいうと、マネタリーベースとは日銀が民間銀行を媒介にして供給した通貨総量をさすのに対して、マネーストックの方は銀行の外側にある個人・企業等の通貨保有主体が有する通貨量残高のことだといってよい。銀行は、マネタリーベースを文字通りベースとして家計・企業等に信用創造を行うが、そこにマネーストックが形成されていくのである。

さしあたり両者はこのような関係にあるが、金融論では、マネーストックに対するマネタリーベースの割合（マネーストック／マネタリーベース）を貨幣乗数（または信用乗数）という。貨幣乗数は、一定のマネタリーベースがどのくらいのマネーストックを生み出しているかを示す倍数である。その実態を日銀統計でみると、一六年九月の場合、マネーストック（Ｍ３）は約一二六五兆円、マネタリーベースは約四一三兆円であったから、貨幣乗数は三・〇六となる。ちなみに、異次元緩和の始まる直前の一三年三月時点でみると、マネタリーベースは二〇二兆円、マネーストックが一一四二兆円で、貨幣乗数は五・六五だった。三年半ばかりのあいだに、貨幣乗数は五・六五から三・〇六へと相当に落ちたということになる。こうした貨幣乗数の変化は、いったい何に起因して起こったのか、というのがここでの問題である。

貨幣乗数の変化をみていく際に重要なことは、マネタリーベースとマネーストック両者の関係は、マネタリストが想定するような「マネタリーベースの増減→マネーストックの増減」の関係ではなく、その逆、すなわち「マネーストックの変化→マネタリーベースの変化」という関係が基本だ、ということである。ここでも、原因と結果の因果関係を間違えないでとらえておくことが重要になる(つまりアベコベ関係が問題になる)。もちろん、両者はなんらかの形で連動関係にあるから、「マネタリーベース→マネーストック」の因果関係が皆無というわけではないが、基本は、市場が必要とする通貨総量(マネーストック)は、現実の市場取引の景況次第によるのであって、中銀の操作するマネタリーベースが決めるわけではない、という点にある。

市場における必要通貨量は、概略でいうと、「(起点)好景気による市場取引の活発化→必要通貨・資金需要の増加→銀行による信用創造の増大→信用創造のベースとしてのマネタリーベースの増加」という相互関係のなかで決まる、といってよい。世間が必要とするマネーストックは現実の資金需要を反映して先行的に増減するのであり、日銀が供給するマネタリーベースの方は、マネーストック需要の増減に対し受動的、後追い的に対応して変化する、ということである。

この関係を現実の経済の動きに重ねて確認しておくと、起点は、社会の生産・流通・消費等が活発化し、好況期を迎えると、それだけ市場が必要とするマネーストックは増加していく、という点にある。このマネーストックに対する需要の高まりに応じて、銀行は信用創造をもってその資金需要に応える。市中銀行によるこの信用創造に対して中央銀行が手形割引の貸付等を通じて支えるとき、マネタリーベースが増大することになるのである。この流れのなかに物価動向を組み入れていえば、「好況→需要＞供給の関係→物価上昇圧力→マネーストックの増大」という流れが進む、と捉えられる。厳密にいえば不正確な表現になることを承知のうえで、いま仮に「物価上昇＝インフレ」と「物価下落＝デフレ」という用語を用いていうと、景気と物価の関係は、「好況→インフレ」及び「不況→デフレ」という因果関係が基本であって、「インフレ→好況」「デフレ→不況」の因果関係ではない、ということである。だからこそ、「デフレ→不況」の関係を基調に据えたアベノミクス第一の矢は、因果関係を取り違えたアベコベミクスなのである。

第一の鏑矢は、他ならぬアベコベミクスの射手によって放たれた瞬間に、誤った方角に向かって飛び始める。これは、いわゆる第一のボタンの掛け違えを意味する。したがって、その後に、少々の手直しで軌道修正をはかったとしても、その矢が標的のど真ん中を射貫くことには決してならない。実際に、黒田日銀は、マネタリーベースの「量」を操作してデフレ不況からの脱却をはかろうとして、結果を出すことができず、何度も追加策を講じたり、修正を施そうとしてきたが、現在にいたるまで、成果をあげるにはいたらず、むしろ矢そのものは、迷路のなかに迷い込んだ状態にある。いかなる政策であろうと、その起点において、最初のボタンを掛け違える過ちを犯してしまうと、どこまでいこうと、所期の目的を達成することはできないのである。このことを確認しておくために、いささかくどくなるのを承知で、アベノミクスは第一の矢を放つところで、アベコベミクスの過ちを犯したことにここではこだわったのである（実は、アベノミクスや黒田日銀に批判的な議論であっても、残念ながら、この第一のボタンの掛け違えは取り返しがつかないことである、と指摘した例はほとんどみられない）。

話を貨幣乗数に戻して再開すると、近年の貨幣乗数の下落は、実は、「マネーストック→マネタリーベース」の因果関係が基本であり、その逆の「マネタリーベース→マネーストック」の関係を基調とするものではない、ということを示すものであった。独立変数と従属変数という言葉を使っていうと、市場社会ではマネーストックの方が独立変数であり、マネタリーベースはその従属変数の関係にある、これが基本なわけである。アベノミクス開始後三年半ばかりの間（一三年四月から一六年九月まで）に、マネタリーベースは日銀の異次元緩和策のもとで二・〇四倍増えたが、マネーストックの側は一・一倍増にとどまり、そのために、貨幣乗数は下落することになった。この貨幣乗数の下落が物語ることは、マネーストックが独立変数（主）で、マネタリーベースが従属変数（従）の位置にあったということである。

近代銀行制度における信用創造と中央銀行

では、なぜマネーストック（以下簡略化のためにＭＳ）が独立変数であって、マネタリーベース（以下

ＭＢと略）に対して主導権を発揮することになるのか。その基本的理由は、両者を媒介するものが近代銀行制度の特質である信用創造に求められるためである。現代の銀行は、先にも触れたように、ＭＢをベースにして、個人・企業等に融資するときには、信用創造によって新規に預金通貨を生み出す。たとえば、私が一〇〇〇万円の住宅ローンを組むときには、私の預金口座に銀行から同量の融資額が振り込まれる。これが住宅を担保にした信用創造である。この一〇〇〇万円は、銀行の信用創造によって作り出された新たなマネーストック（以下ＭＳと略）である。

そこで、この関係をみると、「ＭＢをベースにした信用創造→ＭＳの増加」という流れ（ＭＢ→ＭＳ関係）が基本であるかのようにみえる。だが、「先行＝ＭＢ」→「後行＝ＭＳ」の関係は信用創造によっていること、そして、この点が最も重要なのであるが、信用創造とは他ならぬ資金需要（先の例では住宅ローン需要）に応じてなされるということである。つまり、「市場からの資金需要→銀行の信用創造」の側、したがってＭＳに対する需要増加が先にあって市中銀行の新たな信用創造を呼び起こし、それに対応して、市中銀行に対する中央銀行の（たとえば貸付による）ＭＢの供給が進む、という関係にあるわけである。このことは、簡単にいうと、市場における資金需要が活発になり、増加しないかぎり、ＭＳもＭＢも増加しない、つまり実際の市場が活況を呈さない限り、ＭＳにもＭＢにも需要は増大しないという、いかにも簡単なことを物語っているわけである。

ちなみに、日銀出身の翁《おきな》邦雄（京大）は、こう述べている。「中央銀行の当座預金供給をインフレに直接つなげるには、中央銀行が提供した金で中央銀行以外の『誰か』が財・サービスを購入する、というリンクが必要になる」(翁『日本銀行』ちくま新書、一三年、一八九ページ。また、湯本雅士《まさし》も、中央銀行が準備〈マネタリーベース〉を増やしたからといって、金融機関の信用供与〈マネーストック〉が増えるというものではないということを説明して、「預金取扱金融機関の信用供与〈貸出ないしは証券購入〉があって初めて顧客の預金は増加し、その結果、法定準備の積立義務が生ずるというのが順序であ(る)」として記している〈湯本、『金融政策入門』岩波新書、一六年、二一六ページ〉)。ここでいう「誰か」というのは、市場において需要サイドにたつ個人・企業の「誰か」のことである。彼らが、実際に資金を需要するときに、マネタリーベースを基にした信用創造が進むのである。

起源としての銀行学派と通貨学派の歴史的な論争

実は、この関係は、歴史を遡っていうと、近代銀行制度の確立期における通貨学派と銀行学派の間で論争となった問題であった。イギリスにおいて一八四四年ピール銀行法が制定される前後のときの論争である(K・マルクス『経済学批判』「第二章のC『流通手段と貨幣にかんする諸理論』」、『資本論』「第三四章〝通貨主義〟と一八八四年のイギリスの銀行立法」参照)。話が少し脇道にそれるが、この論争を垣間みておくことにしよう。

当時、通貨学派は、銀行券の発行額を銀行の保有する金の量にあわせることを主張した。この立場は、リカードの金属貨幣説に立脚し、銀行所有の金と銀行券の発行とを結びつけ、銀行側の裁量権を制限しようとするものであった（オーヴァーストーン、ノーマン、トレンズ等）。ピール銀行法はこの学派の影響下で制定されたものである。これに対して、銀行学派は、金だけではなく、預金通貨や為替手形等も通貨とみなし、通貨供給量を金保有額に結びつけるのではなく、市場の必要に応じて増減させようとするものであった（トゥック、フラートン、ニューマーチ等）。

このどちらが正当であったかは、恐慌時において明らかとなった。というのは、通貨学派の立場にたったピール法のもとでは、恐慌勃発時において、市場の求めに応じて銀行が通貨を供給することができず、信用逼迫《ひっぱく》を通じてさらに恐慌を激化する結果を招いたからである。恐慌時には、ちょうど渇いた鹿が水を求めて鳴くように、市場は通貨を乞い求めて悲鳴をあげる。このときに通貨の供給を銀行の金保有量に制限すれば、金融パニックが発生する。このことは、現代風にいうと、マネーストック（旧マネーサプライ）の量は中央銀行によるマネタリーベースによって左右されるというよりは、まず市場そのものの景況の程度で決まるもの、実際の資金需要が先導するものだ、ということを物語るものであった。恐慌時に資金需要が発生しているのに、それに応えないで、銀行が貨幣を供給しなければ、恐慌がさらに激化することは自明のことであろう。

では、信用逼迫期とは逆の資金過剰の状態にある場合には、どういうことになるか。銀行が市場の必要とする通貨量を超えて銀行券を発行すると、余分な銀行券（金本位制のもとでは金）に関しては、貨幣の価値蓄蔵機能が発揮され、価値を保存する手段として退蔵される。つまり世間に出回ることはない。現代風にいえば、マネーストックが過剰気味になったときには、マネーの価値保存機能にもとづいて、余分なマネーは一時的に市場から退出し、蓄蔵されるのである。

寄り道をした結果、マネタリーベースとマネーストックの関係についての説明がすっかり長くなってしまったが、以上のことは、先の設問、すなわち「マネタリーベースの政策的操作→マネーストックの変化」の関係を前提にした金融政策は正当かどうかを検討するものであった。「マネタリーベース（主）→マネーストック（従）」の関係が基調にはならないということであれば、それを前提にしたインフレターゲット策は成功しない、ということを意味する。黒田日銀のインフレターゲット策が実際に功を奏さなかった理由の一つ、しかも決定的に重要な理由は、この点にあったといってよい。

黒田日銀のインフレターゲット策の成否にかかわるいま一つの問いは、インフレターゲットの金融政策は、きわめて特殊なゼロ金利という環境＝制約のもとにあって通用するのか、という基本的問題であった。この点でも、インフレターゲット策が有効ではない、ということになれば、アベノミクスの第一の矢としての異次元緩和は、最初から使い物にならない代物だった、ということになるだろう。そこで次に、ゼロ金利下の金融政策の有効性に目を転じることにする。

3　ゼロ金利制約下に待つインフレターゲット策の罠

ゼロ金利下に待ち受ける「流動性の罠」

金融政策が、ゼロ金利という特殊な環境のもとで、果たしてなんらかの有効な政策効果を発揮することができるのか、という問題をここで取り上げる理由は、黒田日銀の量的・質的金融緩和（異次元緩和）によるインフレターゲット策自体が、そもそもゼロ金利というきわめて特殊な制約のもとで打ち出された政策だったからである。ゼロ金利のもとにあっては、もはやそれ以下に金利を下げるという操作ができなくなったから、「金利」に代えてマネタリーベースの「量」を操作目標にした異次元緩和策が登場したわけである（量的緩和策そのものは、ゼロ金利と同様に、それ以前から採用されていたが、ここでは、アベノミクスの政策効果を問題にする関係上、過去のたとえば日銀による包括的金融緩和策〈二〇年以降〉などには立ち入らない）。そこでたとえば櫻川昌哉《まさや》（慶応大）は、端的に、「量的緩和は、名目金利がゼロに到達した段階で、さらにベースマネー［マネタリーベース］を供給して実体経済に働きかける政策である」と説明している（櫻川『金融が支える日本経済』東洋経済新報社、一五年、一五七ページ）。

ゼロ金利下で採用を余儀なくされた非伝統的金融政策（量的金融緩和策）は、しかしながら、他ならぬゼロ金利の強い制約を受けて、実は効果を発揮することができない。これがこれから検討する課題に対する結論である。

このゼロ金利下における金融政策の麻痺を、かつてケインズは「流動性の罠」と名づけた。罠（trap）というのは、名目金利がゼロかその近くにまで低下すると、貨幣（現金）を保有するか債券を保有するかの選択は意味を失い、貨幣の供給を増やしても、そのまま貨幣を保有し続けるという罠にはまりこむ、ということである。たとえば、短期資金の金利がゼロ水準に陥ってしまうと、銀行は、日銀当座預金を増やそうと、インターバンク市場で運用しようと、どちらでも変わりがないという事態が生まれる。そこで、ゼロ金利下では短資のコール市場は消滅する。なぜなら、金利ゼロではたとえばオーバーナイト（一夜）の短資金融市場は成立せず、むしろ資産の安全性を考えれば流動性の高い貨幣を保有し続けるほうが合理的な選択になるからである。そこで、先述の櫻川は、「金利がゼロに陥ると、供給されたベースマネーはそのまま資産として保有されるので、もはやマネーとインフレ率の正の相関関係は失われるのである」としている（一五八ページ）。

これは、言い換えると、ゼロ金利のもとでは、貨幣の諸機能のなかでも、先に言及した貨幣の価値保存機能が優先的にあらわれるということを意味する。ゼロ金利下にあって銀行は、たとえば日銀当座預金（ここでの準備預金利率は原則的にゼロ）に超過準備を積み上げようが、（ゼロ金利の）短期国債を保有しようが、価値保存としては同じことになる。これは、貨幣（現金）と国債の流動性は質においてほぼ同じだからである。したがって、一方が他方に転換したからといって流動性全体の量には変化は生じない。

日銀が残存期間の長い国債の買いオペをやって、マネタリーベースを増やそうとする場合にも、これと同じようなことが起こる。というのは、日銀がプラス利回りの長期国債（残存期間の長い国債）を銀行から買い取り、銀行の当座預金に超過準備を積み上げさせようとする場合、国債買いオペをできるだけ円滑に進めるために、当座預金に利子を付けざるをえなくなるからである（実際にこの超過準備への付利は〇八年以降進んだ）。そうすると、ゼロ金利下では、マネタリーベースは確かに増加するが、それがマネーストックの増加につながる経路においていわば目詰まりが起き、いっこうにデフレからの脱却は進まないということになる。つまり、「マネタリーベース→マネーストック」の変動関係が作動しなくなるのである。

後の議論のために、ここで一言追加しておくと、ゼロ金利のもとでの「流動性の罠」は、マイナス金利のもとでは、一層深刻なものになる。なぜなら、デフレ下のマイナス金利のもとでは、貨幣の価値保存機能はゼロ金利のとき以上に重要なものとなり、リスクの高い投資よりも、貨幣（この場合は現金）保有による価値保存・蓄蔵がさらに選好されることになるからである。したがって、ここでは、貨幣が蓄蔵貨幣として退蔵される分だけ投資にも消費にも刺激が働かないということになる。

「流動性の罠」を呼び起こす現代の資本過剰

なぜかかる事態が進むのか。それは、ケインズが「流動性の罠」を問題にしたときと同じ状態がゼロ金利やマイナス金利のときにも起こっている、ということである。「流動性の罠」の状態とは、一言でいえば、「資金過剰」である。資本主義のもとでの資金とは、単なる通貨を意味せず、基本的には貨幣資本の性格を持った資金だから、資金過剰は、より正確にいうと、過剰な資本の滞留ということになるだろう。このことは、ゼロ金利などという異例の事態がなぜ生まれているかを、ほんの常識に立ち返って考えてみればすぐわかることである。

ゼロ金利というのは、貨幣の貸借関係にそくしていうと、金利をゼロにしないと借り手があらわれないということ、マイナス金利というのは、借り手の側が貸し手から利息をもらえるほどに「借り得」な状態（現実には起こりえない状態）にならないかぎり資金が動かなくなっている、ということである。マイナス金利が一般の銀行預金に適用されると、預金者の方が銀行に「預金保管料」のような利息を支払わなければならない状態になるわけだから、これは貨幣がもはや利子生み資本としての機能を果たせず、将来にリターンをもたらさない「非資本」に陥っていることを物語る。マイナス金利というのは、このような実に馬鹿馬鹿しいばかりに資金が過剰化している状態をさしているのである。

貨幣資本が過剰なまでに蓄積され、したがって、これ以上投資を進めると、その見返りのリターン（利益）が見込めるどころか、逆に追加的投資によって現在よりも利潤が減るかもしれない状態に至っていることを、マルクス経済学では、資本の絶対的過剰と呼んできた。資本の絶対的過剰は、追加的投資によって利潤率が落ちる場合と、率どころか、利潤の絶対量すらもが落ち込んでしまう場合との二つの形態が考えられるが、狭義の「絶対的過剰」は後者の場合をさす。だが、実際の景気動向や不況の分析では、追加的投資がいくばくかのリターンをもたらすにしても、それによって利潤率の低下が確実に予測される場合には、追加的投資はストップし、そのために資本蓄積には「待った」がかかる。このように、資本の過剰蓄積とは、追加的投資によって利潤率ないし利潤量の低落が見込まれる場合のことをさすとしておいてよい。

この点を踏まえて、現代日本の話に戻すと、ゼロ金利およびマイナス金利の状態とは、資本の過剰蓄積の結果、貨幣資本が利子生み資本として将来のリターンを見込めない状態に陥っていることを示すものにほかならない。ただしこの場合、注意しておかなければならないのは、貨幣が利子生み資本としての機能を発揮しえなくなっていることは、利子生み資本としての貨幣に対して、市場からの資金需要が落ち込み、そのために銀行が信用創造の機能を発揮して資金需要に応える必要が減っている、あるいはなくなっている状態としてあらわれているということである。これは、前節の説明に重ねる形でいえば、マネタリーベースが増大しても、市場における実際の資金需要を反映するマネーストックの方はマネタリーベースほどのテンポでは伸びないという関係にあらわれていたものである。

異常なゼロ金利制約を呼び起こした資本の過剰蓄積

では、なぜ超低金利のゼロ金利状態にあっても、市場からの資金需要はそれほど喚起されず、したがってマネーストックも思うほどには増加せず、銀行の信用創造も振るわないで、マネタリーベースの側（だけ）が増加するにとどまっているのか。言い換えると、マネーストックとマネタリーベースの両歯車がかみ合わないまま、両車がいわば空回りするような関係になっているのか。その理由は、先に使った言葉でいうと、現実の経済が「デフレ不況」に陥っているからであるということになるが、これは、換言すると、貨幣資本のみならず生産資本、商品資本の現実資本が過剰だからである、ということである。アベノミクスを含む俗流経済学では、しばしば貨幣資本の運動する分野を「金融経済」、生産資本および商品資本の運動する分野を「実体経済」と呼ぶが、ここでは、経済学的にはより厳密な貨幣・生産・商品資本の三概念を用いて説明を続けると、過剰なのは貨幣資本だけではなく、資本の三基本形態のうちの残り二形態、つまり生産資本と商品資本も過剰であり、そのために予想利潤率が低落しているから、追加的投資等に向けた資金需要が落ち込んでいるというのが根本にある問題である。

このように考えてくれれば、黒田日銀のインフレターゲット策が標的としたデフレの背景にある問題は、まず貨幣資本の過剰、そしてその背後にある現実資本（生産・商品資本）の過剰、それによって落ち込んだ資金需要、つまりゼロ金利という超低金利であっても沈んだままの資金需要にあったといわなければならない。先（二三三〜二三四ページ）に指摘したように、新自由主義的マネタリストのデフレ対策は、大筋でいうと、一般の商品に対して通貨の供給が不足気味な場合には、通貨量が過少なためにその価値が上がり逆に物価が下がる、だから通貨の供給量を増やしてこれを逆転し、デフレをインフレに反転させなければならない、というものであったが、実は、この見方はそもそもアベコベ思考のエコノミクス、つまりアベコベミクスだったのである。

マネタリストの見立てとは反対に、貨幣（資本主義のもとでは貨幣資本）は、不足なのではなく、過剰なのである。ただし、この過剰な貨幣は、単なる貨幣としての過剰ではなく、現実資本（生産・商品資本）の過剰と連動し、それを反映した貨幣資本の過剰である点に注意しなければならない。すでに貨幣資本が過剰なところへ、いくら日銀が貨幣（＝マネタリーベース）を増やしたところで、貨幣資本を起点にした新たな資本蓄積の運動（現実的蓄積）は起こらず、空回りに終わることは明らかである。だからこそ、黒田日銀は失敗の運命をたどるのである。すなわち、日銀はこれまで、アベノミクス第一の矢としての量的・質的金融緩和策（異次元緩和）を放ち、その効果があらわれないにもかかわらず、（後の二五四ページ以下にみるように）手を変え品を変え、繰り返し所期の目標「デフレからの脱却」にこだわり続けてきたが、それは悪あがきにとどまり、結局のところ黒田総裁当人の在任期間中の目標達成を断念せざるをえなくなっていくのである。

問題が貨幣資本の過剰にあったとすれば、いま私たちがアベノミクスの直面したデフレ不況の正体を見極めるためには、いったいなぜ過剰な貨幣資本が形成されたのか、なぜ資本の過剰蓄積が進んだのか、その構造とはどのようなものか、といった諸点に目をむけなければならない。だが、ここでアベコベミクスに別れを告げ、その本筋の話にいきなり飛躍することはできない（というか、アベノミクス全体の構造を徹底的に解剖する前に、いきなり飛躍するのは手続きからいってもまずい）。いましばらく、黒田日銀の放った矢のゆくえを追ってみなければならない。といっても、なんの見通しもなく、話をつづけるのも、読者としては、なんだか肩すかしをくらったような感じになるだろうから、一点だけ、ポイントになる論点を指摘しておきたいと思う。

それは、現代日本のデフレ不況の正体を見極めるためには、少なくとも二つの視点が必要だということである。その第一は、経済のグローバル化の渦中にある諸国には共通して求められる新自由主義的蓄積の帰結をフォローする視点である。たとえば、少なくとも一九九〇年代以降、新自由主義的蓄積の論理が先進資本主義諸国を貫いてきたが、その帰結は、一言でいって、貧困・格差社会化の進行であった。そして過剰資本の形成とはこの貧困・格差社会化の進行は一体のものであった。これを第一の論点とすれば、第二に必要な視点は、グローバル化の進行が、世界各国の経済成長の構造にそれぞれ異変をもたらし、過剰資本の現われ方に違いを生み出したということである。新自由主義的蓄積が呼び起こした各国民経済の変容に結びつけて過剰蓄積の構造をつかまなければならないということである。

以上の二点を指摘しておいて、ここでは、黒田日銀によるインフレターゲット策の取り繕いに視点を戻して話を続けることにしよう。

アベノミクス・リフレ村の住民たち

これまでの話の要点は、貨幣数量説はあてはまらない、ゼロ金利下では量的緩和によるインフレ喚起は無理だということである。一言でいえば、貨幣数量説にたったマネタリズムは妥当ではないということである。本章冒頭で紹介したアベノミクス教祖・浜田宏一の変心が起こったのは、彼が遅ればせながらこのことにやっと気づいたということを意味する。マネタリズムの誤りの原因は、第一に、資本主義経済のもとでは、そもそもマネタリーベース（ＭＢ）とマネーストック（ＭＳ）の関係は、「ＭＢ→ＭＳ」ではなく、「ＭＳ→ＭＢ」の関係が基本だということ、第二に、「ＭＳ→ＭＢ」の関係をみるときにも、資本主義のもとでは、貨幣の動きは貨幣資本としてのそれ、とりわけ利子生み資本としての運動として把握しなければならないという点にあった。資本主義経済の通貨は貨幣資本としての運動、金融市場では利子生み資本としての運動に規定されており、したがって、貨幣が過剰となり、金利がゼロ近傍まで下がったときには、ケインズのいう「流動性の罠」に陥ってしまい、金融政策の麻痺化が進むことになる。ここでは、ゼロ金利下での量的金融緩和によるインフレターゲット策は成果をあげることなく、不毛の策に終わる。こうした論点を前節ではみてきた。

いま一つの問題は、異次元緩和がゼロ金利下で進められたということであった。ゼロ金利のもとでは、いわゆる流動性の罠と呼ばれる事態が発生する。より正確にいうと、ゼロ金利下では、日銀は金利操作を手段にした金融政策を進めることができなくなったから、「金利」ではなく「量」に政策手段を移したのであるが、実は、金利ゼロという異常な低金利状態のもとでは、金融政策が麻痺してしまうという「流動性の罠」が潜んでいたのである。「流動性の罠」という概念はケインジアンのものであるが、あまりに低い金利水準のもとでは、将来の金利上昇（債券価格下落）予想が支配的になるために、資産家の投資は進まず（これを「投資の利子率弾力性の低下」と呼んだりする）、金融緩和はただ現金の保有・退蔵を促進するにとどまることをさす。端折っていえば、ゼロ金利のような資金過剰のもとでは、投資が進まず、資金需要も低迷して、マネーストックも伸びなくなるということである。

これらの点を踏まえていうと、黒田日銀のインフレターゲット策は、その出発点において、第一のボタンの掛け違えを犯してしまった、ということである。なぜなら、「異次元緩和」の名による量的金融緩和策は、最初から標的を射貫くことのできないアベコベミクスの射手によって放たれた矢だったからである。

黒田日銀は、そもそも異次元緩和に着手する時点において、第一のボタンの掛け違えをやってしまった。だから、こういう場合には、本来であれば、出発点に立ち戻って、掛け違えた第一のボタンを掛け直し、金融政策の舵取りを根本から切り換えるべきであったのだが、アベノミクスの世界は「リフレ村」の住民から構成されているために、そう簡単に「リフレ信仰」に凝り固まった村人の宗旨を変えるというわけにはいかなかった。リフレ村には、マネタリズムという伝来の氏神に対する信仰がある。とはいえ、「日本リフレ教」の信者の大半は、世間で「アメリカ出羽守《でわのかみ》」と呼ばれる人々である（念のため、「アメリカ出羽守」とは、何かことあるたびに、「アメリカではこうだ」「アメリカではあだ」とアメリカを引き合いにする「アメリカ＝本場主義者」をさす）。アメリカに支配的な主流経済学は生来プラグマティズムに染まりきっているから、宗教にたとえていえば、一神教ではなく、日本の八百万神信仰とまではいかなくとも、少なくとも多神教である。多神教としての「日本リフレ教」のもとでは、実際のインフレターゲット策にマネタリズムが役に立たないとなれば、別の信仰に乗り換えたところで、特に異端視されるというものではない。そこで登場したのが、マネタリスト・アプローチではなく、「期待理論」と呼ばれる新手の教義であった。

なぜここで、「リフレ村の民」だとか、かつての「氏神様」に代わる新手の宗旨の登場などと揶揄していうかといえば、黒田日銀のインフレターゲット策を引っ張る「理論」が、いかにも宗教色に染まっているからである。「宗教っぽい」わけである。金融論専攻の池尾和人《かずひと》は、インフレターゲット策の背後にある考え方は「経済心理学的な研究」だと説明している（池尾『連続講義　デフレと経済政策』日経BP社、一三年、三八ページ）。私は、池尾とは立場は異にするが、経済学の門を叩いておよそ五〇年近くの間、「経済心理学」という「学問」領域があるなどという話は、池尾の指摘で初めて知った（もっとも、男女の心理差だとか生物学的差、諸個人の嗜好、価値観等の違いなどを「経済学」なるものを用いて説明しようとする例に、たとえば大竹文雄『競争と公平感』中公新書、一〇年において、出くわしたことはあるが、率直にいって、これは到底「学問」「科学」の部類に入るものではなく、私などには読むことそのものが、苦痛きわまりない作業であった。ここで大竹の本にふれたのは、彼は一言でいうと、「無邪気な新自由主義者」とでもいうべきことを、そこで述べているからであり、前著『日本の不平等』では、新自由主義による格差・貧困社会化の進行を否定する側にまわって、事実上、新自由主義的構造改革推進の役割を果たしたからである。この点については、二宮厚美『格差社会の克服』山吹書店、〇七年を参照）。ただ、ここでいう「心理」とは「宗教心」のようなもので、「学」と呼ぶに値しない非合理的な「信念」の類いにすぎない。

インフレターゲット策に対する「クルーグマンの罠」

池尾が、黒田日銀のインフレターゲット策を「経済心理学」に引き寄せて把握している理由は、この政策が人間の「期待＝主観＝心理」に依拠していることによる。心理学的インフレ待望論とは、まず、国民が日銀のインフレ目標達成に向けた政策、構え、信念等に対して信頼を寄せ、自らのインフレ期待を高める、そうすれば実際に期待どおりのインフレが実現することになる、というものである。ここでは、ターゲットとしてのインフレが実現するかどうかは、国民の「期待＝主観＝心理」次第による。竹中平蔵は、これを期待の自己実現とよんだが（二六〇ページで後述）、池尾はこうした「インフレターゲット論」を日銀の「気合い」でインフレ期待を高めて、期待どおりに目標インフレ率を実現しようとするものだ、と批判した。私は、「気合いさえ入れれば信じてもらえるというのは、信仰の表明ではあっても、とうていロジカルな主張だとは言いがたい」（池尾、前掲、二八一ページ）とする彼の批判に、諸手をあげて賛同する。かかる「期待理論」は、まさに「信仰の表明」ではあっても、到底「ロジカルな主張」とも、「学問的」とも、まともな経済学だともいえたものではないだろう。いささか手厳しくいえば、これは一種の知的頽廃を物語るものでしかない。

なぜ、こうした手厳しい言い方をするかといえば、この「期待頼み」のインフレターゲット策の元祖がクルーグマンだからである。彼はノーベル経済学賞の受賞者として、また一流の経済学者として知られた国際的著名人であり、それだけをとりだせば、一介の経済学徒に過ぎない私のような者が「知的頽廃」などと批判すれば、一笑に付されるのが落ちだろう。だからといって、ノーベル経済学賞の権威だけで、その受賞者の発言すべてを無条件に受け入れることはできない（そのようなことはそもそもノーベル賞の精神に反する）。とりわけ、ノーベル賞のなかでも経済学賞は、他の分野のノーベル賞とは比較にならず、厳密な意味での「経済科学」（社会科学としての経済学）の発展に貢献した人物に与えられるといったものではない（このことは経済学ではほとんど常識に属する）。さらにいえば、クルーグマンの時論的発言には、特に日本経済にかかわる発言に関しては、率直にいっていい加減な判断にもとづくものが多い（たとえば、小泉構造改革やアベノミクスに対する肯定的評価・判断部分については、実にまゆつばものであることが多い。その例はクルーグマン『危機突破の経済学』〈ＰＨＰ研究所、〇九年〉『恐慌の罠』〈中央公論新社、〇二年〉文芸春秋編『アベノミクス論争』〈文春新書、一三年〉）。

ところが、日本の「アメリカ出羽守」諸氏は、ノーベル賞の権威に滅法弱く、クルーグマンの発言となると、一種の「お告げ」のように受け取る。だが「お告げ」は、なんにつけ、いかにもあやしいというのが世の常である。

実は、元祖クルーグマンのインフレターゲット策に対する「お告げ」は至極単純なものであった。すなわち要約していうと、ゼロ金利下では、ケインズのいう「流動性の罠」にはまり込むから、インフレを達成するには、中央銀行がマネタリーベースを増大して、インフレ期待を高めるほかはない、これが「お告げ」のポイントであった。「流動性の罠」にはまりこんでしまうと、金融政策が麻痺化するということは、ここでもすでに確かめてきたことであるが、クルーグマンもいったんはこの金融政策の麻痺化を認める。だが、それでも、中央銀行が量的金融緩和策（＝非伝統的金融政策）に確固たる決意を示し、あきらめることなくひたすら期待インフレ率を高めることに努力する――この期待に対する中銀の誘導・操作・管理によってやがて消費者物価が上昇し、投資・消費も活発化するというのである。だから、中銀が断固たる決意と構えをもってインフレターゲット策を掲げ、量的緩和を徹底していくかどうか、これがすべてを決するということになるわけである。

いま少し立ち止まって考えてみれば明らかなように、このようなインフレターゲット策の論理でもっとも肝心な点は、「量的金融緩和によるインフレターゲット策の提示」がいかなる論理を通して「期待インフレ率の上昇ないしインフレ期待の高まり」を呼び起こしていくのか、その経路はいかなるものか、という点にある。この経路を「量的金融緩和↓マネタリーベースの増加↓マネーストックの増加→インフレ」という推論で構成しようとしたのが、すでにみたマネタリストであった。だが、この推論は成立せず、実際に、こうした経路でインフレターゲットの達成を期待した現代日本のリフレ派は失敗に終わった、ということはすでにみてきたとおりである。クルーグマンとてマネタリストではないから（彼はもともと反マネタリズムである）、かかる経路でインフレが実現できると考えたわけではない。「流動性の罠」に入り込むと金融政策が効かなくなることは先刻承知なのである。そこで、行き着いたのが、「中銀の断固たる政策堅持が世間の期待を変える」という「期待管理理論」なのである。これは「流動性の罠」から逃れるためにいわば「クルーグマンの罠」を準備しようとしたに等しい。

このような経過を認めて、日銀出身の早川英男（富士通総研）はこういう。「リフレ派がマネタリーベースの役割を強調しようとしても、今では『マネタリーベースの増加がマネーストックを増やして物価上昇につながる』と言えなくなった以上、『インフレ期待に影響を及ぼす』と言う以外に途がなくなってしまったのである」（早川『金融政策の「誤解」』慶應義塾大学出版会、一六年、一三一～一三二ページ）。この説明は、金融政策が効かなくなったから、期待に頼るほかはなくなったと解説している点で、本書の見方とほぼ同じである。そうだとすれば、問題は、これも早川が指摘するとおり、インフレ期待がどのように形成されるかに関する明確な理論的見通しがあるのかどうか、ということになる。これに対する彼の判断はきわめて明快であって、「マネタリーベースの増加が期待インフレ率に与える影響については、その目安すらなく、結局のところ気合いで決める以外にないのである」というものである。「気合いで決める」というのは明快どころか、きわめて非合理的な根拠を示すものでしかないが、早川の説明自体はきわめて明快である。これは、先述の池尾が「気合い」によって期待を変えるというのはおよそロジカルとはいえないと指摘したのと同様に、実にロジカルな説明だといってよい（早川は端的に「『マネタリーベースを増やすと期待インフレ率が上がる』という根拠は理論的にも実証的にも存在しない」〈前掲書、二〇三ページ〉と断言している。星岳雄《たけお》〈スタンフォード大、東京財団理事長〉はこういう。黒田日銀のそもそもの新しさは、「量的・質的金融緩和によりデフレから脱却できるという信念を明確にしたことが最も重要だった」〈「日経」一六年九月三〇日〉。つまりは、リフレ村はこの信念で結束する一種の宗教集団みたいなものだということである。だが、信念こそが世の中を変えると思うのは、「リフレ教団」の人々だけである）。

いま一人の論者を例にあげてこの点を確かめておくと、湯本雅士は、インフレターゲット論の論拠上の変容を説明して、概要「黒田緩和論はマネタリストアプローチそのもののようにみえるが、最近は『期待』理論の影響でかつての議論が変わっている」と解説した（湯本前掲、『金融政策入門』二二六ページ）。本章でこれまでにみてきたように、アベノミクス第一の矢はマネタリズムからクルーグマン流の「期待理論」に論拠を移してきた、ということである。この「理論」にいう「期待」とは、もはやいうまでもなく、「合理的期待」ではなく、内容からみればきわめてあやしげな「宗教的期待」の一種にすぎない。なぜなら、札付きの日本型新自由主義者竹中平蔵によれば、それは「自己実現する力をもっている」期待のことであり、世間でいう「鰯の頭も信心から」の信心に類するものだからである。竹中は、「いまだに日本では、エクスペクテーションが実体経済を動かすという現実を見逃して議論している人が多いように思います」と悔しがっているが、「鰯の頭」ならぬ「竹中の頭」「黒田日銀の頭」に信心を寄せる人が、幸いにも日本に多くいないことは確かである（竹中『ニッポン再起動』ＰＨＰ研究所、一三年、四七ページ。翁が、原田泰編『徹底分析　アベノミクス』で「日本銀行が行っているマネタリーベースの増大は、それ自体として物価を上げる効果はほとんどなく、インフレになるという自己実現的期待に依拠している」〈二ページ〉と述べているように、現実的効果ははなはだあやしげな期待にすぎない。これは翁や野口悠紀雄《ゆきお》が指摘するように、一つの偽薬効果を期待するものにほかならない〈野口『金融政策の死』日本経済新聞出版社、一四年参照〉）。

日銀の「お告げ」を補完するバブル狙いの期待誘導策

竹中が悔しがるのは自由だが、いくらなんでも日銀の「お告げ」や「気合い」が人々の期待を変え、その期待が自ずと具現化して、インフレが起こるというのは無理、あまりに非論理的である。そこでというわけではないが、実際には、日銀は「自己実現的期待」を誘導するような諸政策（つまり、系譜上は非伝統的な政策）を用意してきた。

それは、日銀政策委員会審議委員を務めた白井さゆり等によると、二つにまとめられる（白井さゆり『超金融緩和からの脱却』日本経済新聞出版社、一六年、および早川、前掲書、参照。ただしここでの論点は、両人の議論を私なりにまとめたものである)。一つはフォワードガイダンス、いま一つはポートフォリオ・リバランス効果の誘導である。ただこれらは、金融政策上のテクニカル・タームであるし、結論的にいえば、資産価格の引き上げを狙ったものだから、本書の性格からみれば素通りしてもよいのだが、行きがけの駄賃ということもある。参考のために、少しばかり立ち入っておこう。

第一のフォワードガイダンスというのは、日本語では「時間軸政策」と呼ばれているものであるが、金融業界にはとかく、このような言葉だけではなんのことかわからない用語が多く出てくる(言葉からして意味に明瞭さを欠く概念はおよそ当たらないものである)。フォワードガイダンスというのは、「先行きの政策指針をさし示すこと」を意味するが、これが時間軸政策と呼ばれるのは、例をあげていうと、日銀が将来にわたる一定の時間軸(たとえば二年間程度)をとって金融緩和を持続し、その期間中の低金利を固く約束する政策のことをさすからである。ポイントは、日銀がある時期まではと時間軸を明示して金融緩和を続けることを強く約束する、つまり政策態度と期間とを明確にして堅持する点にある。そうすれば、将来も低金利やゼロ金利が約束されるわけだから、短期金利だけではなく、長期金利も下がり、資産価格が上昇する。資産価格の上昇は投資・消費の引き上げ、したがってインフレを呼び起こす、というわけである。

証券・債券や不動産といった資産価格には、タームプレミアム(リスクを長期間にわたって抱え込むことから生じる超過利回り要求)とリスクプレミアム(リスクの高さを反映して決まる超過利回り要求)の二つがあり、このプレミアムが高いこと(高利回り要求)はそれだけ投資を阻害する。フォワードガイダンスというのは、低金利を一定期間続けることを強く約束して長期資産金利のこのタームプレミアムを減らしてやる効果を期待するというものである。日銀が直接に長期国債の買いオペを進め、長期金利を抑え込むというのも、タームプレミアムを減じる方策である。

これに対して、リスク性資産のリスクプレミアムを減らして、長期金利を下げ、資産価格の引き上げをはかる政策も考えられる。これが、黒田日銀の打ち出した異次元緩和のうち「質的緩和策」と呼ばれたものである。量的緩和にあわせた質的緩和というのは、たとえば、国債だけではなくＥＴＦ（上場投資信託）、Ｊ－ＲＥＩＴ（不動産投資信託）等のリスク性資産を日銀が購入し、それらのリスクプレミアムをつぶしてやる政策である。これによって、金融市場全体にポートフォリオ・リバランス効果が行き渡るというのである。ここでまたもや、金融・証券に馴染みの薄い人にはわかりにくい「ポートフォリオ・リバランス」という言葉が出てきた。煩わしいだろうが、念のため、一言説明をはさんでおく。

まずポートフォリオとは、金融・証券業界の言葉では、個人や法人が保有する証券・債券等の金融資産の組み合せを表示したもの、その構成を示す一覧表をさす。したがって、ポートフォリオの変化（リバランス）とは、保有する証券・債権の割合を変えること、たとえば国債・社債等の保有割合を減らして株式の割合を増やすといった変更のことを意味する。いま日銀が、国債やＥＴＦの買いオペを進めるとすれば、まず、国債を売った金融機関のポートフォリオにおいて、国債保有額の減少が起こるが、同時にリスク性資産のリスク・プレミアムが抑えられているから、その金利水準が低下し、国債の販売代金等がそれらの比較的リスク性の高い資産への投資にまわる。そうすると、日銀の量的・質的金融緩和策によって金融機関のポートフォリオに変化（この場合には、長期資産、リスク性資産の保有割合の増加）が起こることになる。さしあたり、こうした金融機関等の保有する資産構成の変化がポートフォリオ・リバランスと呼ばれる事態である（実際にポートフォリオ・リバランス効果が働くかどうかについては、論者によって、意見がわかれる。たとえば、建部正義《たてべまさよし》〈中大名誉教授〉や本書で取り上げた池尾は否定的であり、白井はＦＲＢ〈連邦準備制度理事会〉の経験などを例にして部分的効果に限定して認めるというものであるが、これまでのところ、全面的に認める見解はあらわれていないように思われる）。

このようなフォワードガイダンスやポートフォリオ・リバランス効果を狙った政策は、言い換えると、バブル狙いの政策だと把握することができる。日銀が短期金利のみならず、長期金利の低下を意図した政策を推し進めたり、またリスク性資産のリスク・プレミアムをつぶして株式や信託証券の引き上げを図るということは、要するに資産価格の膨張を狙ったバブル喚起策に走ったことを意味する。バブル狙いの政策とは、日銀にとって、そもそも常軌を逸した禁じ手だったはずである。まともな中央銀行であれば、証券バブル等は抑制の対象ではあっても、促進・扇動する課題ではない。もしバブル化によってインフレに火がつくようなことになれば、過去に経験したバブル経済とその破裂と同様の事態が再来することが予想されたが、ある意味で幸いなことに、これまでのところ、そういう破局的事態にはいたらずにすんでいる。つまり、金融政策としては、アベコベというべき政策課題を掲げたアベコベミクスは幸いにも「成功」していない。ただここでは、実際の経過がどんなものであったかは本筋の話ではないから、三点だけを指摘して、インフレ期待の話に戻ることにしよう。

第一。資産価格の引き上げによってインフレに火をつける日銀の政策は、部分的なバブルを呼び起こしはしたが（たとえば株式・住宅のミニバブル）、全体としては狙いどおりには進まなかったことである。大筋として、「量的・質的金融緩和↓時間軸プラスポートフォリオ・リバランス効果↓資産価格の膨張↓バブル化によるインフレの進行」という流れは起こらなかった。これは、いうまでもなく、黒田日銀の異次元緩和策は、インフレターゲット策として実を結ばなかった、ということの確認である。

第二は、それにもかかわらず、円安下で、外資中心のミニバブルが株式・不動産市場で発生した、ということである。ただし、これは黒田日銀の計算通りに進行したことを意味するものではない。安倍政権以前から進んでいた円安、ＥＵのユーロ危機、原油安等の国際的条件、世界的規模での資金過剰といった特殊な環境とアベノミクスの相乗効果が一三年から一四年にかけて、外資主導による株価の上昇をもたらしたということであって、黒田日銀の目論見がそのまま実現したという意味ではない。にもかかわらず、株価や大都市部における地価の上昇は、資産効果による消費を刺激し、それなりに安倍政権に対する政治的支持率を維持することに貢献したことは確かである。安倍政権そのものが、絶えず、株価動向を気にした政策運営をとってきたこともあって、一時期、ミニバブルといってよいような資産価格の上昇が起こったのである。

第三は、本格的なバブル化に至らなかったのは、そもそもアベノミクスが新自由主義的蓄積に立脚し、格差・貧困社会化を進め、その結果として、バブルの餌食になる大衆層をバブルの渦に巻き込むことができなかったことによる。バブルというのは、低所得層にいたるまでに大衆をバブルのユーフォリア（熱狂）に組み入れることが必要である。たとえば、一九八〇年代末の日本のバブルは広範な大衆層を株・土地バブルのなかにおびき寄せた。ミレニアム期アメリカのＩＴバブル、その後のサブプライム・ローン発の住宅・証券バブルも、同様に、低所得層にまでおよぶ大衆を巻き込んで進行したものである。というのは、バブルというのは、芝居でいえば、富裕層が大衆の資産を巻き上げて終わる悲劇を主題にした舞台にほかならないからである。

バブルの惨劇における主人公は、ほとんどの場合、なけなしの資産をすっからかんになるまで巻き上げられる大衆である。ところが、新自由主義的蓄積が進むと上下間の富の格差があまりにも極端化するために、肝心の大衆層はそもそもバブルの舞台に上がることができず、バブルの悲喜劇そのものが進まなくなるのである。だから、先進国では、過剰資金の増加というバブルのための必要条件は揃っても、バブルで資産を巻き上げられる大衆層が乗ってこないために、かつてのようなバブルは再来しなかったのである。

あとでみるように、新自由主義的蓄積は、バブルとデフレの奇妙な同時進行という事態を絶えず呼び起こす傾向を生むが、しかし、それは一定のバランスのもとでである。格差社会が極端化すると、過剰資金という必要条件は満たされても、大衆レベルでは貧困化が進行するために、彼らのバブルへの組み入れという十分条件は形成されなくなるのである。

4　インフレターゲット策の失敗に対する黒田日銀の開き直り

「合理的愚か者」の虚構にすぎない期待インフレ率

以上の点を確認して、次に、黒田日銀の期待に依拠したインフレターゲット策の始末記に立ち戻ることにしよう。まず「気合い」や「鰯の頭も信心から」に依拠したターゲット策はもはや意味をなさないこと、これを最初の掛け違えたボタンのところに立ち返って確認するところから再開しよう。

問題は、黒田日銀がインフレ期待を引き出すこと、言い換えると期待インフレ率の引き上げを図るようになったのはなぜか、という点に遡る。出発点は、ゼロ金利という前提条件にあった。ゼロ金利下で、なお投資・消費を活発化し、将来のインフレ期待を引き出すためには、実質金利を名目金利のゼロ以下に引き下げること、つまり実質金利をマイナスにしなければならない。というのは、名目金利についてはこれをゼロ以下のマイナスにすることはできないという「ゼロ金利の制約」下に日銀が置かれているからである。名目金利ゼロ下において実質金利をマイナスにするためには、期待インフレ率を高める以外に手はない。それは「実質金利＝名目金利－期待インフレ率」の関係式が成立することによる。この関係式のもとでは、名目金利がゼロ水準であっても、期待インフレ率をプラスに転じれば、実質金利はマイナスの水準に抑えこむとができる。そうすれば、投資や消費にそれだけ刺激が働く。この見通しで、日銀は期待インフレ率の引き上げにむかったのであった。

だが、日銀が想定した期待インフレ率引き上げの経路は、日銀のインフレ目標をひたすら世間に信じてもらうこと、いわば日銀への信心を強めること、というおよそ非科学的な「期待論」にすぎなかった。実は、そもそも期待インフレ率という概念そのものがいかがわしい代物なのである。

いったい「期待インフレ率」とは何をさすのか。言葉どおりに解釈すれば、将来に予想・期待するインフレ率さす（この場合には消費者物価上昇率）。ここで最初に問題となるのは、一定のインフレ率を期待する主体とは何者か、ということである。期待は主観に属することだから、その主観を抱く主体がまずは問われる。つまり、いったい誰が一定のインフレ率を期待するというのか、その主体が問題にならざるをえない。インフレターゲット論者が想定するその主体とは、つきつめていうと世間一般である。あるいは市場社会の全構成員である、としかいえない。というのは、私の知る限り、インフレターゲット論者の誰一人として、この「誰が？」という問いに答えていないからである。だから、市場社会一般が抱く期待インフレ率としかいいようがないわけである。

だが、一口に市場社会の構成員あるいは世間の人々といっても、将来に予想するインフレ率などというものは、各自各様であって、一律ではない。しかも、世間の多種多様な人々が抱く予想・期待とは、いかなるものであれ、主観的なものであり、かつ時々刻々変化するためから、確かめようがない。そのうえ、一口に世間一般の期待インフレ率といっても、それが市場社会の構成員すべての期待を集合し、どのようにして形成されるのか、という点は一切明らかではない。つまり、期待インフレ率とは現実には何をさすのか、よくよく考えてみれば、正体不明な概念なのである。

マネタリズムに批判的な吉川洋《ひろし》（元東大、現立正大）も、この問題点に着眼している。彼曰く、黒田日銀のインフレターゲット論に登場する人物は「貨幣数量説を信じるただ一人の代表的消費者モデル」だけである（『日経』一六年一一月二九日「経済教室」記事）。この皮肉をこめた指摘は、アベノミクスが放つ矢とは違って、まさに的を射たものであると私は思う。フォワードルッキングといった日銀の金融政策に対して、仮に高い信心を持って将来の物価を予想する人がこの世にいるとしても、それは実に多種多様な群衆のなかのごくわずかな部分にすぎない。このことは、ほんの一日だけでよい、商店街に出かけて、買い物客の様子や表情を眺めるだけで、すぐにわかることである。スーパーに出かけて、黒田日銀の「気合い」や「期待インフレ率」の屁理屈に依拠して将来の物価を語りでもすれば、一笑にふされるのが落ちだろう。大衆の期待はなんにつけ、多種多様であって、一律には決められないのである。ところが、インフレターゲット論の世界に登場するのは、吉川の指摘するとおり「貨幣数量説を信じるただ一人の代表的モデル」だけであり、しかもこれは実際の市場でみつけることはまず不可能に近いモデルである。かかる架空、虚構の理屈が現実化するはずはあるまい。私などは、率直にいって、かかるインフレターゲット論にうつつをぬかすエコノミストたちに言い様のない「合理的愚か者」（A・セン）の知的頽廃を感じざるえない。「ムチムチの安倍」をとりまくのは、こうした「合理的愚か者」なのである。

期待インフレ率に依拠した現実離れの物価形成論

吉川は、先の指摘に続けて、「金融政策の目標に照らして問題となるのは、あくまでも個々の企業や家計の持つ将来の物価変化率に関する期待だ」と指摘する。つまり、インフレターゲット策にいう物価の引き上げは、生鮮野菜やエネルギー価格を除く消費者物価の引き上げのことをさすわけだから、現実の具体的な市場価格とその変化率を問題にしなければならない、ということである。一般の消費者は、実際の市場において、日銀の金融政策を考慮しながら物価を予想しているわけではない（恐らくは一〇〇人の消費者のうち、「期待インフレ率」を頭に浮かべて市場に出かける人は一人以下だろう）。かかる初歩的なことをあらためて指摘しなければならないほどに、期待インフレ率に頼るインフレターゲット策は、およそまともな議論とはいえないわけである。

物価動向を考えるときには、まず、たとえば製品を生産し、販売する側の企業は、自らの商品を売りに出すときに、どのように価格を設定しているか、また、日常の生活に不可欠な加工食品や衣料品の価格は実際の市場において、どのような水準におさまっているのか、といったことを考えなければならない。価格が当該社会の通貨数量によって決まるとか、まして世間の期待インフレ率次第で上下する、と考えるような人はまずいないといってよい。先の吉川も、再び皮肉まじりに、「将来価格が上昇すると期待されるからという理由で、コーヒーや鋼板の価格を上げる売り手はいない」とする（ちなみに、彼の論旨は、企業の価格決定要因は生産費にあるというものである）。

筆者は、たまたまこの原稿を書いている最中に、当面のマーケティング策に対するユニクロ経営者柳井正の発言を新聞で読んだが、それは「『損はしたくない』という雰囲気が広がってきた。できるだけ安く、エブリデー・ロープライス（毎日低価格）でやっていくことが必要」というものであった（「朝日」一七年二月一四日）。ユニクロトップの柳井は期待インフレ率にそってプライシングを進めているわけではないということである。同紙には同時に、二歳の双子を育てながら都内のＩＴ関係で働く女性（三四歳）が、「この三～四年で景気が良くなった実感は全くない。給料が増えたとしてもいつまで続くか分からず、子育ても考えて貯蓄に回す。ベアで数千円上がったって、結局消費税率が上がってチャラ」という声が掲載されている。消費者側も、こうした自分の財布と相談して判断するというのが現実であって、クルーグマン先生のいう「期待インフレ率」にしたがって価格が動いているわけではない。いま一人、都営住宅があり一人暮らしの高齢者や年金受給世帯の多い地域（江東区）にあるスーパーの店長は、「年金支給日の一週間前になると客足が減る」という。年金支給日の一週間前には客足が落ちるという厳しい現実が、日々の市場物価を決めているのである。

日銀がインフレ期待を引き上げるというのであれば、こうした市場における実際の企業や家計の物価に対する予想・期待がどのようなものであるかを問わなければならないはずである。現に、インフレターゲット論を信奉する「経済学者」であっても、たとえば大学の一般教育を受け持って現実の物価形成・動向、変動のメカニズムを教えるときには、期待インフレ率を中心にした荒唐無稽というべき議論などは問題にせず、常識的な「ミクロ経済学」を語っているのである(むろん、念のためにいっておくと、ここで「ミクロ経済学」なるものを正しいといっているのではなく、「気合い」だとか「期待」で物価が決まるわけではないことを述べているにすぎない)。だから、実際には、この期待インフレ率に働きかける金融政策は空回りに終わった。消費者物価は、日銀の金融政策によって決まるのではなく、別の要因で決まり、したがって、インフレターゲット策は、ほぼ完全といってよいほど失敗に終わり、異次元緩和後四年以上たって、なお「二年間で二%の物価上昇率」は実現することはなかった。そして、黒田日銀もこの失策を、一六年九月「総括検証」において、一応認めるに至った。だが、失策を認めたとはいえ、黒田日銀の総括検証は往生際が悪いというか、安倍政権と同様に、なんとも潔さを欠くものであった。この点に目をむけて本章をしめくくることにしよう。

往生際の悪い黒田日銀の責任転嫁論

一六年九月、期待インフレ率と実際の物価動向に関する黒田日銀の総括は、インフレターゲット策が功を奏さなかった理由を三点にわたって説明した(日銀「総括検証」)。

第一は、二％の物価上昇目標を達成することができなかった理由をインフレターゲット策そのものではなく、別の要因に求めたことである。黒田日銀は、まず期待に働きかけるインフレターゲット策によってデフレではなくなった、と評価する。つまり、日銀の目論見や政策そのものに誤りがあったとはみなさず、それなりに成果を収めたとする。そのうえで、所期の目標インフレ率二％を達成することができなかった理由は、見込み違いによるものではなく、期待インフレ率を下げるような他の外的要因が働いたことにある、としたのである。

外的要因というのは、①原油価格の下落、②消費税率引き上げによる需要の弱さ、③新興国経済の減速、国際金融市場の不安定な動き、といった物価下押し圧力のことである。これらの諸要因が働いて、実際の物価上昇率は低下した（後に判明したが、一六年は前年比で〇・三％下落した）。これは、日銀が、物価上昇率目標が未達成に終わった原因を政策そのものにではなく、他の外的要因に求める責任転嫁論に立ったことを意味する。

第二は、責任転嫁論を根拠づけるために、期待インフレ率に依存したインフレターゲット策の理論的誤りを認めず、むしろ正当化に走ったことである。日銀は、期待インフレ率が上昇しなかった理由を説明して、上記の外的要因の作用とともに、「もともと適合的な期待形成の要素が強い予想物価上昇率が横ばいから弱含みに転じたこと」、これが主な要因だと説明した。ただ、この説明を読まれた読者の多くは、日銀がいったい何をいっているのか、よくわからないと、とまどいを覚えるのではないか。というのは、この説明のキーワードである「適合的な期待形成」の意味を理解する人はそう多くはいない、と思われるからである。筆者も、最初、この言葉の意味をすんなりとつかむことができなかった。

話は少し脇にそれるが、前にも指摘したように、日銀の使う「業界用語」には晦渋《かいじゅう》なものが実に多い。不必要なまでに難解であり、普通の市民が近づくのを意識的に遮断しているのではないか、と疑りたくなるほどに不可解なものが多く登場する。これまでに本書で使用してきた事例でみると、たとえばフォワードルッキング・ガイダンス（その日本語版としての時間軸政策）、イールドカーブ、ポートフォリオ・リバランス等は、経済学徒でも金融を専攻する者以外には難解な言葉の類いである。とはいえ、これらの言葉は、正確には理解できなくとも、ある程度その意味を想像することはできる。だがしかし、「適合的な期待形成」の言葉となると、いきなりそういわれて、すぐにその具体的意味内容が想像できるだろうか。普通の人にはできないと思う。なぜなら、「適合的」というのは、何か中心になるような基準だとかベースがあって、それらの基になるものに適合する、従う、適応するといった場合に使われる言葉だから、肝心の「何に適合するのか」がはっきり示されないと、その意味は理解しがたいからである。日銀は、公共機関のなかでもトップクラスの国民的公的セクターなのだから、素人を寄せつけない、エリートの思い上がりによる言葉使いを根本からあらためるべきだろう。

話を戻して、「適合的な期待形成」の意味をただしておこう。この場合、「適合的」というのは、一般的にいうと、「過去からの事実経過に適合的な期待」ないし「これまでの現実的傾向に適応した期待」といった意味である（と思われる）。そこで、この「適合的な期待形成」の意味合いを期待インフレ率に当てはめて理解してみると、それは「過去からの実際のインフレ率に適合した期待の形成」のことをさすということになる。したがって、黒田日銀のいう「もともと適合的な期待形成の要素が強い予想物価上昇率が横ばいから弱含みに転じた」とは、「日本では過去から続いてきた現実の物価動向に強く影響されて物価が予想されるために、実際の物価が外的要因によって下がっていくと、それに引きずられるように期待インフレ率も上がりにくくなってくる」ということを意味する。もっと手っ取り早くいえば、「適合的な期待形成」とは「現実の物価動向に依拠した将来の予測や期待」ということである。

このように考えれば、恐らく読者の大半は、「適合的な期待形成」とは、普通の人々が将来を予測するときにとる、しごく当たり前の態度をさすと理解するのではあるまいか。普通の市民は、たとえば一年先の物価を予想する場合、過去一年ばかり前からの実際の物価動向を有力な判断材料にして将来を予測する――このような「適合的な期待形成」に重大な問題があるようには（少なくとも私には）思われない。だが、黒田日銀はそうとは考えない。

話をわかりやすくするために、インフレターゲット策で掲げられる二％インフレ率への期待をここで「合理的期待」と呼び、一般の市民が実際に採用する期待を「適合的期待」と呼んでおくことにしよう（ここで「適合的期待」と「合理的期待」とを分けたのは、白井前掲書〈一八七ページ〉の説明を借用したものである〈ただし白井は「適合的期待」を「適応的期待」の言葉に置き換えて説明している〉）。黒田日銀が主張していることは、日銀が思い切った異次元緩和でインフレターゲット策を打ち出したにもかかわらず、日本の国民は、日銀の掲げる目標インフレ率に則った「合理的期待」形成に向かうことなく、過去からの因習的な「適合的期待」に引きずられるままに終始した結果、二％のインフレ率を達成するにはいたらなかった、ということである。端折っていえば、黒田日銀の期待インフレ率の引き上げに依拠したインフレターゲット策は合理的であり、理論的にみて正当なものであったが、日本の国民はこの正当な「合理的期待」にではなく、過去からの因襲を反映した「適合的期待」に引きずられた、そのために日銀の思い通りに国民が動かず、「合理的な期待」も形成されることなく今日に至った、ここに問題がある、というわけである。

黒田日銀のインフレターゲット論の理論的誤りにではなく、その「理論」通りに期待を抱かず、動きもしなかった国民の側に責任があるとは、いやはやなんとも不遜な話ではないか。これを敷衍《ふえん》すると、アベノミクスどおりに国民が動かなかったからアベノミクスの目論見が実現しなかったという話になる。黒田日銀は、晦渋な業界用語を使って、あきれるばかりの責任転嫁論をぶったわけである。

さて第三は、インフレターゲット策の延命をはかるために、異次元緩和の効果は短期的なものではなく、長期的なものであると弁明したことである。換言すると、黒田日銀は、インフレターゲット策が失敗に終わったことを外的要因のせいにし、その責任の所在を国民の「適合的期待」に転嫁したあげくに、最後、異次元緩和とインフレの関係はもともと長期的にあらわれるものだと開き直った。この開き直りを、「総括的検証」の言葉をそのまま使っていうと、こうなる。「マネタリーベースと予想物価上昇率は、短期的というよりも、長期的な関係を持つものと考えられる。したがって、マネタリーベースの長期的な増加へのコミットメントが重要である」。恐れ入谷の鬼子母神、とはこういう時のための言葉である。

ここにみる日銀の「開き直り」は、驚くべき居直りというか、フーテンの寅であれば、さしずめ「見上げたもんだよ屋根屋の褌《ふんどし》」とあきれるばかりの開き直りである。なぜなら、そもそもサプライズ効果を狙った黒田日銀の異次元緩和は、二年ばかりの期間を想定した短期決戦型の作戦として打ち出されたものだったからである（本章二三一ページでもこのことは奇襲作戦としてすでに指摘した）。それをいまになって「短期的なものではなく長期的なものだ」などとすり替えるのは、「開き直り」としかいいようがあるまい。

当初、短期決戦型で臨んだインフレターゲット策は、二年どころか、三年が経ち、四年を過ぎても、なお目的の達成はほど遠く、黒田総裁自身の任期中（五年間）に実現することもほぼ不可能になってしまった。これを日銀自らが認めざるをえなくなって（前述のとおり、一九年度頃という見通しをすでに発表している）、もともと異次元緩和の効果は短期的なものではなく長期的なものだなどと弁解するのは、図々しいばかりの居直りを示すものだというよりほかはあるまい。

おわりに――ノーベル賞のはしご酒で二日酔いのアベコベミクス

本章では原型アベノミクス三本の矢の構造と、主として第一の矢の実際の効果を検討してきた。第一の矢を中心にすえてアベノミクスの構造をみてきたのは、主に三つの理由による。第一は、「輪転機安倍」による助走を経て始まったアベノミクス総体において、これまでのところ最も期待され、注目されてきた矢が第一の矢、すなわち黒田日銀の異次元緩和だったことによる。第二は、アベノミクスを三段跳びに見立てると、ホップにあたるのが第一の矢の量的金融緩和策、ステップが第二の財政出動、仕上げとしてのジャンプが成長戦略という役割分担で構想されていたことによる。ただこれは比喩的表現であって、厳密にいうと、第一の矢を起点において理解すれば、第一と第二、第一と第三との間の相互関連が捉えられやすいということである。三つの矢相互の関連については、次の第四章でも引き続き検討することになる。

ここでは、それらに続く第三番目の理由が重要である。それは、アベノミクスの破綻・破産・失敗・失態が、第一の矢の教祖とされる浜田宏一によってすでに告白されていることによる。三本の矢のなかでも第一の矢こそは、当初からのアベノミクスの「売り」、目玉商品だったものである。これが実際には役立たずの偽薬、いや、それどころかドーピング、封じ手、禁じ手の類いにすぎないということが明らかになれば、安倍政権そのものにレッドカードが突きつけられるのに、そう長く時間はかからない。浜田宏一が掲げた白旗は、それを予告するものであった。本書で使ってきた言葉でいうと、アベノミクス終活期を告げるものであった。本章冒頭の導入部面においてまず浜田の変節をとりあげ、その後アベノミクスのなかでも特に黒田日銀の異次元緩和の過ちに焦点をあわせて検討してきたのは、この第一の矢の位置、あるいはその意味によるものである。

安倍晋三個人に照らしていうと、アベノミクス第一の矢の失策は、「日本的右翼アベ」が、同時に「アメリカ出羽守」の一員であったことに起因する。安倍が「右翼的日本主義者」であることはすでに第二章でふれたから、ここでは繰り返さない。彼は、同時に、「アメリカ出羽守」の一員である。いや、より正確には「アメリカ出羽守一族」の一員である。というのは、本書では、「アメリカ出羽守」をアメリカを本場と心得る対米準拠の新古典派経済学者（つまり日本のアメリカ第一主義的経済学者）をさす言葉として使用してきたが、安倍個人にはほとんど経済学的知見をみることができないからである（たとえば、彼の最初の本格的な単著とされた『美しい国へ』文春新書、〇六年には、経済学にかかわることは全く出てこない）。だから、彼を「アメリカ出羽守」の一人というにはふさわしくなく、その陣営の恐らくは末端に席を与えられた一員、揶揄していえば「アメリカ出羽守一族のアベ出羽守」というのが適切だろう。

アベノミクスの（少なくとも第一の）射手は、日本の出羽守達をエピゴーネンに持った本場アメリカの経済学者であった。教祖浜田を導いた者は、いずれもノーベル経済学賞の栄誉に輝く三人、まずミルトン・フリードマン（一九七六年度受賞）、次にポール・クルーグマン（〇八年度受賞）、そしてクリストファー・シムズ（一二年度受賞）である。日本人は概してノーベル賞の権威に弱く、そのうえ主流の経済学は「アメリカ出羽守一族」で占められているから、これら三人の威光を借りれば、「アベ出羽守」に入れ知恵しその一族郎党を洗脳するのはいともたやすい。

「アメリカ出羽守一族」が「アベ出羽守」に吹き込んでできあがったアベノミクスにおいて、最初の射手として登場したのはマネタリズムのフリードマンであった。というのは、アベノミクスの開始時にその教祖浜田が準拠したのは、フリードマン流のマネタリズムだったからである。だが、本章で指摘しておいたように、黒田日銀は、一見すると、マネタリズムを指導理論と仰ぐインフレターゲット策を採用しているかにみえて、実際にはそうではなく、期待インフレ率の引き上げを喚起してインフレを実現しようというクルーグマン流の「期待理論」によっていた。つまり、フリードマンが第一の矢の射手として登場したのは確かであるが、すぐにクルーグマンと交代したのである。ただし、クルーグマン流の議論も、「鰯の頭も信心から」式の怪しげなデフレ退治策に過ぎず、せいぜいのところ偽薬効果が期待される程度のものにすぎなかった（偽薬効果については、二六一ページでふれた。その内容については二宮、前掲『安倍政権の末路』参照）。

そのクルーグマンに関して、私はたまたま本書執筆の過程で、きわめて興味深い新聞記事に出くわした。「日経」（一七年二月四日）のコラム「大機小機」である。このコラムの筆者（ペンネーム風都）は、クルーグマンのインフレターゲット論があらわれた一九九八年当時に、「日銀が将来にわたって高いインフレを約束すればインフレが起こせる」とする説には、「無理な仮定があり、現実の政策提言としては疑問だ」とメールで指摘したのだそうだ。するとクルーグマン本人から、その「内容は頭の体操のためのおもちゃにすぎない」と返事が返ってきた。その趣旨は「まじめな政策提言と受け取ってもらっては困るというニュアンスだった」、とコラムは指摘している。つまり、後に黒田日銀に採用される期待インフレ率の引き上げに依拠したインフレターゲット策は、その発案者クルーグマンからすれば、「頭の体操のためのおもちゃ」程度のものに過ぎず、まじめな政策提言ではなかった、というのである。

私は、このクルーグマンの弁明ないし告白には信憑性《しんぴょうせい》があると思う。なぜなら、まがりなりにもノーベル賞に輝くほどの人物が、本気になって、「鰯の頭も信心から」式の信念・信仰・期待に依拠して中央銀行がインフレを実現することができると考えるはずはない、と思うからである。クルーグマン説は一つの思考実験にすぎない、といった批判は以前からあったが、それを当人は「頭の体操のためのおもちゃ」と呼び、実際には使いものにはならない「ふまじめな政策提言」にすぎないと認め、承知していた――コラムはあらためてこのことを指摘したのである。

割を食ったのは日銀である。発案した当人がまじめな政策提言ではないと断っていたものを、さもまともな政策であるかのように取り違え、三年半ものあいだ、異次元緩和の「気合い」でインフレを喚起しようとしてきたのだから、二階に上がらされてハシゴを外された後にもなお、二階で念仏を唱えていたようなものである。実は、最近になってこのことに気づいたのが教祖浜田であった。奇しくも上記コラムが「日経」に載った同じ日の「朝日」(一七年二月三日)において、浜田は「私はデフレは貨幣的現象と考えた。アベノミクス以前は金融政策が過小評価されており、『金融緩和だけでデフレ脱却できる』と主張していた。ただ、効果は次第に薄れた」と述べている。これは彼の悔悟《かいご》である。浜田はフリードマンとクルーグマンとをごちゃ混ぜにしたような過去の信条を語り、それが実際に誤っていたと認めたのである。現段階の彼の結論は、ここですでに紹介しておいたように、金融政策に頼るだけではインフレを呼び起こすことはできない、インフレターゲット策は実を結ばない、という点にあった。これは、浜田がフリードマン及びクルーグマン両人に離別を告げたことを意味する。

二人のノーベル賞受賞者に別れを告げた浜田は、次に、第三のノーベル受賞者に助けを求める。それがクリストファー・シムズである。浜田のインタビュー記事を担当した「朝日」記者(鯨岡仁)は、「浜田氏の変心は、素直に驚きだ」と書いたが、私は驚かない。「アメリカ出羽守」とは、アメリカを本場とするメイン・ストリーム(主流)の経済学を、あたかもはしご酒を楽しむかのように、渡り歩くのが常だからである。あるノーベル賞受賞者がだめなら、別の受賞者に乗り換えればよいだけの話である(念のため、こう述べたからといって、ノーベル賞一般を冒瀆する意図は毛ほどもないことを断っておく)。

では「第三の男」シムズの経済学とはどのようなものか。正直にいって、実は私もよくは知らない。知っていることは、彼が、「物価水準の財政理論(FTPL)」(Fiscal Theory of Price Level) の代表的論者であり、その説によってノーベル賞に輝いた、という程度のことである。ＦＴＰＬとは、読んで字のごとく、インフレやデフレといった物価水準・動向は貨幣現象ではなく、財政政策に左右されるものである、という説をさす。ただし、財政政策を重視するといっても、ケインズ主義のように有効需要の増加を呼び起こす財政の役割を重視するというものではない。ウェッブ上の情報によると、浜田は、一六年八月、米カンザスシティー連銀主催のジャクソンホール会議において、シムズの講演を聞き、啓発されたらしい（本人もこれを新聞・雑誌で認めている）（浜田、前掲『文藝春秋』、浜田宏一「経済政策の新たなパラダイムを語る」『月刊資本市場』一七年一月号）。シムズの講演要旨は、ゼロ金利制約下にあっては金融政策は物価引き上げに効果的でなく、インフレを喚起するような財政の拡張によらなければならない、したがって赤字覚悟の財政出動で物価の引き上げに臨むべきである、という点にあった。

シムズ説で重要な点は、「財政出動」そのものよりも、むしろインフレの喚起のために政府債務を利用する、という点にある。彼は、「物価引き上げに必要なのは、日本政府が政府債務の一部を、増税ではなくインフレで帳消しにすると宣言することだ」という（「日経」一七年一月二九日、同教授へのインタビュー記事）。極端な言い方をすれば、財政インフレ自体を目的にした財政運営を公約として宣言すれば、国民のインフレ予測が確実に高まる、そうすれば二％の物価上昇は達成される、というのである。政府が、インフレによって国家債務の棒引き（目減り策）を進めると国債の価格は下落し、金利は上昇し、いわゆる高物価・高金利の動向が生まれる、これを利用しろというのである（過去、こういうやり方は「国家破産論」と呼ばれた。この点については、次章でもう一度立ち返る）。浜田は、このシムズ説に従って、上記の「朝日」インタビュー記事において、手詰まりの打開策は「財政拡大だ」と述べたのである。

だが、他の学問領域のノーベル賞は別にして、こと経済学分野に限っていえば、はしご酒を楽しむようにいくらノーベル賞を渡り歩いても、概してよい結果を得られるものではない。下手をすると、悩ましい二日酔いの度が増すばかりである。先述の「日経」のコラム筆者（風都）は、このことを鋭く剔抉《てっけつ》した。私は感心したのだが、クルーグマンもシムズもある一点において共通しており、同じ穴の狢というか、偕老同穴《かいろうどうけつ》の関係にあるとコラムは指摘する。共通点とは、クルーグマンとシムズ両人はインフレターゲット策に対する「政策当局」のコミットメント（約束）を国民が信じ込むことを前提にしている、ということである。前者は中央銀行の役割を、後者は政府（財政当局）の役割を重視するという力点に違いはあるにしても、いずれも「政策当局」という点では同位置にある機関に対して、国民が高い信頼・信仰を寄せることを前提にしているというわけである。両者のインフレターゲット策は「遠い将来についての政策当局の約束を国民が信じている」という暗黙の前提に立ったものにほかならない、とコラムは鋭く指摘する。端折っていえば、両者とも政策当局の「気合い」、そしてその「気合い」を鰯の頭にした国民の「信心」に依拠してインフレを呼び起こそう、ともくろんだものにほかならない。

だが、こういう政策提言は、クルーグマンによれば、そもそも「頭の体操のためのおもちゃ」にすぎなかったはずである。したがって、クルーグマンが日銀をおもちゃにしたとすれば、シムズは日銀に代えて政府（財政）をおもちゃにした「頭の体操」を提言したというだけの話ということになる。コラム「大機小機」は、クルーグマンを批判して、最初は自分で「頭の体操のおもちゃ」にすぎないと思っていたものを、徐々に「自分の政策提言は十分に現実的だ」というスタンスに変わっていった、つまり変節を遂げた、と暴く。ところがシムズは、最初から財政当局が「気合い」を入れれば、それは単なる「頭の体操」にとどまらず、国民の頭を実際に「鰯の頭を信ずる信心」で満たし、インフレを呼び起こすことができると「錯覚」する（ただし、シムズの「気合い」は、それが高じると「国家破産」にまでいきつく危険性を持つという点で、「破滅」にいたる「錯覚」だという点に気をつけなければならない）。浜田は、いまこのシムズ説に信心を抱いて、これまでのリフレ説を放棄した。しかし、私たちは、これ以上、かかるノーベル経済学賞のはしご酒につきあう必要はないだろう。

なぜなら、アベノミクス自体がいまや「アメリカ出羽守」ばかりに頼ってすませることができなくなっているからである。それは本家本元のアメリカが、「トランプのアメリカ」に変貌し、アベノミクス自体が、トランプのペット安倍（トランペット安倍）のものに、つまり「トランペットアベノミクス」に変身を迫られているからである。したがって、「ノーベル賞のはしご酒物語」とはいったん別れを告げて、次に、このはしご酒がすでに呼び起こしている二日酔いの方に目を転じなければならない。

第四章　アベノミクスへの最後の断罪

はじめに――アベノミクスの二日酔いに対する「迎え酒」の対症療法

どんな銘酒であれ、深酒をすると、二日酔いのツケが回ってくる。ノーベル経済学賞も、はしご酒をやると、後には深刻な二日酔いが待ち受ける。アベノミクスの先陣を切った黒田日銀は、千鳥足でノーベル賞のはしご酒をやったものだから、「フリードマンの罠」や「クルーグマンの罠」にはまり込んで、その二日酔いに苦しむことになった。前章において私はこの様子をみてきたが、本章の検討課題は、頭痛、めまい、嘔吐《おうと》などすでに深刻な二日酔いに見舞われたアベノミクスがどのような対策をとってきたか、また今後いかなる対応策で逃げ切ろうとしているか、という点にある。これは、酒毒による安倍政権の終活を物語ることになるだろう。

アベノミクスの二日酔い対策は、基本的に、世間でいう「迎え酒」である。二日酔い対策には、迎え酒をあおるよりは静養、何よりも静かに休むことが薬になるというのが定説だが、「アベノミクス村の住民」たちは、アルコール依存症に近い状態にあるから、迎え酒による対症療法を選択した。あらかじめその要点を記しておくと、それは次の三点である。

第一は、文字通りの迎え酒である。つまり、二日酔いの厄《やく》をもたらしたものと同類の酒をあおり、その勢いで二日酔いを吹き飛ばそうという対策である。この対策は、基本的に、黒田日銀がこれまでに採ってきた金融政策の経過で確かめることができる。時系列でいうと、それは、①異次元緩和の追加策（単純な迎え酒）、②「量」の操作から「金利」の操作への「転進」策（新酒による迎え酒）、③長短金利操作付き量的・質的金融緩和策への仕上げ（迎え酒の深酒）、ということになる。

第二は、アベノミクス第一の矢の深酒による二日酔いを、第三の矢の成長戦略で退治しようとする対策である。第一の矢と第三の矢は、すでに前章（二一四〜二一五ページ）で指摘しておいたように、同じ新自由主義的性格を持った政策だから、この迎え酒は、いわば「新自由主義日本酒」による二日酔いを、こんどは「新自由主義スコッチ」を迎え酒にして退治しようとするようなものだ、と考えればよい。しかし、これは前日に酔った日本酒よりもアルコール度の強いウィスキーを迎え酒にすることになるから、へたをすると、二日酔いは一層深刻になる。日本経済にそくしていうと、度の強い迎え酒がかえって国民経済の体力を消耗してしまうようなものである。

第三は、基本的には第二の迎え酒と同じであるが、違うのは、迎え酒の種類を洋酒ではなく、日本製の焼酎だとか泡盛に替えることである。第二の迎え酒は、新自由主義的金融政策の失敗を新自由主義的成長戦略で取り繕うという性格のものであるが、第三は、新自由主義的金融政策のツケを財政にまわす、特に税・社会保障一体改革にまわすというものである。これらは新自由主義のドブロクによる二日酔いを別の新自由主義のアルコールで対処しようする意味では、共通した性格を持ち合わせている。

問題なのは、こうした迎え酒の結果、アベノミクスが千鳥足のまま、どこに向かうかである。実際の二日酔い状態では、適度の迎え酒がそれなりの効験を発揮するかもしれぬが、深酒に走れば、まず間違いなく、医者の世話になるのが落ちである。つまり、迎え酒は概してよい効果を生まない。アベノミクスの二日酔いと迎え酒の関係もその例にもれない。これは安倍政権が酒毒によって命を縮める道、すなわち終活の完結を早める道である。したがって、私たちの選択は、アルコール中毒にかかったアベノミクスからの絶縁でなければならない。本章ではこれらを検討する。

1　黒田日銀による敗戦処理＝転進策の開始

黒田日銀の四点にわたる「転進」策

アベノミクス第一の矢としての黒田日銀の異次元緩和は、主たる目的をインフレターゲット策の実現におくものであったが、その理論的根拠に致命的誤りを持っていたがために失敗に終わらざるをえなくなったこと、その様子は比喩的にいえば、ノーベル経済学賞に輝く論者のハシゴをやったとしても、せいぜいのところアベノミクスの景気づけに効くていどで、そもそも「粗酒」はいくら杯を重ねたとしても、後に待つ二日酔いが深くなるだけの話だということ、このことは前章で確かめたところである。二日酔いに見舞われた黒田日銀がいかなる「迎え酒」をあおって、対処しようとしたか、話はここから再開することにする。

黒田日銀は、安倍政権全体にならって、世間にいう意固地、頑固であり、露骨にいえば頑迷固陋《ころう》であって、素直に失政を認めるようなことはない。アベノミクス第一の鏑矢を放ち、的に届かなかったとしても、さらに追い打ちを狙って、願を掛け、「気合い」を入れ直して同じ矢を連射することになる。今日（二〇一七年初秋）にいたるまでのおよその経過は、概要、以下のような四点にまとめられる。

第一は、異次元緩和を大型化すること、つまり量的・質的金融緩和策を追加していくことである。追加策の大きな節目は、異次元緩和の開始からおよそ一年半後、一四年一〇月に訪れた。これは簡単にいうと、異次元緩和の規模拡大である。その時期が一〇月末であったことから、後に「ハロウィン緩和」と呼ばれる追加策である。

第二は、量的・質的金融緩和策が一種の行き詰まりに直面して、政策に修正を施さざるえなくなること、メディアにあらわれた巧みな形容を使っていうと、「転進」策があらわれたことである。「転進」とは、太平洋戦争時において、一九四二年六月のミッドウェイ海戦を契機として、日本軍が敗走に継ぐ敗走を重ねていったときに大本営が用いた言葉である。大本営は相次ぐ負け戦、失策・後退をごまかし、隠蔽し、取り繕うために、軍の敗北・敗走を「転進」の言葉で発表したが、これとあたかも同じ対策が黒田日銀によって採られた。「転進」の始まりは、一六年一月末のマイナス金利策の導入である。

第三は、「転進」に新たな策を追加すること、いわば「転進の転進」（再転進）である。アベノミクスは、全体として、性懲りもなく「転進」をいくたびも繰りかえすのを特徴とする。これは、安倍政権全体が、「下手な鉄砲撃ちも、数打ちゃ当たる」式の願掛けに頼るところがあるためである。失敗、失政がいくら明らかになっても、綻びを繕う弥縫《びほう》策を次から次へと重ねていけば、世間の目はごまかせると高をくくる――これが安倍政権の特徴であることは、本書において、すでに森友・加計問題や共謀罪等の例で確かめてきた。ただ、戦争法の強行や立憲主義の蹂躙の「暴走政治」によって内閣支持率が低下したときには、次々と「転進」策を打ち出し、それなりの成果を収めて「意外な高支持率」を維持してきたために、黒田日銀も、これにあやかって「転進策」に頼ったというわけである。

最後の第四は、いわば万策つきて、半ば白旗をあげつつ、他に援軍を求めることである。ただし、これは公然と行われるのではない。失策をあからさまに認め、政策を明示的に転換したのでは、それまでの過失に対する責任が問われる。そこで、公然とは白旗を掲げないままに、主戦場は援軍に委ねて、退却する、つまりなし崩し型の「転進」をはかるわけである。

アベノミクス全体にそくしていうと、第一の矢は射つくしたから、他の矢、すなわち第三の矢の成長戦略に主役を託して、黒田日銀はアベノミクスの旗頭としては「転進」して姿をくらます、それによって安倍政権の延命をはかろうという作戦になる。終活期の安倍政権に対して、黒田日銀がそれまでの恩に報いる策とは、このアベノミクスにおける主役の交代である。

以上のような過程を頭において、以下、それぞれの局面の性格をみていくことにしよう。

ハロウィン緩和と呼ばれる異次元緩和の追加策

一三年四月に開始した黒田日銀の異次元緩和は、当初のサプライズ効果を除けば、実際には狙い通りの成果をあげるにはいたらず、追加的緩和策を打たなければ、早晩必ず腰折れする――このことが明らかになるのにそう時間はかからなかった。転機は、異次元緩和開始の一年後の一四年四月、消費税が五％から八％に引き上げられた時に訪れた。消費増税の結果、政府・日銀の予想以上に家計消費が冷え込み、期待インフレ率は上昇するどころか、むしろデフレ状況がさらに悪化することになったのである。消費増税による負の影響が広がるなか、一四年一〇月に日銀が追加せざるをえなくなった緩和策は、次のようなものであった。

①マネタリーベースの年間増加額を従来から約一〇兆～二〇兆円上積みし、総額約八〇兆円規模に増やすことである。

②マネタリーベースの増加のために、長期国債買い入れを三〇兆円追加し、年間約八〇兆円に増やす、あわせて買い入れ国債の平均残存期間をそれまでの七年程度から七～一〇年程度に長期化することである。

③質的緩和の面では、リスク性資産の買い入れを増やし、日銀によるＥＴＦ（上場投資信託）、Ｊ－ＲＥＩＴ（不動産投資信託）の保有残高を三倍にしたことである（前者は約三兆円、後者は約九〇〇億円）。

以上の追加策は、基本的に当初の異次元緩和の規模を単純に増大したもの、つまり文字通りの追加的拡大であったといってよい。したがって、その後の実際の経過が示すように、このような追加緩和策も、所期の目標を達成するには至らなかった。デフレ不況打開の的に届かぬ矢に終わってしまった理由は、すでに前章でみたとおりである。言い換えると、第一のボタンを掛け違えたまま、いくらボタンを新しくかけ続けても身なりを整えることはできなかった、ということである。それゆえ、やがてマイナス金利の導入という「転進策」が採用されることになる。

マイナス金利導入の「転進策」

一六年一月二九日、日銀はこれまでの「異次元緩和」に加えて、マイナス金利の導入に踏み切ると発表した（二月一六日以降実施）。先述のとおり、これは明らかに黒田日銀の「転進」策であった。そもそも異次元緩和は、ゼロ金利下ではもはや「金利」の操作は使えず、「量」に頼るほかはないというところから登場したものであったが、ここで再度、「金利」の操作に立ち戻るというのは、異次元緩和（量的緩和）策の失敗を認めるようなものであり、まさしくかつての大本営が採った「転進」並みの策である。だが、「転進」は、実際には失策による敗走を言い換えたものにすぎないから、それと気づかれてはならない。そのために、黒田日銀は直前までマイナス金利の導入を隠し続け、三年前の「異次元緩和」の発表時と同様、世間の意表を衝く形で公にされた。サプライズ効果を狙ったショック療法を再び用いたのである。

ここでは、誤解を招かないように、マイナス金利について、若干の説明を加えておく。マイナス金利の導入とは、一般の預金者の預金利子率に適用されるものではなく、民間の金融機関が日銀に保有する当座預金の利率をマイナスにするというものである。ただし、当座預金すべての金利をマイナスにする、というわけではない。当面は、利率をマイナス〇・一%、〇%、〇・一%の三段階に分け、一六年二月一六日以降、新たに積み増しされた預金部分についてのみマイナス〇・一%の利率を適用する。一六年二月時点の当座預金残高は約二六〇兆円であったが、このうち二一〇兆円にはこれまでどおり〇・一%の利率を適用し、マイナス〇・一%は新たに積み上げが見込まれる一〇兆円に、残り四〇兆円にはゼロ金利を適用するとされた（金利水準に分けていえば、〇・一%の二一〇兆円、〇%の四〇兆円、マイナス〇・一%の一〇兆円の三段階になぜ分けたのかの「複雑な説明」は日銀のホームページで解説されているから、関心のある方はそれを参照にされたい。ここでは、さほど重要ではないから省略する）。

黒田総裁は、マイナス金利の導入にあたって、「中央銀行の歴史の中で、おそらく最も強力な枠組みだ」と自賛したが、「最も強力」かどうかは別にして、日銀史上前代未聞のキワモノであることは確かだった。これまでの「異次元緩和」の経過に照らしていえば、それは窮余の「転進」策、つまり黒田日銀が迷い込んだ袋小路からの脱出策（＝退却）としての性格の強いものであった。

なぜなら、まず、日銀は二％の物価上昇率を達成できず、目玉商品のインフレターゲット策に対する追加もただ空転するだけで、不発にとどまっていた。短期決戦型で臨んだ策は事実上失敗し、長期の持久戦に転換せざるをえなくなっていたのである（実際に、当初一五年度中と見込まれていた年率二％の物価上昇目標の達成は、一六年秋には一八年度頃に先送りされ、一七年になると目標達成は一九年度頃とさらに先送りされた）。

「不発の量的緩和」という不評だけではない。「国債の爆買い」による量的緩和策自体が、早晩、壁にぶつかり、立ち往生するという予想が、その当時から強くなっていた。日銀が、年八〇兆円規模の「国債爆買い」を続けていくと、一七～一八年頃にかけて、国債市場が払底してしまう、という予測があちこちから上がり始めたのである（その典型例が、一五年八月のＩＭＦ〈国際通貨基金〉リポートであった。これは、日銀の八〇兆円国債買い入れは、購入額があまりに巨額なために、市場に出回る国債を買い尽くし、国債市場が払底《ふってい》して、一七～一八年頃に限界がくるのではないかというＩＭＦの予測をさす）。肝心の国債市場が干上がってしまえば、「異次元緩和」そのものを進めることはできず、いわば立ち往生の状態に陥ってしまう。これは、黒田日銀とともに、アベノミクス全体の破綻が赤裸々になることを意味する。そこに、一六年の日本経済は、年明け早々から、株価の下落に見舞われ、いわゆる実体経済も深刻な不況感に包まれることになった。安倍内閣が最も気をつかってきた株価の下落に続いて、各種経済指標の悪化があらわになったのである。なぜ、アベノミクスのもとにおいて、克服されるべきデフレ不況が見込みとは反対に悪化することになったのか。

その根拠の第一は、年来の内需不振がだらだらと続いてきたことである。内需拡充の道を断ったアベノミクスでは、デフレ不況はいつまでたっても打開されない。

第二は、外需依存の成長戦略の前に新たな暗雲が漂い始めたことである。一六年初頭の時点における問題の要点のみを指摘しておくと、①中国の過剰生産を契機にした世界不況、②継続する原油安による産油国の経済停滞、③一五年末のアメリカＦＲＢによる金利引き上げが呼び起こした国際的資金移動、新興国からの資金流出、の三つに集約される。これに、ユーロ圏の金融不安をつけ加えてもよいが、いずれにしても、グローバル市場に依存した再版外需依存型成長戦略の前途に漂う暗雲はいっこうに晴れず、先進資本主義諸国では後述する「長期停滞」的様相が強くなっていたのである。

政治的には、一五年は戦争法の強行によって、安倍政権に対する支持率が下がり、「政権危機」まであと一歩という状況が生まれていた。これは、安倍政権にとっても黒田日銀にとっても、緊急の対応策、それが禁じ手であろうと奇手であろうと、なんらかの打開策が緊急に求められることを意味した。

そこで登場したのが、マイナス金利の導入策だったのである。これがサプライズ効果狙いの新手の奇策（転進策）であったことは、マイナス金利導入を決めたおよそ一週間前の一月二一日時点において、黒田総裁自身がまだ「現時点でマイナス金利を具体的に考えているということはない」と述べていたことにあらわれている（参議院決算委員会における発言）。またそれは、（八日後に明らかになることだが）日銀内において満場一致で採用されたものでもなかった。日銀の金融政策決定会合においてマイナス金利に賛成した政策委員は九人中の五人、きわどい僅差で決定されたのである。その意味で、マイナス金利は「転進」を意図した窮余の一策にほかならなかった。

では、マイナス金利策はいかなる理論的根拠をもって、あるいはどういう見通しのもとで採用されたのか。実は、マイナス金利に踏み切る動機そのものが、きわめて怪しい根拠によっていた。黒田日銀の「異次元緩和」は、アベノミクスの発動当初は、その第一の矢として放たれたものである。それはアベノミクス第一の切り札としての役割をあてがわれて登場したが、いまマイナス金利の導入という局面を迎えて、その馬脚があらわになった、といわなければならない。この点を次にみておくことにしよう。

2　日銀の「転進」を示した「量から金利へ」のマイナス金利導入策

期待インフレ率引き上げの失敗からマイナス金利導入への「転進」

一五年に及ぶアジア・太平洋戦争期間中における日本軍の「転進」とは、ガダルカナル島の戦い（一九四二〜四三年）に敗れた日本軍が撤退・退却を図ったときに大本営が負け戦をごまかすために用いた言葉である（先〈二九一ページ〉にふれたとおり、実際の「転進」はミッドウェイ海戦での敗北をもって始まっていたが、その点についてはここでは問わない）。黒田日銀の「転進」とは、当初は「『金利』から『量』への転換」を看板にして始まった異次元緩和が行き詰まったあげく、政策を再び転換せざるをえなくなったこと、すなわち軸足を再度「『量』から『金利』へ」と戻すことを意味した。「量の策」における失敗を失敗とは認めずに、いま一度「金利の策」に戻ろうというのは、「失敗」を認めないまま退却に転じた大本営流の「転進」と呼ぶにふさわしい。

この「転進」は、インフレターゲット策が依拠する「実質金利＝名目金利－期待インフレ率」の関係式を使えば、比較的わかりやすく説明することができる。この等式にそくしていうと、左辺の実質金利を下げようと思えば、右辺の名目金利を下げるか、期待インフレ率を引き上げるか、いずれかの方法をとればよい。名目金利の低下、期待インフレ率の上昇、このいずれかが進めば、左辺の実質金利は下がる。

実質金利を下げるというのは、景気を刺激したり、経済成長を促進しようとするときの金融政策の基本中の基本、固有の武器である。「異次元緩和」開始時の「量の策」とは、名目金利ゼロ下であっても、「量的緩和」によって期待インフレ率をプラスに向かわせ、実質金利をゼロ以下のマイナス水準に低下させる、それによってデフレ不況を克服する、という見込みにもとづくものであった。だが、すでに繰り返し指摘してきたように、黒田日銀によるこの「量の策」は、実際には、期待インフレ率を引き上げることはできず、二％の物価上昇率を実現するにはいたらなかった（ついでに指摘しておくと、マイナス金利が導入されて以降の一年間、つまり一六年を通して消費者物価は上がるどころか、マイナスに終わった）。

関係式「実質金利＝名目金利－期待インフレ率」に従えば、右辺における「期待インフレ率」の引き上げに失敗した以上、左辺の実質金利をゼロ金利以下の水準に引き下げるには、右辺の名目金利に手をつけ、これを思い切ってマイナスにするほかはない。つまり、実質金利をマイナスにし、それをテコにしてデフレ不況からの脱却を図るためには、「ゼロ金利の制約」（名目金利はゼロ以下にすることはできない）というタブーを破るほかに手はないということである。その第一弾が当座預金（一部）

のマイナス金利化だったわけである。だからこそ、マイナス金利策は量的緩和策が失敗したあげくの「転進」策であった。

問題なのは、金融政策史上異例のマイナス金利策はいかなる理論的根拠をもって、あるいはどういう見通しのもとで採用されたのか、という点にある。マイナス金利というのは、ごく常識的に考えれば、異常な事態である。安倍政権は、すでにみてきたように、戦争法や共謀罪、森友・加計問題では「異常事態」を繰り返し起こしてきたが、アベノミクスも「マイナス金利」という一つの異常事態を作り出したわけである。マイナス金利は、もしこれが一般の預金金利に適用された場合には、預ける側（預金者）が預かる側（銀行）になにがしかの利息を払わなければならないことになる。もしマイナス金利が一定の水準、たとえばマイナス二％程度になれば、恐らく銀行に預金する人は誰もいなくなるだろう。預金はただちに引き出されて、各自がそれぞれ自分で管理するタンス預金か、別の運用に走るか、いずれかである。これは金融市場の瓦解を意味する。まさに異常事態にほかならない。

もちろん、現在のマイナス金利は、もっぱら（欧州の一部地域を除いて）中央銀行の当座預金にかかわることであって、一般の預金金利に広く適用されるというものではない。だが、預金がなんであれ、名目金利がマイナスというのは、常軌を逸した事態であることは疑いを入れない。したがって、常軌逸脱のマイナス金利が、現代の先進資本主義諸国にあらわれたことの意味を、ここでは問わなければならない。それは、マイナス金利の導入にいたったアベノミクスの不始末を示すものになる。

マイナス金利導入を促した「長期停滞＝マイナスの自然利子率」説

マイナス金利はどういう事態をさすのか。これを明確にするために、あらかじめ結論めいたことを述べておくと、マイナス金利策は、一三年一一月のＩＭＦ会議におけるローレンス・サマーズ元米財務長官の報告以来、一つのブームを呼び起こすことになった「長期停滞（secular stagnation）説」にもとづくものである。現代日本でも、サマーズ報告等に依拠して日銀の「異次元緩和」や今回のマイナス金利を論じる人は多数にのぼる（竹森俊平『世界経済危機は終わった』日本経済出版社、一四年、野口、前掲『金融政策の死』、若田部昌澄《まさずみ》『ネオアベノミクスの論点』ＰＨＰ新書、一五年、翁邦雄『経済の大転換と日本銀行』岩波書店、一五年、日本経済研究センター編『激論マイナス金利政策』日本経済新聞出版社、一六年、渡辺努編『慢性デフレ真因の解明』日本経済新聞、一六年など）。サマーズの長期停滞説とはいかなるものか、その主要論点を整理しておくと、次のようなものである。

出発点は、先進資本主義諸国の現状を自然利子率がマイナスの状態にあるととらえることである。ただし、こう書いた瞬間に、理解に苦しむ人が多数にのぼると想像される。第一、自然利子率などという言葉は広辞苑には出てこない。その意味を理解することは、一般の人にとって難しいばかりか、おそらくは経済学を少々かじったばかりの、たとえば経済学部学生にとっても、相当に難解なはずである。辞書風にいうと、自然利子率とは、新古典派（つまりアメリカ出羽守）に特有の用語で、「市場における需要と供給が均衡するときの利子率」とか、「一国の貯蓄と投資を一致させる実質利子率」のことだと解説されている。だから均衡利子率だとか中立的利子率とかに言い換えられる場合もある。しかし、こうした定義によったとしても、自然利子率の意味内容を十全に理解することは困難だろう。実際に、私は身近にいる知人（念のため、比較的教養水準の高い人々）から、この「自然利子率」の意味はわかりにくいといわれたことが何度もある。

自然利子率概念が難解なのは、それが架空の概念だからである。虚構の世界における利子率だから、それは実証することができないし、たとえば二％だとか、三・二％だといった風に特定することもできない、そういう想像上の利子率である。もちろん、エコノミスト業界にあっては、その推定値が議論されはするが、それはあくまでも虚構の世界、完全競争市場モデルの世界における架空の数値にすぎない。実際に何パーセントかわからないような利子率を理解するのは、誰にとっても容易なことではあるまい。したがって、ここでは自然利子率の概念それ自体に拘泥するのはやめにして、それが具体的に意味することを簡単に確かめて話を進めることにしよう。

自然利子率とは、ひらたくいうと、市場における需給バランスがうまくとれ、さほどモノやカネに過不足がなく、順調に経済が成長しているときの利子率をさしたものである。したがって、たとえば一九世紀の一〇年サイクルで景気循環を繰り返した資本主義経済を想定すると、一〇年間の平均利子率に近似的な利率をさすと考えればよい。これは言い換えると、市場の需給バランスがとれているときに見込まれる資本の平均利潤率を意味する。もちろん、商品市場における需給バランスが実際にはとれていない場合（つまり需給ギャップが存在する現実的市場）であっても、需給バランスがとれた状態を観念のうえで仮定することはできるから、自然利子率はどういう場合であっても、仮説的概念としては一応成立する。

問題なのは、かかる架空の自然利子率概念を設定して、サマーズ等が何を説明しようとしたのかである。まず、自然利子率が高い状態にあるということは、言い換えると、投資によって獲得が見込まれる予想利潤率が比較的高い状態にある、ということである。なぜなら、自然利子率が高いということは、たとえば比較的高い金利で借金して設備投資をしても、十分に採算がとれるほどの利潤率が期待できる状態にあることを意味しているからである。逆に、自然利子率が低い状態にあるときには、借金をして投資するにしても、きわめて低い利子率の条件でしか採算が見込めない状態にあることを意味している。てっとり早くいうと、自然利子率が高い状態とは好況、低い状態とは不況のただ中にある、ということである。

この点を押さえておいて、サマーズらの指摘する「自然利子率がマイナスの状態」ということの意味を考えてみよう。マイナスの自然利子率というのは、投資環境がきわめて悪く、全般的に利潤率がマイナスの水準に落ち込んでいる状態を意味する。直訳的に解説すると、利子率がマイナスでないと、誰も借金して投資・消費しようとはしない状態のことをさす。利子生み資本（貨幣資本）の利潤率＝利子率がマイナスの水準に陥って市場の需給バランスがとれるということは、どうにもこうにも資本が動かない状態にあることを示すものにほかならない。

具体的なケースを想定して、たとえば自然利子率がマイナス一％の状態にある場合を考えてみよう。ここでは、借金によって手に入れた一〇〇万円を何かに投資するとして、仮に〇・九％の損失(九〇〇〇円)を被ったとしても、マイナス一％の金利(一万円)を受け取ることができるから、投資によるリターン(報酬)が見込める、ということになる。これを逆にいうと、一〇〇万円を貸しておいて、借りた側に対して一％の金利を支払わなければならない状態(＝マイナス金利状態)になった場合には、誰も貸したり、投資したりしないということである。投資にあてはまることは消費にもあてはまる。したがって、「自然利子率がマイナスの状態」とは、少々のことでは経済が動かない、投資も消費も進まない状態、すなわち経済の文字通りの停滞、低迷を意味する。

サマーズらは、リーマンショック後のアメリカおよび先進資本主義諸国の経済を、以上のような、自然利子率がマイナスに陥った状態だと判定したのである。この「長期停滞説」は、新古典派を横綱格とする新自由主義派や、現代日本の「アメリカ出羽守一族」(アメリカ事大主義者)、金融界等に大きな衝撃を与えた(たとえば竹森俊平『逆流するグローバリズム』PHP新書、一五年、前掲『世界経済危機は終わった』)。これが先進資本主義諸国間に量的金融緩和策からマイナス金利策を普及させる大きな要因になったわけである。

現代資本主義がマイナスの自然利子率状態(＝長期停滞)に陥った理由は、サマーズらによれば、投資需要の停滞、貯蓄率の上昇、所得分配の変化(高額所得・資産所得増加)、人口成長率低下等にあるが、手っ取り早くいうと、慢性的資金過剰時代の到来ということである。本書の言葉でいえば、新自由主義的蓄積の進行下で膨大な過剰資本が形成され、その結果、現実的蓄積（実体経済）の世界では予想利潤率が下落し、さらに貨幣的蓄積（金融的蓄積）の世界では利子率が低下し、過剰資金の充満する擬制資本市場（不動産・証券市場）がバブルに向かう衝動を強めるような状態、これがマイナスの自然利子率状態（＝長期停滞）の意味することである。

したがって、サマーズらのいう「長期停滞」とは、新自由主義的蓄積が現代資本主義を金縛りにし、簡単にはデフレ不況から脱出できないような状態に陥れてしまったことを反映した説明にほかならない。いささか超越的な言い方になることを覚悟のうえで述べておくと、かかる過剰蓄積にもとづく「長期停滞」の克服は、アベノミクスごときの手に負える事態ではないということになる。とはいえ、この「長期停滞＝マイナスの自然利子率状態」に陥ってしまった以上、アベノミクスの当面する課題は、ここから脱出するにはいかなる手が残されているかということになる。

「長期停滞」から脱出するための二つの策

長期停滞状態から脱却する方策といっても、新自由主義的視点に立った場合、そう数多くあるわけではない。まず、サマーズらの新古典派（＝新自由主義派）によれば、現代日本のデフレ不況状態は、自然利子率よりも市場金利が高すぎて、投資・消費が進まない状態として把握される（自然利子率とは、市場の需給バランスがとれているときの利子率だから、それ以上に市場利子率が高ければ、投資・消費が進まない）。「実質市場利子率＞自然利子率」の関係が成立しているとき、経済はデフレ状態にあると把握されるわけである。そうすると、デフレを克服するためには、利子率相互のこの関係を逆転させ、「実質市場利子率＜自然利子率」の関係に転換しなければならない。自然利子率がマイナス状態（たとえばマイナス〇・一％）にあるときには、市場の実質金利をさらにそれ以下のマイナス水準（たとえばマイナス〇・二％）に引き下げなければならない、ということになる。どうすれば、実質市場利子率をこの水準にまで引き下げることができるか。

ここで、先述の「実質金利＝名目金利－期待インフレ率」の関係式がもう一度引き合いにされる。この式は新自由主義派のマネタリズム（貨幣数量説）がしばしば引証するフィッシャー方程式と呼ばれるものであるが、その意味は、実質金利は名目金利から物価上昇率を差し引いたものということであった。いまここで注意しておいてよい点は、物価上昇分については、期待インフレ率（予想物価上昇率）とされていることである。この式を使うと、実質金利を引き下げるには、①名目利子率を下げるか、②期待インフレ率を上げるかの、二通りの方式があるということになる。そうすると、この方式をそのまま使って現代日本の「長期停滞＝失われた二〇年」を打開しようと思えば、二つの対策が採用されることになる（この点については、前掲若田部『ネオアベノミクスの論点』参照）。

〈補注〉
北坂真一（同志社大）も、ゼロ金利下において実質金利を下げるには、まず期待インフレ率を上げる策があるとし、その方法としては、これまでに日銀がとってきた策として、①インフレターゲット策

（期待インフレ率二％の目標値の設定）、②時間軸政策（フォワードガイダンス＝先行きの指針）、③量的緩和策（大量の国債購入）、④質的緩和策（ＥＴＦを中心にしたリスク性資産の購入）の四つをあげ、それとは別立ての施策として、名目金利のゼロ下限を超えた⑤マイナス利子率の導入を五点目として取り上げている（「日経」一六年一一月三〇日「経済教室」記事）。このように述べた北坂らも含めサマーズらの意見を大別すれば、「長期停滞」から脱出する方法は次の二つの策ということになる。

①期待インフレ率の引き上げを狙ったインフレターゲット策（これは、すでにみてきた黒田日銀の異次元緩和策である）。

②自然利子率以下に名目金利を引き下げる策（これがいまここで問題にしているマイナス金利導入策である）。

これらの二つの方策のうち、第一の期待インフレ率の引き上げ策は、既述のとおり、すでに失敗に終わったインフレターゲット策である。そこで、黒田日銀は、上の第二番目の名目金利の引き下げ策を採用したということである。①がうまくいかなかったから、こんどは②でいこう、というわけである。注意しなければならないことは、今回のマイナス金利導入がマイナス状態にある自然利子率を前提にしたものであるとすれば、デフレ不況から脱出するには実質金利を自然利子率以下のマイナス水準にまで引き下げなければならないわけだから、やがては名目市場金利も（全般的に）マイナスにしなければならなくなる、ということである。名目市場金利をマイナス水準に落とすことは、これまで、理論的にはありえないこととされてきたが、もしそれが現実化するとすれば、現行の金融システムの前提が崩れてしまうことを意味する（たとえば一般の預金金利や貸出金利がマイナスになれば、銀行による現行の金融仲介システムは成り立たず、崩壊する）。

このことは、黒田日銀がマイナス金利の導入によって、金融政策にとってはタブーとされていた領域、きわめて危険な水域に入り込んだことを意味するだろう。サッカーでいえば、レッドカード寸前のイエローカードものの危険な反則を犯すところにまで到達したということである。この危険性をみすえて、黒田日銀が、日銀の当座預金に適用したマイナス金利策がどのような問題をはらんでいたかをまとめて振り返っておくことにしよう。

マイナス金利策のもとでのイールドカーブのフラット化

まず指摘しておかなければならないことは、黒田日銀によるマイナス金利の導入は、それまで続けられてきた量的金融緩和策（異次元緩和）とは政策的に整合性をもつものではなかったということである。先に指摘しておいたように、一六年一月のマイナス金利導入策は量的緩和策が失敗したあげくの「転進」策であったが、「量の策」を「金利の策」に完全に転換したというものではなく、両者を併用するタイプの「転進」策にほかならなかった。だが、一方での「量的緩和」と他方での「マイナス金利」とは、互いにぶつかり合う矛盾の関係にあって、決して親和的なものといえるものではなかった。

　矛盾というのは、上記①の「異次元緩和」が「国債の爆買い」によって日銀の当座預金を増大させるものであるのに対して、②のマイナス金利策の方は、それとは逆に、銀行がマイナス金利を嫌って当座預金を減らしていくことを狙ったものだからである。一方で当座預金を増やす政策を続けながら、他方でその当座預金を減らすためのマイナス金利策を導入する、というのは形式的にみて矛盾している。これを言い換えると、日銀による国債の「爆買い」はマネタリーベースを増やす政策であるが、マイナス金利の導入は当座預金に対するペナルティ（マイナス金利適用）を通じてマネタリーベースを減らそうという政策であって、双方の政策には重大な齟齬があるということである（この点は、特に日銀出身者の翁邦雄、早川英男、白川さゆり、及び建部正義『なぜ異次元金融緩和は失策なのか』新日本出版社、一六年によって強く指摘されてきた。）。

　いま重要なことは、この齟齬・矛盾関係は、日銀がその両政策を並行して進めれば進めるほど、一層深刻になり、金融政策に起因するさまざまな問題をまきちらすようになってしまう、ということである。普通であれば「量的緩和策」はインフレターゲット策としては失敗に終わったわけだから、その失策はいったん放棄し、「金利から量への転換」という非伝統的金融政策、つまり黒田日銀の表看板だった異次元緩和策を根本から見直し、「量から金利への再転換」としてマイナス金利の導入に踏み切るのが筋だったのである。これは、形式からみれば、「インフレターゲット＝量的緩和策」の非を正直に認め、マネタリズム的新自由主義の敗戦を承認して、金融政策の王道＝伝統に立ち返ることを意味する。

だが、黒田日銀は、いわば面子をかけ、体面を重んじて、マネタリスト陣営に白旗を掲げるよう要求することはなかった（とはいえ、教祖浜田宏一はあっさり白旗を掲げたことは先述のとおりである）。つまり、敗戦を「転進」と言い逃れしてごまかした、かつての大本営と同じ道を選んだのである。しかし、「転進」策は、それ自体のうちに最初から矛盾を孕んだものだから、論理的にみて成功するはずのないものである。

そこで、次の問題は、この矛盾のなかで、実際には何が進行するか、また現実に起こったことは何であったか、ということになる。

その第一は、短期金利のみならず、長期金利も低下し、イールドカーブのフラット化が起こったことである。イールドカーブとは、後でもう一度立ち返るが、さしあたり短期金利から長期金利までの利回り曲線、たとえば満期までの期間の短い国債から長い国債までの利回りをつないだ曲線をさすものと理解しておけばよい。短期金利がゼロからマイナスの水準に落ち込むのに併行して、長期金利までマイナス水準に落ち込むと、長短金利間のイールドカーブはフラット化（横に寝るように平行線化）する。なぜイールドカーブのフラット化が進行したかといえば、銀行の資金がマイナス金利の適用を受ける当座預金から、より高い金利が見込める債券に向かって動いたからである。これは、マイナス金利導入策の狙いがそれなりに実現したということを意味する。

銀行としては、マイナス金利導入後には、マイナス金利が適用される当座預金への積み増しを嫌って、手持ちの資金をたとえば有利子の国債で運用しようとする。そうすると、国債の価格は上がり、利回りは低下し、やがてマイナス水準に落ち込む傾向が生まれる。長期国債の利回りがこのマイナス化傾向のもとに向かっても、なお国債への投資が落ち込まないのは、異次元緩和を続ける日銀が、買い取り価格以上の高価格（低利回り）での買い取りを続けるからである。日銀は、マイナス金利導入後も、なお年間八〇兆円の国債買いオペを続けると約束している。新規発行の国債を証券会社等が購入して、すぐに日銀に転売して利ざやを稼ぐことを「日銀トレード」というが、日銀による大規模な異次元緩和策のもとでは、これが日常茶飯のことになっていた（現在もなおそうである）。マイナス金利の導入は、この「日銀トレード」に拍車をかける効果をもったとさえいってよかった。

その結果がイールドカーブのフラット化である。だがこれは、裏返していうと、マネタリーベース自体は、たとえマイナス金利を導入したあとであっても、一向に減らないということを意味する。つまり、日銀当座預金へのマイナス金利によって、先述（二三五〜二三六、二四四ページ）の「マネタリーベース→マネーストック」の流れにそって資金を動かそうとする日銀の思惑が実現しなかったことを意味する。

日銀の迷路に入って行き着いた長短金利操作付き量的金融緩和策

こうして、「量的緩和の継続」と「マイナス金利の導入」という相性の悪い二つの政策を同時に進めた結果の第一は国債利回りのマイナス化、したがって長期金利の低下であった。日銀当座預金へのマイナス金利の導入は、すでに銀行の企業向け貸出金利、たとえば短期プライムレート(短期優遇貸出利率)の下押し圧力となって、銀行の利ざや(収益)を悪化させる要因になっていたが、そのうえに長期金利の低下、マイナス化は、銀行のみならず、国債等の長期債の運用益に依存する保険・信託、年金基金等の経営を脅かすことになったのである(植田和男〈東大〉によれば、一六年度上期当時、全国銀行の経費率は〇・八五%、新規貸出金利は〇・七三%の水準に落ち込み、銀行の預貸業務は明らかに採算割れの状態に陥っていたという〈「日経」一七年一月二五日〉)。

たとえば一六年九月、金融庁は、マイナス金利政策が三メガバンク(三菱UFJ、三井住友、みずほ)で三〇〇〇億円程度の減益につながり、マイナス金利の更なる深掘りは一五〇〇億円程度の押し下げ要因になる、と試算した。マイナス金利は、短期プライムレートを下げる力になるが、貸付金に占める短プラの比率はメガバンク以上に中小銀行のほうが高く、地銀等の利ざやそれだけ圧縮される(一六年九月の東京商工リサーチの調査によると、一一四行中六割の銀行で利ざやが縮小した)。だから、地銀協会中西勝則会長は、マイナス金利について、「地方銀行にとっていいことはない。大きな影響で大変な思いをしている」と批判している(「朝日」一六年九月一五日)。こうした金融機関側のマイナス金利に対する批判・不満は、財界全体に広がっていった(たとえば、一六年四月には平野信行三菱UFJ会長、三村明夫日商会長がマイナス金利を公然と批判した。後日、経団連、同友会幹部もマイナス金利には疑問を呈するにいたった)。

そのうえに、マイナス金利の影響が景気に刺激を与え、企業の資金需要が増え、貸出額が伸びるという流れをつくりだしたわけでもなかった。ある地銀幹部は、「経済成長が見込めない地方で、金利を下げれば貸し出しが増えるなんて幻想だ」と言い切っている（「朝日」一六年九月一四日）。これは、マイナス金利によって、先述の「マネタリーベース増加→マネーストック増加」の関係が生まれたわけではないということ、したがって、課題とされてきた期待インフレ率は上がらず、デフレ不況は打開されることはなかったことを意味する。

そもそも、マイナス金利の導入は、名目金利の思い切った切り下げ（マイナス化）によって実質市場利子率を自然利子率以下に引き下げ、投資・消費需要を喚起して期待インフレ率の引き上げをはかる、したがってデフレから脱却するというシナリオによるものであった。だが、実際には、マイナス金利導入後も資金需要は高まらず、銀行の融資も増えることはなかったのである。これは、すぐ後でもう一度問題にするように、マイナス金利導入後も、「実質金利＜自然利子率」の関係は生まれず、「長期停滞」の暗雲に風穴をあける効果も生まれなかったということである。

とはいえ、マイナス金利による効果が全く何もなかったというわけではない。それは、「量的緩和の継続」と「マイナス金利の導入」の非整合的金融政策が、その合作として一種のミニバブルを生んだことである。まずマイナス金利導入は、当初から、株・投資信託等のリスク性資産への投資を促す効果を計算にいれたものであった。たとえば、銀行は当座預金の積み増しを嫌って、手元資金を他の投資物件にまわすだろうと予測されていた。またマイナス金利の効果は長期金利の低下に波及し、住宅ローン、不動産融資の増加を呼び起こすと期待された。実際にたとえば、住宅ローン、賃貸アパート向け融資は増加した（金融機関の貸出先別貸出によると〈日銀発表〉、一六年の不動産融資は前年比一五・二％増で、一二・八兆円だった。統計開始の七七年以来過去最高。また一六年一二月末の貸出残高は七〇兆三五九二億円、総貸出残高約四七八兆円のおよそ一五％に達した）。これはマイナス金利導入後、運用難に見舞われた銀行がＪ－ＲＥＩＴ（不動産投資信託）向け融資、貸付用住宅融資等に資金をまわした結果だとみられる（「日経」一七年二月一〇日）。さらに、量的緩和の面では追加策が実施され（一六年七月）、日銀によるＥＴＦ（上場投資信託）の年間買い入れ額は三・三兆円から六兆円へと増加した。これが、株・信託証券に一種のミニバブルを呼び起こしたのである（日銀のＥＴＦ買い入れ増額の効果に関して、本多佑三〈関大〉は、「ベースマネーを増加させる効果」と、「増加資金が第一義的には株式市場に流れ込む」結果の二点を指摘している〈「日経」一六年八月五日〉。株式投資の運用割合を増やすＧＰＩＦ（年金運用基金）の政策とあわせて、こうした日銀のリスク性資産の買い上げは、「官製相場」と呼ばれるようになる。

マイナス金利導入後のこうした帰結においていま重要なことは、さしあたり二点である。第一は、その当初、マイナス金利導入で意図された所期のシナリオは実現しなかったことである。これは第一に、「実質金利＝名目金利－期待インフレ率」の関係式にそくしていえば、名目金利の引き下げ（マイナス化）が長期金利（国債利回り）のマイナス化を呼び起こしはしたものの、「実質金利＜自然利子率」になるほどの効果にはいたらなかったこと、したがってデフレ不況の打開にはつながらなかったことである。第二は、量的緩和策の継続・追加策によって証券・不動産にミニバブルを呼び起こしはしたが、期待インフレ率の上昇にはつながらず、あいかわらずインフレターゲット策は不発のままにとどまったということである。

これらは、黒田日銀による異次元緩和の「転進」策が、所詮、文字通りの「転進」策にすぎなかったこと、あるいは本章冒頭の比喩でいうと、アベノミクスの二日酔いを迎え酒の勢いで吹き飛ばそうとしたが、二日酔いはおさまらず、深酒によっていよいよ悪寒が増してきた、つまり迎え酒がアダになってしまったことを意味する。そこで黒田日銀は一六年九月、一種の悪あがきであるが、迎え酒をさらに煽ることになる。これが、長ったらしい名前の「長短金利操作付き量的・質的金融緩和策」である。異次元緩和の名で出発した非伝統的政策は、最初は量的・質的金融緩和、次にマイナス金利付き量的・質的金融緩和、そしていまや長短金利操作付き量的・質的金融緩和策に「昇格」を遂げた。名前がだんだん長くなるのは、日本文化に特徴的な「建て増し主義」をアベノミクスも踏襲したからである。

「建て増し主義」の言葉が出たところで、一息入れよう。

3　安倍政権がさまよう「建て増し主義」の道

「建て増しを重ねてきた旅館のような迷路」を生む日銀

一六年九月二一日、黒田日銀が量、質、金利の三面から、これまでの「量的・質的金融緩和」や「マイナス金利付き量的・質的金融緩和」を踏まえて強化するとして打ち出した「長短金利操作付き量的・質的金融緩和策」に対して、「朝日」社説（一六年九月二二日）はこれを「きちんとした説明を欠いたままの、事実上の政策転換である」と評し、転換の意味を、従来の「量」を主眼とした政策から「長期の金利の水準を操作の対象に加える」点に求めた。この解釈は概ね正確だと思われる。そのうえで、同社説は、従来の政策の限界や副作用をはっきり認めないままに次々と新たなメニューを打ち出していく姿勢は「建て増しを重ねてきた旅館のような迷路を生む」と批評した。黒田日銀の政策転換過程をいわば総括して「建て増し主義」だと批判したわけである。

政治・思想・芸術・建築等における日本文化の伝統に「建て増し主義」の規定を与えたのは、本書プロローグでも触れたが、私の知る限り、加藤周一である。建て増し主義が目でみてわかる代表例は、加藤によれば、武家屋敷である。江戸の武家屋敷は必要に応じて、次から次へと、部屋や分室等を建て増していくから、その内部はまさに「建て増しを重ねてきたあげくの迷路」が張り巡らされる。この建築様式は、たとえば、ヨーロッパにおける王宮、宮殿、館の構造とは対照的である。西欧の宮殿は、最初から、一定の様式にもとづく設計図で築造されている。日本の屋敷は、計画的な設計図によるものではなく、その時々の必要に応じて、いわば場当たり的に建て増された部屋の集合が屋敷全体になる。

こうした建て増し主義の特徴は、本書ですでに触れてきた論点ではあるが、過去の古いものに並んで、すぐ横に新しいものが付け加えられる点にある。建て増しで拡張していく武家屋敷にあっては、新しく建てられた棟や部屋が屋敷内に加わるが、それによって古い部屋が壊され、なくなるというわけではない。古いものは破壊されることなく、そのまま残されたところへ、新しいものが並ぶようにして加わるのである。焼き物でいうと、土器から陶器、磁器の製作へと焼き物の技術は変化するが、古い土器が新しい陶器や磁器によってすっかりとって代わられるというわけではなく、建て増し主義のもとでは、古いものから新しいものまで、併存することになる。磁器の時代になつても土器は消滅しないのである。

加藤は、建て増し主義に対比されるタイプを差し替え主義（あるいは建て替え主義）と呼んだ。差し替えとは、たとえばヨーロッパ建築の例では、ロマネスク、ゴシック、ルネサンス、バロック等の建築は、原理・様式が異なるから、一つの様式（たとえばロマネスク）は、新しい様式（たとえばゴシック）が台頭してくると、古いロマネスクから新しいゴシックに建築様式が一変する、つまり差し替えられるということである。建て増し主義では、ロマネスク様式の建物にゴシック風の新築が付け加えられるということになるが、差し替え型の文化では、古い様式は新しい様式に差し替えられて滅びる、ということになる。

　建て増し型と差し替え型の違いが、きわめて鮮明になるのは宗教である。差し替えでは、一つの教義にもとづく宗教が新たな教義にとって代わられるわけであるから、それが一神教間の争いになると、宗教戦争が勃発する。だが、建て増し主義でかつ多神教が支配的な日本のような国では、宗教間の争いも宗教戦争にまでは至らない。土着の八百万神信仰の横に外来の仏教やら、儒教やら、道教やらが加わり、神棚には産土神から如来、菩薩、七福神等が並んで座り、少なくとも民衆信仰の世界では、そこに十字架からマリア像が付け加えられてもさほどの違和感はない。日本では、困ったときや願い事に「神様、仏様、キリスト様」と三人並べて口にするのは普通のことである。建て増し主義は差し替え主義と違って、原理・原則・教義・様式等の違いにはあまり拘泥せず、その時々の必要に応じて、よくいえば柔軟に、悪くいえば融通《ゆうずう》無碍《むげ》に、各種の文化は使い分けられるわけである。

　日本の建て増し主義のきわめつけは、私のみるところ、祭りやイベント等の年中行事にみることができると思う。たとえば年末年始にかけてのクリスマス、大晦日除夜の鐘、神社初詣、（大阪では）えべっさん、どんと焼きなどと、さまざまな由来の催しが続く。スポーツの種類の豊富さもその例を示すかもしれない。料理も恐らくは土着に外来を建て増して多様化した文化の例だろう。あるときは整然と、あるときには雑然と、土着や外来の数々の文化が居並ぶ形で現存する。併存するものを貫き通す原理は見当たらない。

西欧の差し替え主義では、新しい原理や様式が過去の古いそれと競い、対抗し、衝突・対立する歴史をたどるから、過去から現在、現在から将来への転換が明確になってあらわれる。変化は「革命」型になるわけである。だが、建て増し主義では新旧の交代が明確ではなく、変化はなし崩し的に進むことになる。過去は清算されず、きっぱりと決別されることもなく、長期にわたって生き残る。かといって、過去がそのままの姿で生き続けるというのではなく、現在の新しい動きの陰に隠れるようにして生き残り、時に応じて顔を出して、それなりに強靱な力を発揮する、ということである。一言でいうと、過去は清算されるのではなく、忘れられるのである。だからこそ、変化はなし崩し型で進行することになる。この過去は清算されないが忘れられるという特質――これが、加藤によれば、日本文化の「いま＝ここ主義」にかかわって重要になる（いま＝ここ主義についてはエピローグで再述する）。

原発政策にもあらわれた「建て増し主義」の弊害

そこで、建て増し主義だけをとりだして、その特質をあげてみると、原理・原則にはさほど拘泥しない、変化はなし崩し型である、過去は決別されず、忘れられはするが生き残る、といった傾向をそこにみることができるということになろう。これらに照らして黒田日銀の政策の変遷をみると、まさにそれは先の「朝日」社説がいうとおり「建て増し型の旅館」を彷彿とさせるものであった。それは、「量的・質的金融緩和」→「マイナス金利付き量的・質的金融緩和」→「長短金利操作付き量的・質的金融緩和策」と変遷する名称をみるだけでも明らかであろう。その背後にある理論は、前章でみたとおり、ノーベル経済学賞の建て増し主義、すなわちフリードマン部屋の横にクルーグマン部屋を建て増し、必要があれば次にはシムズ棟を建て増そう、というものであった。

だが、焼き物や建築や年中行事の建て増し文化は横におくにしても、政治・外交や科学、思想の世界では、建て増し主義はいただけない。現代日本におけるその最たる例を、高速増殖炉もんじゅの廃炉と高速炉開発の維持という原子力政策にみることができよう。

黒田日銀がちょうど「長短金利操作付き量的・質的金融緩和策」を発表した同じ一六年九月二一日に、安倍政権は原子力関係閣僚会議を開き、高速増殖炉もんじゅについて廃炉を含め抜本的な見直しを行う方針を決定した（同年一二月に閣議決定）。この決定は原子力政策史に残るきわめて重要な政策転換を意味するものであった。もんじゅは、その建設が始まったのはおよそ三〇年前の一九八五年、臨界に達したのが九四年、稼働したのはそれ以降二二年もの間でわずか二五〇日という驚くべき欠陥原子炉、およそ一兆円もの資金を食った無駄・浪費の典型的な施設であったが、ついにその役割を終えることになったのである。廃炉方針は、高速増殖炉実用化の見通しがほとんど立たなくなった、という厳しい現実によるものであった。

もんじゅは核燃料サイクルにおいて決め手になる高速増殖炉であり、その廃炉は核燃料サイクルそのものの廃棄、したがって原発政策の根本的見直し、原発再稼働の即刻停止に向けて方針の大転換を図らなければならないことを意味する。つまり、原発政策を根本において差し替えるということである。ただ、こういっただけでは、原発に詳しくない人にはわかりづらいだろうから、核燃料サイクルについて、若干の説明を加えておく。ただ、これは原発についてはまったくの素人である私の耳学問にすぎないことを断っておく。

核燃料サイクルというのは、核燃料を燃やしながら、その過程で新たなプルトニウムを増殖し、その再利用で発電していくサイクルのことである。サイクルは、ウランを軽水炉原発で燃やして発電し、そこから生まれる使用済み核燃料を取り出すところから始まる。使用済み核燃料は再処理され、プルトニウムが抽出される（現在建設中の青森県六ヶ所村再処理工場に予定された作業）。このプルトニウムはウランと混合したＭＯＸ燃料となり、核燃料サイクルにそくしていえば、高速増殖炉の燃料として使われる。この高速増殖炉に予定されていたのがもんじゅである。高速増殖炉とは、ＭＯＸ燃料にプルトニウムを利用しながら、同時に、消費したプルトニウム以上の新しいプルトニウムを生み出す「夢の原子炉」とされていたものである。燃料にされるプルトニウム以上のプルトニウムを生み出すから「増殖炉」と呼ばれる。

いまここで重要な点は、核燃料サイクルとは、高速増殖炉から新しく生み出されたプルトニウムを次の核燃料として使うシステムのことだから、このサイクルにあっては、もんじゅが決定的な環を担うことである。だから、もしここで建て増しではなく、差し替え主義に立つとすれば、原子力政策の全体を核燃料サイクルの原理に遡って根本から見直し、もんじゅの廃炉を核燃料サイクルの廃棄に徹底していかなければならない。差し替えとは、換言すれば、建て替えのことだから、核燃料サイクルの全体構造を建て替えなければならないのである。ところが、建て増し主義のもとにあっては、そうはならない。過去のもんじゅ建設はいったんやめにするが、その横に別棟を新しく建て増すという形になるのである。

実際、驚くべきことに、否、あきれかえるというべきか、安倍政権は「高速増殖炉はやめるが、あらためて高速炉の開発を進める」という方針を決定した。屋敷内の古くなった部屋は使用しないが、その代わりに同じ機能の新棟を別途建設するというのである。菅官房長官は、一六年一二月二一日、もんじゅ廃炉を決めた閣議後の記者会見で、「核燃料サイクル政策を堅持し、高速炉開発を推進していくことが極めて重要」と述べた。彼がこう述べるときの口調は、話したくもないことをボソボソとふて腐れ顔でしゃべる通常の場合とは違って、前にいる記者たちを強い語気に頼って威圧しようという態度で話した。この人物は、筆者のみるところ、沖縄の辺野古新基地建設のときもそうであるが、矛盾したことを話すときには、語気を強め、ただその意気込みの力に頼って矛盾を取り繕おうとするのを本領とする。だが、意気込みだけでは到底論理的矛盾をかき消すことはできない。

原発政策にみるこのような建て増し主義は、アベノミクスや原発政策だけではなく、その他、重要な政策領域では、なんども繰り返される。これは、すでにプロローグでも指摘しておいたように、安倍政権全体の特質であるといっても過言ではない。そこで、ここでは、もう一つだけ例を追加しておこう。TPPに対する安倍政権の対応がそれである。

TPP騒動にあらわれた建て増し主義の顛末

TPPでは、安倍政権に、思わぬ所から火の手があがった。アメリカのトランプ政権の誕生である。トランプ大統領は、就任第一声に、TPPからの永久離脱を宣言した。このトランプ新大統領のTPPからの永久離脱宣言については、すでに本書でも、第二章（一四七〜一五〇ページ）でみてきた。

そもそもTPPは、安倍政権からみれば、アメリカ側から半ば反強制的に要請されたものである。それは、オバマ政権による菅直人民主党政権に対する要求に始まる。野党時代の自民党は、農業や公共事業関係の族議員をはじめとして、TPPには抵抗する議員が多かったほどである。重要五品目（コメ、麦、牛肉・豚肉、乳製品、砂糖）に関しては関税撤廃から除外する、また五品目の「聖域の確保」が崩れた場合には脱退するとした国会決議等はこのことを示している。ところが、TPPを仕掛けた本家本元アメリカが、トランプ政権になるや、掌を返すように離脱に走ったのである。もちろん、アメリカのTPP離脱は、単なるトランプの思いつきによるものではなく、それなりの背景があってのことである。とはいえ、安倍政権からすれば、二階に上げられて、突然、ハシゴを外されたのと同じ状態になった。

ＴＰＰは、原理的にいえば、環太平洋圏を対象にした米日主導の新自由主義的グローバリズムの所産であった。安倍政権の路線に照らしていえば、グローバル競争国家化戦略の一環であるといってよい。トランプ政権のアメリカが、その理由の如何を問わず、ＴＰＰからの永久離脱を打ち出したことは、少なくとも通商政策面では、新自由主義的グローバリズムとは別の原理（通俗的には保護主義とよばれているもの）に乗り換えたことを意味する。これが差し替え主義からみた場合の、ＴＰＰ離脱の意味である。トランプ政権は、是非を別にして、他の領域でもこのような転換策を打ち出した。

たとえば移民政策、対中東政策、ＮＡＦＴＡの見直し、国境税、通貨・為替政策、そのほか軍事・核戦略についても、対北朝鮮政策とかかわって、変化の方向が打ち出された。これらがどのような体系のものとしてまとめられるかは、新政権発足後半年以上たった現在（一七年秋）でも定かではなく、恐らくは、整合性をもった一つの体系にまとめられるとは考えられないが、いまここで重要なことは、トランプ政権の発足直後の対応は、建て増し主義ではなく差し替え主義に立脚していたということである（一七年八月には失脚することになったが、差し替え主義のあらわれは、ＴＰＰ離脱を「近代米国史で最も重要な転換」と解説したバノン主席戦略官・上級顧問のイデオロギーによくあらわれている。自称「経済ナショナリスト」で、自由貿易を目の敵にする彼は、ＴＰＰ離脱によって「米国は主権を取り戻した」とも述べ、トランプ政権の三本柱として、経済ナショナリズム、国家安全保障、行政国家の解体を挙げた〈「日経」一七年二月二五日〉。バノンの掲げる政策は、現代アメリカの「極右派」の典型をよく物語っているが、ただし、これがオバマ政権期の民主党の政策に対して差し替え主義の意味を持っていたとしても、果たして現代アメリカにとって政策的整合性をもちあわせていたかどうかは別問題である。およそ半年後のトランプ政権からの彼の「追放」はこのことを物語るものであった）。

安倍政権は、これについていくことができない。なぜか。その理由は二つある。第一は、安倍政権は、これまでの伝統的自民党政権と同様に、少なくともその外交路線に関するかぎり、指導原理をすべてアメリカに依存し、米政権に求めてきたからである。その是非を別にするとしても、自主的原理に立脚し、自前の考え方にもとづく路線を歩んできたことは、まったくといってよいほどになかった。一言でいえば、骨の髄まで対米追随主義が浸透していたということである。この点では、すでに第一章でもふれたが、安倍晋三は祖父岸信介のＤＮＡをそっくり受け継いでいるといってよい。もっともこの場合のＤＮＡは、岸の「反米」ではなく「親米」の遺伝子、安保改訂時のそれである。第二は、ここでいう建て増し主義、「いま＝ここ主義」の伝統を引き継いできたことである。

ここから安倍政権は、たちまち、新たな対米追随の棟を建て増し、そこに今後の政治のあり方を求めるということになる。これが二ヶ国間協議である。

三月初め、安倍政権は二つの方向を示した。一つは、アメリカ抜きのＴＰＰは選択しないということである。これは過去に建てた屋敷（アメリカ主導のＴＰＰ）はつぶさず、残すということであり、これによってアメリカ抜きのＴＰＰの発足には道を閉ざした。もう一つは、新しい選択肢を考える、つまり建て増し主義に忠実に、別棟を設けるというのである。これが二ヶ国間協議である。トランプ政権は、早速、「アベ政治」のこの足許を見透かすように、二ヶ国間協議に応え、これによって農産物市場の拡大に乗りだし、その「最大の標的は日本である」と宣言した。TPPの館が使用できなくなったから、そのすぐ横に二ヶ国間協議の別棟を用意したら、そこに素早くアメリカの農産物が入り込もうとした、というイメージになる。百人一首風にいえば、「由良の門を渡る船人舵を絶え、ゆくえも知らぬ安倍の道かな」というところか。アベ式建て増し主義のもとでは、このようにして「国益」が失われていくのである。憲法九条二項に三項を加える「建て増し主義的加憲論」については、プロローグで述べたのでここでは繰り返さない。

さて脇にそれた話がすっかり長くなってしまったので、このあたりで話を戻し、黒田日銀の建て増し主義に立ち返らなければならない。最初にみておかなければならないことは、新政策がどういうものであったかである。

4　国民を煙に巻く黒田日銀の終着駅

いかにも日本風「長短金利操作付き量的・質的金融緩和策」の採用

黒田日銀が、建て増し主義にそってたどりついた最後の金融緩和策は、「長短金利操作付き量的・質的金融緩和策」というものであった（この政策は、総裁任期が一八年三月末であることを考えれば、黒田日銀にとって、恐らくはこれが最後の政策になると考えられる）。これはいったいどういう政策か。それは、この「長短金利操作付き量的・質的金融緩和」が、それまでの「マイナス金利付き量的・質的金融緩和」の次にあらわれた政策であること、その名称変化のうちに読み取ることができる。

つまり、「マイナス金利付き」がいまや「長短金利操作付き」に変わったということである。可能性からみれば、新政策は「マイナス金利付き」をさらに深めること、すなわちマイナス金利をさらに下げるために深掘りするか、それとも金利操作の方に衣替えを図るか、この二つの選択肢があったと考えられるが、日銀は、金融業界から不人気のマイナス金利の深掘りではなく、後者の道を選択して、「長短金利操作付き」の方を選んだのである。

では、「長短金利操作付き」とは、どういう政策をさすのか。これは主に二つからなる。一つはイールドカーブ・コントロール、いま一つはオーバーシュート型コミットメントである。こう書くと、またカタカナの業界用語か、とうんざりする向きもあろうが、用語そのものも解説を含めて、それらがいかなる政策をさすのかを簡潔にみておくことにしよう。

イールドカーブ・コントロールにつきまとう金融政策の矛盾

まず、長期・短期の金利を操作するイールドカーブ・コントロールというのは、すでにイールドカーブ（利回り曲線）について説明しているから、それほど難しいことではないはずである。イールドカーブは縦軸に金利、横軸に期間をとって描かれる短期から長期までの利回りカーブのことだから、通常は右肩上がりとなる。この曲線を日銀がコントロールする、すなわち短期金利の方は日銀当座預金に対する政策金利を操作してマイナス〇・一％近傍の水準に維持する、そして長期金利の方については一〇年物国債金利の操作によってゼロ水準にコントロールする、これがイールドカーブ・コントロールの意味である。

ここで長期金利をゼロ水準に維持するとしたのは、年金・保険基金の運用に配慮したものであった。長期金利がマイナスの状態のままで続いたのでは、長期債に依存する年金・保険基金で運用益が見込めなくなってしまうからである。この困難を緩和すべく、イールドカーブを多少とも右肩上がりに改善するためには、日銀が国債買いオペを通じて、その利率をゼロ近傍水準で維持せざるをえなくなったわけである。したがって、短期物に対するマイナス金利策の横に継ぎ足すようにして、長期物のゼロ金利策を建て増す、このいかにも日本風の長短金利操作併用型の策がイールドカーブ・コントロール策の中身である。

〈注〉

「朝日」一七年二月二六日によると、GPIF（年金運用基金）は、一四年一〇月に、国債による運用は低金利のため少なくなり、国内株式投資を増やした。一六年三月末で約三〇兆円を運用。日銀は、ETFを一六年末で約一一兆円買い入れている。東証一部上場企業の時価総額は約五〇〇兆円である。GPIFと日銀の保有分を併せると、全体の八％の約四〇兆円を占める。これは民間最大の投資家日生の運用額八兆円を大きく上回る。GPIFと日銀の実質保有株は、東証一部の約九八〇社において、五％超の大株主だった。全体の四分の一にあたる四九〇社では事実上の筆頭株主だった。一四年一〇月には、日経平均は一万六〇〇〇円だったが、これが一五年四月には二万円台に乗せた。つまり公的資金が株価を支えているというわけである。この記事によると、日銀のように政策として政府部門が株を購入するのは世界的にほとんど例がないという。巨大な官製相場ができあがつているということである。逆に言うと、金融政策が出口に向かう時には、株を売らなければならないから、株価は不安定化する。この危機が迫っているということである。

だが、多くの論者が指摘し、本章（三〇九～三一〇ページ）でもすでにみてきたように、一方でのマイナス金利策と、他方での国債買いオペによる長期金利の抑制策とは、政策としては整合性を持たず、むしろ衝突しあう性格をもったものである。たとえば、マイナス金利策で日銀当座預金の金利をマイナス水準に抑え込むことは、当座預金をこれ以上増加させず、資金の流れをたとえば有利子の国債投資に向かわせる効果を予定した政策である。ところが、国債の「爆買い」による日銀の量的緩和策は、銀行等から毎年八〇兆円もの国債を買い上げ、したがって当座預金を増やし、場合によれば長期金利のマイナス化をも辞さないという考え方にたつものである。話を繰り返すことになるが、一方は日銀の当座預金の抑制を想定し、銀行等の国債投資を増加させることを予定し、他方は、これとは逆に、当座預金を増加し、銀行の国債保有を減らすことを予定したものである。両者は、その限りで政策上互いに矛盾する（一点だけ、正確を期すために補足しておくと、国債買い入れは、従来からの継続として維持するが、ただし、それはこれまでの国債保有残高の量を目安にしたものではなく、長期金利をゼロ水準に保つことを目的として、保有残高の量そのものについては、柔軟に対応する、とした。これは、「量」よりも「金利」を重視する立場に移動することを意味するから、一言で「量から利率へ」の政策転換と呼ばれることになった。とはいえ、二つの政策間の矛盾はこれで取り除かれるというものではない）。

その効果において相互に矛盾しあう二つの政策は、いくらやっても成果があがらないことは、誰にでもわかることだろう。これは、先の比喩を用いていうと、日銀王朝が、大きな宮殿に新たな部屋や新棟を継ぎ足し、建て増しを続けたあげくに、その館内が迷路を巡らしたように複雑になってしまったこと、ひたすら建て増しによって拡張してきた和風旅館さながらの建物になってしまったことを意味する。とはいえ、旅館ならば、仮にその内部の廊下が迷路のようになったとしても、まだ使いようがあるが、金融政策の迷路は最後は袋小路に行き着くのが落ちだから、そこに入り込んではならないものである。

オーバーシュート型コミットメントによる事実上の幕引き

さて第二は、オーバーシュート型コミットメントと呼ばれる政策であった。この業界用語は、経済学の専門的辞典類であっても、まずみかけることのできない言葉である（ちなみに、金融論専門の大村敬一〈早大〉も、こうした言葉使いを「わかりにくいネーミングだ」としている〈「日経」一六年一〇月四日「経済教室」記事〉）。国民向けの政策説明において、こういう難解な言葉を用い、平然としてはばからない黒田日銀総裁に、私は、率直にいって嫌悪感を抱く。

オーバーシュートとは、一般的には「通り過ぎる」とか「度を超す」、矢が的を飛び越えてしまう「射越す」とかを意味する言葉であるが、むろん、ここでは黒田日銀自体がオーバーシュートしてしまい、とんでもない方向に向かって飛んでいくということを意味する（と勘ぐる読者がいても不思議ではないが）、というわけではない。ここでいうオーバーシュート型というのは、物価上昇率が目標の二％を超えた水準に達したとしても量的緩和策をやめず続ける、二％目標を通り過ぎてもなお「異次元緩和」を続けるということである。したがって、オーバーシュート型コミットメントとは、日銀が物価上昇を目標にして進めてきたマネタリーベースの拡大を、二％を少々超えたとしてもなお続けますよ、というコミットメント（政策的約束）を意味する。

従来の異次元緩和は、「二年間で」とか「一七年度中には」とかの期限を切った量的金融緩和策であったが、ここでは、そうした目標年次は明記されない。ということは、このオーバーシュート型コミットメント策によって、これまでの「マネタリーベース拡大↓早期の二％物価上昇率目標達成」というリフレ派的見解を、事実上、修正ないし放棄したことを意味する。つまり、短期決戦型の作戦はうまくいきませんでした、期限を決めて断固たる決意を示しても世間の期待を変えることにはなりませんでした、所期のインフレターゲット戦術は失敗に終わりました、ということをこっそりと認めたようなものである。だが、日銀はこの自らの「失策」「敗戦」を公然と、あからさまに認めるわけにはいかない。そこで、過ちをごまかす表現として、一読するだけでは理解困難なオーバーシュート型コミットメントの用語を用いたのである。先述の「転進」策とおなじようなものである。

ただし、注意しなければならないのは、オーバーシュート型コミットメントの新方針は、日銀のこれまでの推論「マネタリーベース拡大↓物価上昇」の全面放棄を意味するものではない、ということである。すなわち、黒田日銀は相変わらず、物価上昇の実現のためには、予想物価上昇率を上げなければならず、そのためにはマネタリーベース拡大の量的緩和策はなお今後とも続けなければならない、とみなしているのである。キーワードは依然として期待インフレ率にある。期待インフレ率の引き上げを、日銀の度を過ぎたオーバーシュート型のコミットメントで達成しようというのは、あたかも「日銀寺院」がこれまで以上の大声で念仏を唱えれば、世間の信者が増え、それだけ物価上昇への期待感が上げ潮に向かう、と考えているようなものである。だが、日銀の発する「気合い」が大声になり、オーバーシュート気味になったからといって、市中の物価が上がるわけではなく、日銀の独り相撲に終わることは、これまでの経緯が示してきたとおりである。

日銀が、このような「新政策」を発表したのは、一六年九月二一日のことである。それから約半年を経過した一七年三月一六日、金融政策決定会合はこの「新方針」をほぼ継続・踏襲することを確認した（追記：一七年七月の金融政策決定会合においても、追認した）。ただしそれは、「新政策」が一六年後期から一七年前期にかけた半年間で成果を上げたから、という理由によるものではない。歯に衣着せずにいえば、それは日銀が上記の袋小路に迷い込んでしまったからである。袋小路に入り込むと、前に向かって進むこともできなければ、後戻りすることもできず、また自力によってどこかに脱出路を切りひらくこともかなわなくなる。

これは、一三年四月に開始する黒田日銀の「異次元緩和」策、したがってアベノミクス第一の矢の時代がひとまず終焉の時期を迎えたということを意味する。アベノミクス第一の矢は、それが放たれてからおよそ三年半（一七年三月金融政策決定会合における「新政策」の継続決定を踏まえると四年）もの間、的に届かないまま、飛び続けてきたものの、ついに飛翔に必要な政策的エンジンを失い、もはや飛ぶ力も持たなくなってしまったということである。こういう場合、第一の矢がみかけのうえでなお生き残るためには、他力に頼るほかはない。すなわち、アベノミクス第一の矢は自力で本願を成就することはできず、他力本願（本章冒頭の言葉で言えば、三番目の迎え酒）にかけるほかはなくなったのである。

一六年九月の黒田日銀最後の「長短金利操作付き量的・質的金融緩和策」発表以降、日銀が頼ろうとした他力は、大きくいうと二つあった。アベノミクスの構造に照らしていうと、この二つの他力とは、政策上の系譜にそくしていうと、第二及び第三の矢の世界に属する「他力」であった。念のために振り返っておくと、第二の矢とは財政政策、第三の矢とは成長戦略による力（金融政策からみれば「他力」）であった。この二つの「他力」に依存するというのは、手っ取り早くいって、黒田日銀の金融政策が頼りにならないのであれば、もう一度財政政策にかけてみるか、いやもはや金融・財政政策ではあてにならない、成長戦略に依存するほかはない、といった流れないし議論が、アベノミクスの枠内において強くなったということである。

そこで、本章の残りの課題は、この二つの「他力本願」策がどういうものかということを検討することに向けられる。そこに話題を転じる前に、蛇足を一点付記しておくと、この他力本願策が、いかにも日本風（ジャパニズム）の「神さまがダメなら、仏さまに、仏さまもあてにならないのであれば、キリストさまに、そのキリストにも見捨てられたときには、……まあその時にはその時の風が吹く」式の建て増し流儀だということは、指摘する必要はあるまい。そのうえで、ここで一点述べておかなければならないことは、一六年九月以降、アベノミクスの命脈にトランプ政権が加勢したことである。加勢とは、トランプ政権の誕生が、アメリカ国内における予想外の「トランプ景気」を呼び起こし、ドル高・円安傾向が進んで、日本の輸出・景気にプラスの効果が及んだことである。ただし、日本経済の現実的動向に対するこのトランプ効果については、本論の大筋を明確にするために、これ以上は立ち入らない。この点を断っておいて、以下、二つの「他力本願論」を取り上げて、アベノミクスの最近の局面を検討することにしよう。

5　金融政策の二日酔いに対する財政政策の「迎え酒」

国民を不幸にする「悪魔の経済学」の登場

まず第一の矢に代わる「他力本願」のアベノミクス策は、金融政策に代えて財政政策の「他力」を用いることである。ただ一口に財政政策といっても、その政策内容は大きく二つに分かれる。しかも、これがアベノミクス陣営の混乱を物語っているのだが、この二つの財政政策の方向は正反対のもの、弓矢の比喩にそくしていえば、反対方向に向かって飛ぶ矢である。ここでは、このいかにも対照的な二つの財政政策を、語弊を恐れず、大胆に財政責任派（あるいは財政再建派）と財政無責任派（あるいは財政破綻派）と呼び分けておくことにしよう。

財政責任＝財政再建派とは、財政再建ないし財政健全化策を通じて黒田日銀が「異次元緩和」でねらったインフレターゲット策を実現しようというものである。したがって、これはアベノミクス当初の第二の矢であった果敢な財政出動策というものではない。財政赤字が増大することを覚悟のうえで公共事業等の財政支出を拡大するというのではなく、むしろ財政赤字の膨張を食い止め、その健全化策を進めるべきだというものである。これに対して、財政無責任＝破綻派の方は、逆に財政赤字のたれ流し策を続けるべきだ、増税等で財政再建を進めるのは後回しにして、ここ当分は、無責任と呼ばれてきた財政インフレ策を意識的に選択すべきだ、というものである。一口に財政政策に頼るといっても、財政責任＝財政再建派と財政無責任＝破綻派とでは、まるで正反対の方向を志向するのである。

こうした二つの対照的な論調のうち、ここでは、前章からの継承を考慮して、まず財政無責任＝破綻派の方からみていくことにしよう。こういえば、察しがつくと思うが、財政無責任＝破綻派の議論とは、前章の最後に触れておいたノーベル経済学受賞者クリストファー・シムズ（プリンストン大学）のＦＴＰＬ論（物価水準の財政理論）のことである。シムズは、一六年八月のジャクソンホール会議での講演において、「ゼロ金利近傍では金融政策の効き目が薄れるため、インフレを目指した財政支出でインフレ期待を引き上げるべきだ」と講演した（「日経」一七年一月二九日の要約）。これがアベノミクスの元祖浜田宏一の宗旨換えを呼び起こしたことはすでにふれたとおりである（二一一ページ）。このシムズ説を、黒田日銀のインフレターゲット策に即しつつ、もう少し詳しく紹介するとこうである。

ＦＴＰＬ論は、まずゼロ金利のもとでは金融政策によってインフレを達成することは難しい、インフレ期待に依拠してインフレターゲット策を追求するのであれば、金融政策ではなく財政政策を活用すべきである、と考える。財政を使ってインフレを呼び起こす最も手っ取り早い方法は、あらためて指摘するまでもなく、財政インフレ策である。インフレを喚起するための伝家の宝刀は、古今東西、中央銀行による財政ファイナンスであった。これはほとんど常識である。財政ファイナンスは、今日では、ヘリコプター・マネー論と呼ばれているが、それは「ヘリ・マネ策」がインフレ（ただし悪性インフレ）を呼び起こす最も単純かつ手っ取り早い方法だからである。

では、ＦＴＰＬ論は財政ファイナンス論（ヘリ・マネ論）と同じかというと、シムズらの立論による限り、そうとはいえない。ＦＴＰＬ論が狙うのは、財政ファイナンスによって実際にインフレを呼び起こすことよりも、そこにいたる前に、国民の期待を変える点にある。政府が借金を増やし、実際の財政インフレが進行する以前に、国民のなかにインフレ期待を呼び起こしておけばよいというのである。「期待」に対する働きかけを重視する点では、これまでのインフレターゲット論に同じである。

では、インフレ期待はどうすれば生まれ、高まるか。それは、ＦＴＰＬ論によれば、政府による借金残高は財政インフレによって棒引きにする、つまりインフレによる政府債務の目減りによって償却する、と宣言すればよいという。

政府が借金を垂れ流し、通貨価値が下落してインフレが進行すれば、政府の債務残高は目減りするから、確かに、実質債務負担は減っていく。これをインフレ税による政府債務の返済と呼んだりするが、言い換えると、前章でも指摘したように、これはインフレによって部分的に国家破産を進めることにほかならない。そこで、政府は今からこの部分的国家破産を宣言する。つまり、増税等によって借金を返済するようなことはしない、インフレの進むがままにまかせて、借金の棒引きをじわじわと推し進めると宣言すれば、政府のあまりの無責任さに驚いた国民は、インフレを予想せざるをえなくなる。すなわち、いやおうなくインフレ期待が高まる。この期待の変化を利用すれば、二％の物価上昇などは、金融政策に頼ることなく（いともたやすく）実現できる。これがＦＴＰＬ論の要点である。

このようなＦＴＰＬ論を黒田日銀のインフレターゲット策と比べてみれば、同じインフレ期待の引き上げといっても、前者が金融政策によるのではなく、財政政策に依拠したものであるということが、一応理解できるだろう。しかし、こんな理屈は果たして、まともな経済理論といえるだろうか。私にはとうていそうとは思われない。前章の最後のところで、クルーグマンのインフレターゲット策は当人が「頭の体操のためのおもちゃ」と告白した程度の代物にすぎないことを指摘しておいたが、ＦＴＰＬ論についても同じように、財政をおもちゃのようにもてあそぶゲームのようなものにすぎないといわなければならない。無責任の度合いという点では、シムズはクルーグマンを凌駕する。なぜなら、国家破産を宣言し、そのつけを国民にまわすぞと脅して、物価をつり上げようなどというのは、およそまともな理屈とはいえない代物だからである。このようなシムズ説にいわばいかれて変節を遂げた浜田の胸ぐらには、私としては、手厳しく批判の矢を放っておきたいと思う。

現代日本において幸いなことは、このような無責任きわまるFTPL論を「悪魔の経済学」と切って捨てる見解が論壇に残っていたことである。私は、偶然これを、「朝日」(一七年三月一五日)のコラム「経済気象台」(ペンネーム「千」の記事)で知った。この短文コラムは、マネタリストM・フリードマンの「ヘリ・マネ論」とC・シムズの「FTPL論」とを並べて、両方ともに「国民の幸せはそっちのけで、あたかもインフレにすることが是であるかのように、物価を上げるリフレ策」を重視する点において共通する、と指摘した。特に「FTPL論」に関しては、政府がインフレによって国の借金や国民の貯蓄を目減りさせ、つまるところ国民を幸せにするのではなく、むしろその逆に、「国民を不幸にして国の借金を軽減する『悪魔の経済学』だ」と鋭く批判した。コラムは、「経済学は人々を豊かにし、幸せにする学問でなかったのか」と結んでいるが、まさに然り、そもそも人々の幸せに多少とも貢献することを社会的使命と心得る経済学の視点に立てば、「FTPL論」などは「悪魔の経済学」だといわなければなるまい。

ここで付け加えるべき点はただ一つ、アベノミクス(の名の「えせ経済学」)も実は「悪魔の経済学」の片割れである、ということだけである。しかし、これで話が終わったわけではない。きわめて遺憾なことに、この他にもまだ「国民を不幸にする悪魔の経済学」が存在するのである。それが、「財政無責任＝破綻派」に並ぶ「財政責任＝財政再建派」の議論である。両者は、形の上では、正反対の議論であるが、「国民を不幸にする」という点では共通する。ここに目を転じよう。

「財政破綻のテールリスク」を根拠にした「財政責任＝財政再建」派

「財政責任＝財政再建派」の議論というのは、これまでの話とのつながりでいうと、黒田日銀の掲げたインフレターゲット策の狙いを実現するためには、政府が財政再建ないし財政健全化策を進めることが肝心だ、とする主張のことである。これは、金融政策よりも財政政策を重視する点において、また、財政政策の面では上記の「財政無責任＝破綻」派とはちがって財政責任・再建を重視するという点において、これまでに紹介してきた「理屈」とは異なる。本章冒頭で使用した比喩に照らしていうと、この「財政責任＝再建」派が、ノーベル経済学賞のはしご酒による二日酔いに対して、アベノミクスの用いる第三の「迎え酒」にあたるわけである。

問題なのは、黒田日銀が陥った二日酔いに対して、なぜ「迎え酒」の効果が「財政責任＝再建」派に期待されるのか、という点にある。この点を確かめるためには、いったん話を戻して、日銀がその失敗を取り繕うために、（インフレを達成できなかった）失策の責任を、日本においては期待インフレ率を「合理的な期待形成」にもとづくのではなく、「適合的な期待形成」によって形作るという点に転嫁した、というところに立ち返らなければならない（この責任転嫁論は、一六年九月の政策検証で論じられたものである）。日銀が「適合的な期待形成」などと意味不明な言葉を使って主張したかったのは、日本国民は日銀が想定した「合理的な期待形成」ではなく、過去からの現実的経緯に引きずられた「適合的な期待形成」に向かったために、インフレターゲット策が実現しなかったという点にあった。つまり、インフレ目標未達成の責任を日銀から国民側の「期待形成の過ち」に転嫁したのである。

前章では、この日銀の責任転嫁論はまったくの筋違いだという点を指摘しておいたが、「アメリカ村の出羽守一族」には、依然として日銀に助け船をだそうとする者が後を絶たない。この助っ人がアベノミクス陣営に送ったのが、ここでいう第三番目の迎え酒である。典型は小林慶一郎(慶応大)にみることができる(彼は、ニューヨーク大ローラ・ヴェルドカンプ教授らの仮説に便乗して論説「デフレ期待は『将来不安』」を「日経」一六年一〇月一七日「経済教室」欄に寄せた。以下はこの記事による)。

小林の主張は、日銀と同じく「適合的な期待形成」に着眼しつつ、日銀とは逆の見方に立って財政再建論を導きだそうというものである。そのポイントは、日銀の「適合的期待形成」説が国民の期待形成を過去からの現実的な物価動向への適合・適応から把握しようとするものであったのに対して、いいかえると過去からの現実ではなく、むしろその反対の将来への見通し、将来の不安等から「適合的期待形成」をみようとする点にある。つまり、「過去の経験」に適合的というのではなく、むしろそれとは対照的な「将来の不安」に対して適合的な期待形成が、デフレをよびおこす、したがってインフレを妨げるというわけである。いま少し詳しくいうと、小林説の概要はこうである。

まず、日本では、財政危機の深化が将来の不安を高めるきわめて大きな要因になっている。国民一人あたりの政府債務残高はすでに一〇〇〇万円近くにのぼる。この借金をどのような形で返すのか、増税、歳出削減、高インフレ、こうした方途のうち、どのような形で返済を迫られるのか、それがいつやってくるのか、国民の方はわからないままの状態におかれている。だが、政府債務が増え続けるいま、国民にとって、将来の痛みのリスクはますます高まり、その予想にもとづく生活の痛みも年々大きくなっている。かかる将来不安の高まりのなかにあっては、いくら日銀が旗を振り「さあいま消費を増やせ」と呼びかけても、国民はこわくて到底消費に向かえるものではない。消費は伸びず、総需要は年々縮小し、そこで成長率も下がる。ここから小林は、「日本では政府債務が加速度的に膨張し、財政破綻のテールリスクも年々大きくなっているため、需要の収縮圧力が年々強まり、経済成長率の長期的な低下とデフレ期待の持続が起きているのではないか。こうした理論的な予想ができるのだ」と主張する。つまり、いわば結論として、財政破綻のテールリスクの増大が「低成長」と「デフレ期待」の原因になっている、というのである。

ここで小林が持ち出す「テールリスク（tail risk）」という言葉も、日銀の「適合的期待形成」の言葉と同じように、恐らくは大半の人には何をさすのか、わからないだろう。私には、読者のうんざりした顔が目に浮かぶ。私自身も正確な意味は知らなかった。調べてみると、市場において発生する予想外の暴騰・暴落のリスクのことをさすらしい。ブラックスワン・イベントとも呼ばれるようで、（ブラックスワン＝黒い白鳥のように）極めて稀な衝撃的事件を意味する金融業界の用語と説明されている。この理解に立っていえば、将来の財政破綻という極めて稀な衝撃の大きいブラックスワン・イベント（予想のつかない惨事としてのテールリスク）が、国民の消費を萎縮させ、現代日本のデフレ期待の持続・進展をよびおこしている元凶だ、というのが小林説の要点となる。テールリスクの増大などとこけおどしの業界用語を持ち出すから、一般の人には、たいそうな理屈だと思わせる印象を与えるが、実は簡単なことをいっているのである。簡単とはいえ、むろん、これも「頭の体操のためのおもちゃ」に等しい謬論の一種である。

単純な謬論。なぜなら、いま日本で一種の「消費不足」が起こっているのは、国民の一人ひとりが、将来の国家財政の破綻から来る痛みを予想し、畏怖し、そのテールリスクにおびえて消費を抑制しているためである、とは到底考えられないからである。逆立ちして考えても、私にはとてもそうとは思われない。国民の相当多数の人々が、将来の国家財政破綻から発生するリスクを計算し、何よりそのリスクにおびえおののき、自らの財布のひもを引き締めている、と果たしていえるのか。私には、よもや、商店街を歩く人々の大半が、国家財政破綻から予想されるリスクを勘定に入れて買い物をしている、とは思われない。国家の台所事情よりも、まずはおのれの財布の中身と相談して消費生活を送る、というのが常識というものではないか。スーパーの衣料品、食料品フロアの客の大半が、自分の懐具合よりも、将来の国家財政破綻というテールリスクを計算して、買い物をすませているとは、およそ私には考えられない。

「春秋の筆法」を使っていうなら、それほどに国家財政の危機深化や破綻の恐れを考え、自らの家計に結びつけて生活している国民が多数を占めるのであれば、安倍政権などはとっくの昔につぶれていたであろう。財政破綻のテールリスクが総需要を左右するまでに消費を萎縮させるほどの国であれば、そこに住む国民は国家財政と家計消費とを緊密・綿密にリンクして捉えるほどに思慮深い知恵者なはずだから、かくも賢明なる国民多数は家計消費を犠牲にする以前にあらかじめ財政破綻の恐れ、そのものを押さえ込む先手の政治を選択し、したがって小林らの「将来不安に適合的な期待形成」説が生まれること自体を未然に防止する行動に出たはずである。そういう国柄のもとでは、小林説はそもそも生まれようがなく、アベノミクスごとき謬論の跋扈《ばっこ》する余地はないというべきである。小林説は、国家財政の破綻を自らのテールリスクとして計算に入れて生活するほどに賢明な国民を前提にするために、そういう国民の住む国では、小林説そのものが覆ってしまうのである。

こうして日銀の「適合的な期待形成」説も、小林らの「将来不安によるデフレ期待」説も、デフレ不況を説明するものではなく、そうした「期待論」は、理論的にみて、せいぜいのところ「アメリカ出羽守一族」の内輪話にすぎない。だが、その「内輪話」にすぎないものをあたかも公論の一種であるかのように持ち出すのは、国民からすればまことに迷惑千万な話である。なぜなら、これらの説はすべて、期待インフレ率が上昇しないのは、国民の期待形成が「合理的期待形成」にそったものではないことによるとして、日銀の失策の責任を国民側に転嫁することに帰着するからである。自分たちの理屈があわないからといって、それを国民の期待形成のせいにするのは、まったくのお門違いというべきである。

だが、小林説の真の問題は、これにとどまるものではなく、実はここから導き出される政策論にある、という点に注意しなければならない。小林流二日酔い対策の「迎え酒」には、見逃せない酒毒がこめられているのである。というのは、彼のいう「財政破綻のテールリスク」説の帰結は、財政破綻リスクから生まれる将来不安を除去すること、すなわち財政再建を進めることが金融政策以上に重要な急務だということになるからである。

小林の主張する「財政再建＝責任」論とは、財政収支の二面に対する限定的方策に絞られる。第一は税収面から財政悪化を食い止めること、つまり消費増税を果敢にすすめることである。第二は歳出面から財政健全化を進めること、したがって歳出増が最も懸念される社会保障財政に大なたをふるうこと、これら二点である。一言でいえば、税・社会保障一体改革（消費増税プラス社会保障費圧縮の一体改革）の延長線上で財政健全化を進め、「財政破綻のテールリスク」を取り除くこと、これが小林の主張する「財政再建＝責任」論の結論となる。

ここまでくれば、小林説の正体は明らかであろう。かつての民主党政権から継承して手がけてきた「税・社会保障一体改革」に、安倍政権がもう一度、兜の緒を引き締めて取りかかれということにほかならない。しかし、これが、デフレ不況を克服するものにはならないことは、すでに、四年半におよぶ安倍政権のもとで経験済みのことである。まず、消費税の増税はデフレの克服どころか、その反対に「消費デフレ」を深刻化し、長引かせる要因になった。第二に、社会保障構造改革は保育・福祉・介護・医療・年金等の社会保障・福祉制度を動揺させ、将来不安を緩和するどころか、むしろ国民生活の不安感を高めてきた。小林のいう「国家財政のテールリスク」ではなく、国民は「日常生活のリスク」による不安感を高め、消費の節約を余儀なくされたのである。

こうして、黒田日銀の金融政策の失敗を財政政策で繕うという「他力本願」策は、財政無責任派（財政破綻派）でも財政再建派（財政責任派）でも、実際にはあてにならないことが明らかになった。アベノミクスにとっての最後の頼み（第二の「他力本願」）は、第三の矢であった「成長戦略」のみとなる。私たちも、本章の最後として、この成長戦略頼みが、どういう帰結を呼び起こすかを検討することにしよう。

6　終活期のアベノミクスが成長戦略で入り込む悪循環

アベノミクスが入り込む悪循環の罠

前節では、財政破綻を利用した財政インフレ喚起策（シムズ説）では仮に悪性インフレを呼び起こすことに成功したとしても、日本経済の本格的な成長や景気回復にはつながらないこと、また「財政再建派」による税・社会保障一体改革に再度乗り出したとしても、内需を振興することにはならず、仮に消費増税によって物価上昇が起こったとしても、経済成長には結びつかず、むしろ成長の足を引っ張る、といったことを確かめておいた。アベノミクス全体の議論にひきよせていえば、ここから、安倍政権に対する根本的な批判論者を除いて、アベノミクスに加担してきた論者も、それとは一線を画してきた論者も、その多くは第三の矢の成長戦略に期待する方向に向かうことになる。第三の矢を本願成就の他力として活用しようというわば「成長期待派」の議論がこれである。

本書では、すでに第三章において、アベノミクス第一の矢（量的金融緩和）に所期の効果を期待できないときには、それを取り繕うために新たな第二の矢（財政政策）があらわれ、またそれでも不十分なときには、最後の切り札として第三の矢の成長戦略に再び期待がかけられる、つまり「成長期待派」の議論があらわれるという関係を指摘しておいた。簡単にいえば、「第一の矢→新財政政策」と「第一の矢→再版成長戦略」の循環があらわれる、ということである。本章の最後に検討しておかなければならないことは、この「金融政策の失敗→再版成長戦略」というアベノミクス版の終活がどのような帰結を生み出すか、である。

結論をあらかじめ予告しておくと、アベノミクス最後の切り札「成長戦略」が呼び起こすものは、一つの悪循環（vicious circle）である。この悪循環の起点は「グローバル競争力強化策としての成長戦略」であり、さしあたりの終点は「内需不振によるデフレ不況」である。終点の「内需不振型デフレ不況」とは、もともとアベノミクスの引き金となった「デフレ不況」を意味するから、そこから再びアベノミクスの三つの矢があらためて放たれ、したがって悪循環の起点であった成長戦略の再版、再々版が始動することになる。図式化していえば、「デフレ不況↓アベノミクス三本の矢↓第三の矢成長戦略↓デフレ不況↓再版アベノミクス↓新成長戦略↓デフレ不況…」という悪循環が進むということである。この悪循環は、一国の経済（ここでは日本経済）が長期にわたってデフレ不況のトンネルから抜け出すことができないことを意味するから、言い換えると、サマーズらが注目した「マイナスの自然利子率状態」あるいは「長期停滞」がアベノミクスに取り憑いてしまうことを意味する（アベノミクス成長戦略を基本にして、金融政策の限界を乗り越えようとする議論は、日本経済における潜在成長率の低下を出発点にし、したがって潜在成長率の引き上げに成長戦略の基本を設定する。たとえば、低下した自然利子率の引き上げ、したがって潜在成長率の回復を主張する野口悠紀雄、翁邦雄らの議論がそれである。藻谷《もたに》浩介の議論（『デフレの正体』角川新書、一〇年）も、人口減少に着眼した潜在成長率の低下を問題にする点において、リフレ派批判の成長期待派の一例を示す。この種の成長期待派の問題は、黒田日銀の異次元緩和には批判的ではあっても、新自由主義的蓄積そのものについては、手をつけようとしない点にある）。

アベノミクスをダラダラと繰り返すだけでは、もはやこの内需不振型デフレ不況から脱出することはできず、サマーズらの着眼した「長期停滞」の呪いから解放されることはない。こうして、必要なことはアベノミクスによるデフレ不況からの解放ではなく、アベノミクスからの解放によるデフレ不況の克服である――これが本節の要点ということになる。この視点を見通しとして持ちつつ、悪循環の起点としての成長戦略に目を向けていくことにしよう。

新自由主義的蓄積とグローバル化の関係

アベノミクスは、安倍政権の二つの顔ないし両生類的性格にそくしていえば、①新自由主義的グローバル競争大国化路線、②日本的靖国史観＝歴史修正主義路線の二つのうち、前者の新自由主義的グローバル競争大国化路線を物語るものであった。このことは、すでに第二章で指摘した。アベノミクス版成長戦略は、したがって、新自由主義的蓄積によって日本経済の成長を図ろうとする戦略である。いま注意しなければならないことは、新自由主義的蓄積による成長戦略は、何よりも「グローバルな競争力強化」によって経済成長を実現しようとする戦略だ、という点にある。

では、なぜ新自由主義は「グローバルな競争力」を重視することになるのか。

新自由主義は、経済学の領域では、たとえば本書第三章で取り上げたマネタリストのM・フリードマンに代表されるように、「戦後資本主義の黄金時代」の主流経済学であったケインズ主義にとってかわるようにして、七〇年代半ば以降、特にアメリカにおいてメイン・ストリーム（主流）の地位を占めるようになったものである（現代日本の「アメリカ出羽守」の大半はこれに属する）。ケインズ主義はしばしば「不況の経済学」と呼ばれたように、資本主義下の大不況＝過剰生産恐慌をいかに退治するかを最大のテーマにした経済思想であった。過剰生産恐慌の様相はさしあたり商品が販売されない、買い手がみつからないという現象となってあらわれるから、問題は市場における需要不足をどう解決するか、にあるととらえられる。ケインズの「有効需要不足説」はここから生まれた。ただし、いまここでの問題は、このケインズ主義の有効需要論が正しかったかどうかにあるわけではない。ここで確認すべきことはただ一点、ケインズ主義が「需要不足」に着眼し、公共事業等の財政支出によって有効需要を喚起し、需要不足の不況からの脱出を図ろうとした、ということである。

ところが、ケインズ主義に対抗してあらわれた新自由主義は「需要不足」をほとんど問題にせず、仮に問題とする場合であっても、市場における自由な取引にその解決を委ねる。特に、九〇年代以降本格化した「経済のグローバル化」のもとでは、需要問題の解決はグローバル市場における自由な取引に委ねられる。経済のグローバル化とは、この場合、①自由市場が各国の国境の壁を破壊するようにしてグローバル化すること（グローバル市場化）、②モノだけではなく、ヒトと資本の自由化がグローバルな規模で進行すること（グローバル資本主義化）の二点を意味する。こうした経済のグローバル化のもとでは、グローバル市場相手に営業する多国籍企業にとって、「需要不足」問題は、それほど深刻なものではなくなる。なぜなら、多国籍企業にとっての需要とは、グローバルに広がる市場に生まれる需要、したがって個々の企業からみれば汲み尽くすことのできない程の巨大な需要であって、もはや母国内部の比較的狭隘《きょうあい》な市場に根ざす需要ではないからである。ここから新自由主義的蓄積には、ケインズ主義にはなかった特徴が生まれる。

第一は、個々の企業にとって問題なのは一国内の需要（内需）ではなく、グローバル市場における需要であり、そこでは「需要不足」ではなく、グローバル市場の分捕り合戦を制する「競争力不足」

が死活問題になるということである。個々の企業にとっての問題は、いかに巨大な多国籍企業であろうとも、グローバル市場における需要の多寡ではなく、シェア競争で勝敗を決める競争力である。新自由主義的蓄積が、先進資本主義諸国をこのグローバルな競争に巻き込み、各国をグローバル競争大国化に駆り立てる根拠はここにある。

グローバル競争国家とは、ここであらためてふりかえっておくと、多国籍型大企業（世界企業）のグローバルな競争力を高め、強めることを最優先する国家、したがって、国民諸個人から地域・自治体、産業、教育・研究、各種社会制度等のあらゆる力を多国籍企業の競争力強化に向けて総動員しようとする国家を意味する。このグローバル競争国家概念におけるキーワードは「競争力」、ないし「多国籍企業の競争力」であるといってよい。これは、現代日本の大企業が自らのグローバルな競争力の強化を、国家の最優先課題として政府につきつけていることの反映を物語るものである。

国民経済そっちのけの「脱ナショナリズム」のグローバル競争国家

第二は、グローバル市場における競争力強化を最優先課題とする多国籍型大企業には、最大の関心がグローバルな競争力に置かれるようになればなるほど、母国の国民経済や国内の需要（内需）に対する関心、利害関係は稀薄化することである。その限りで、現代の巨大多国籍企業は無国籍的性格を強める。もちろん、これは無国籍企業になることを意味しない。それは、H・アーレントが主張したように、国民国家（Nation）の時代において国籍を失うとすべての権利・安全・保護が剥奪され、多国籍企業といえども、その存続の根拠を失うからである。したがって、多国籍企業を主体にしたグローバル競争国家化が進んでも、個々の企業が資本として国籍にとらわれない無国籍的営利主義に走りはするものの、一部に主張される「国民国家の黄昏」が「終活」のあげくに「国民国家の没落」に向かい、ピリオドをうつようになることはない。言葉を換えていえば、現代のグローバル資本主義の主役世界企業は、どこまでいっても巨大な多国籍企業として活動するのであって、無国籍企業にはならないということである。だから、グローバル競争国家化の進行過程で生まれ、強まるのは、一方での国籍無視の多国籍企業によるグローバリズムと、他方での国民国家単位でのナショナリズムとの間の衝突である（この関係が、ここでは詳しくふれることはできないが、グローバル競争国家化の過程において右翼的ナショナリズム、「右翼ポピュリズム」が生まれる根拠となる）。

ついでにふれておくと、ケインズ主義が問題にしたのは、何よりも各国民経済内部の需要であり、国内の「投資プラス消費」の需要を回復することが不況打開の鍵であった。内需がまず問題になるということは、「投資プラス消費」の総需要が問題になることを意味しており、需要不足による不況を打開しようと思えば、総需要を左右する社会的総資本のからみあいを視野に入れ、とりあげなければならない。これは、ケインズ主義がそれなりに「総資本の立場」、日本流の言い方をすれば、「財界の総本山」としての経団連の立場から、国民経済の動向をみていたことを意味する（新自由主義とケインズ主義の違いについては、二宮厚美『新自由主義からの脱出』新日本出版社、一二年、第二章参照）。だが、グローバル市場相手の多国籍企業は、このような「総資本の立場」に立つことはない。なぜなら、多国籍企業にとっては、一国内の総需要の動向以上に、世界市場における自らの競争力、個々の企業の競争力が第一の関心事になるからである。

つまり、ケインズ主義の活躍する舞台が各国単位の国民経済だったのに対して、現代の新自由主義は、国民経済の枠組みを問題にせず、無限に広がるグローバル市場を舞台とする。ケインズ主義は一種のナショナリズム視点から各国内の限定された市場を問題にしたが、新自由主義は一国内に制約されない世界大の無限な市場を問題にするのである。繰り返していうことになるが、このグローバル市場では、いかな大企業といえども、個々の企業の立場からみれば、勝負を決するのは需要の規模や水準ではなく、個々の企業の競争力如何が、勝敗を分かつ決め手となるのである。やや単純化していうと、ケインズ主義はそれなりに「社会的総資本の目」をもっていたが、新自由主義はグローバル市場における「個別資本の目」しか持たない、ということである。現代日本の財界人が、日本の政治・経済・社会等の総体を語って、かつての財界人がまだ持ち合わせていた総合的な判断・評価の力を持たず、きわめて狭隘な視点からしか語り得ない理由の一つはこの点にある（本書の言葉でいえば、経団連のコミュニケーション的理性はいよいよ貧弱化しているということである）。

行きがけの駄賃をさらに続けると、このことは、知識人の世界においても妥当する。その例は、国家戦略特区諮問会議ワーキンググループをリードした座長の八田達夫、竹中平蔵等にみることができるだろう。彼らが、加計学園の獣医学部新設認可で演じた役割は、およそインテリゲンチャとしては考えられないほどに偏狭なものであった。加計学園疑惑では、安倍首相による「国家の私物化」が問題となったが、八田等は「官邸ブレーン」としてこれに加担したのである（この過程は、本書では取り扱わなかったが、「加計学園ありき」を露骨に示したワーキンググループの審議過程、および加計学園関係者の関与を示す記録の議事録からの「削除」または「不記載」等にあらわれた）。彼らは、規制緩和が特殊利害に対する規制を解除・緩和し、結果としては新たな利権や特権を解き放ち、「普通のナショナリズム」からみた「国益」を損なうことをみない。このことが、「普通のナショナリズム」に空隙を生み出し、逆にアベ式の極右的国家主義の進出する場をつくりだすのである。

新自由主義による外需依存・投資主導型成長パターン

話を戻して、第三は、新自由主義的蓄積がグローバルな競争力強化路線上で一つの成長パターンをつくりだすということである。新自由主義的蓄積のもとで描きだされる成長パターンとは、外需依存・投資主導型成長パターンまたは軌道とよぶことができる。

外需依存・投資主導という場合の「外需依存性」は、グローバル市場相手の多国籍企業の論理（多国籍型巨大個別資本の論理）は、一国の市場内部の需要（内需）以上に、世界市場から生まれる需要（外需）に依存する度合いを強める、ということを意味する。たとえば、ジェトロ「世界貿易投資報告二〇一六年版」によれば、日本企業（調査一八六社）の海外売上高比率（海外子会社の売上高／売上高全体）は、一五年度の場合、五八・三％に達した。輸送機械では六二・五％、電気機器では五八・五％になっている。ちなみに、このジェトロ調査の海外売上比率は、〇〇年度二八・六％、〇五年度三五・一％、一〇年度四六・〇％となっており、一五年間で二倍以上になったということになる（同書三六～三七ページ）。

これに対し「投資主導性」とは、経済成長のエンジンとしての「投資プラス消費」のうち、消費の拡大ではなく、投資の活発化が成長を引っ張るエンジンになる、ということである。安倍政権「骨太の方針」（一三年版）は、その成長戦略の基本を説明して、「成長戦略により民間投資を喚起し、競争力を強化する」と語った。ここにいう民間投資の喚起とは、より具体的にいうと、民間設備投資の水準を一二年度の六三兆円から三年後には七〇兆円に引き上げる、ということを意味していた。この民間設備投資の主導力で経済成長を実現しようというのが「投資主導性」の意味である。

では、なぜ、「内需依存・消費主導型」ではなく「外需依存・投資主導型」の成長パターンになるのか。その理由は、グローバルな競争力強化の帰結に求められる。

競争力の武器は、資本形態にそくしていうと、大まかにいって貨幣資本では量、生産資本では技術、商品資本では価格である。もう少し具体的にいうと、貨幣資本では金融的動員力、生産資本では科学・技術力、商品資本では大量生産・販売による低価格である。本書第三章では、アベノミクス版成長戦略は一方での「企業天国化」と他方での「企業王国化」とを同時に進めることにある、という点を確かめたが（二二四～二二五ページ）、それは、企業による金融的動員力を高め、R＆D（研究開発）を通じて技術競争力を強め、人件費等のコスト削減で価格競争力を強化するグローバル競争国家化の帰結でもあった。

したがって、ここでは金融大国、投資立国、技術立国といったグローバル企業の競争力視点にそった大国化が進むが、福祉大国化だけは慎重に回避される。福祉大国化ではなく、貧困大国化が進むわけである。労資関係の面でいうと、グローバル競争国家化は「資本の階級的パワー」を強化し、「労働の階級的パワー」を弱体化する。一言でいえば、これは新自由主義による「階級的力関係の再編成」を意味する（階級的力関係の再編成の視点から新自由主義を把握しようとしたのは、たとえば、D・ハーヴェイ、渡辺治監訳『新自由主義』作品社、〇七年、アズビヨン・ヴォール、渡辺雅男訳『福祉国家の興亡』こぶし書房、一三年である）。アベノミクス成長戦略が、グローバル競争国家化にむけて、国内を「企業天国」と「企業王国」の領地にしてしまおうとしたのは、言葉をかえていうと、この「階級的力関係の再編成」を実現するためだったのである。

階級的力関係の再編は、たとえば資本分配率の引き上げ、労働分配率の引き下げにあらわれている。最近（一七年四～六月期）の労働分配率をみると、資本金一〇億円以上の大企業のそれは四三・五％にまで下がり、実に一九七一年以来の、およそ四六年ぶりの低水準を記録している。資本金一〇億円未満の中堅・中小企業のそれも、九二年以来の低水準で、六九・八％であった（「日経」一七年九月四日）。こうした労働分配率の低下は、勤労者家計の所得・消費の低迷を呼び起こす。先に、現代日本のデフレは、国家財政のテールリスクにもとづく将来不安ではなく、消費を節約せざるをえない家計の低迷に原因があると指摘しておいたが、家計消費の不振は勤労者世帯における所得の低迷に起因していたのである。俗にいうサラリーマン世帯の所得がもっともよかったのは、賃金・所得、家計収入、所得税等のほとんどの統計が示しているように、もう二〇年も前の一九九七年である。この年をピークに勤労者世帯の所得と消費は「デフレ不況」「長期停滞」に突入する。

ではなぜ、九〇年代の後半から内需を担う家計の所得・消費が不振・低迷のトンネルに入りこんでしまったのか。その原因は、要点を述べると、「雇用破壊による勤労者の所得圧縮」に求められる。「雇用破壊→所得・消費低迷」の長期にわたる連鎖を作り出したのは、安倍政権が「成長戦略の一丁目一番地」と名づけたもの、すなわち規制緩和・改革である。特に「雇用破壊→所得・消費低迷」の関係をよびおこしたのは、労働・雇用分野の規制緩和・改革であった。要するに「規制緩和・改革→雇用破壊→国民の所得・消費低迷」の軸が貫き、内需不振にもとづく「デフレ不況」が日本経済に取り憑くことになったのである。

アベノミクスの切り札＝成長戦略とは、こうした「雇用破壊→賃金の悪化・下落→家計消費不振→内需の低迷」というデフレ不況を構造を日本に根付かせるものであったといってよい。これがアベノミクスに特徴的な悪循環をさらに進めるということは、もはや指摘するまでもあるまい。指摘しておく必要があるのは、安倍政権が、終活期にさしかかって、なお「最大のチャレンジは働き方改革にある」と叫び、働き方改革に国民が乗ってこないのをみるや、今度は目先をかえて「人づくり革命は安倍内閣最大のテーマだ」（人生100年時代構想会議）とか、「構造改革こそアベノミクスの生命線だ。改革のエンジンを全開にして欲しい」（規制改革推進会議）だのと、空文句を繰り返し、「ムチムチの安倍」ぶりを隠そうとしてないことである（一七年九月一一日）。

おわりに――さしあたりのキーワードは所得再分配

アベノミクスをその三本の矢に遡って検討してきたことの結論は何か。三本の矢は、いずれも、デフレ不況打開の的をその中心部において射貫くことはできなかった、ということである。そうならざるをえなかった基本的理由は、アベノミクスが新自由主義を基調に据え、アベコベミクスに陥ったことに求められる。

アベコベミクスは、第一のボタンの掛け違えから出発したために、三本の矢を連発しても、それだけ深く新自由主義の迷路に入り込み、やがて一種の悪循環から逃れられなくなる。これは自ら袋小路に入り込んでしまう「終活」になるということを意味した。

私たちが、アベコベミクスに別れを告げ、安倍政権の終活と縁を切るために、むしろ、アベノミクスが徹底して避けてきたデフレ不況の打開策に目を向けなければならない。アベノミクスが回避しようとした道とは、福祉国家解体の歴史的使命をもって登場した新自由主義が生まれながらにして避けようとしてきた道に同じである。それは、デフレ不況の福祉国家的打開の道にほかならない。

キーワードを一つ選んでいうとすれば、それは所得再分配である。この再分配には、労資間の第一次所得分配の分配是正と、税・社会保障制度を中心にした行財政による第二次所得再分配政策の二つが含まれる。この所得分配・再分配による「拡大する格差」の是正こそは、現代日本の内需不振の打開にとって決定的意味を持つものである。

というのは、アベノミクス成長戦略は、①雇用破壊→勤労者所得低下→消費需要不振という流れと、②雇用破壊→企業利潤の増大→過剰資金の形成という流れの、対照的な二つの動きを作り出し、一方での企業のもとへの過剰資金の累積（たとえば、一六年で四〇〇兆円超の規模に達した企業の内部留保）と、他方での勤労階層における貧困化の進行、「消費不足」の進行を呼び起こし、この両者のギャップを垂直的な所得再分配によって埋めなければならないからである。垂直的所得再分配は、過剰資金＝過剰富裕状態にある上層から所得を吸い上げ、それを過少所得＝節約消費状態にある下層に振り向けること、つまりタテ型の所得再分配を行うことである。

だが、この垂直的所得再分配策は、安倍政権とアベノミクスに加勢する全勢力からモーレツな反発を受けることになるだろう。これに対抗していくために、いうまでもなく、国民的勢力の主導において、安倍政権の終活を無事完結させる政治的パワーが必要である。一七年一〇月二二日の総選挙は、この「安倍終活」を完成させるための政治的・階級的パワー再編成の新たな起点を作りだすものであった。

エピローグ――「安倍終活」を完結させる国民的理性の力

加藤周一「鴎外・茂吉・杢太郎」論から

いまから二十数年前のことになるが、加藤周一がＮＨＫ教育テレビ番組「人間大学」講座「鴎外《おうがい》・茂吉《もきち》・杢太郎《もくたろう》」において、一二回にわたって話をした（一九九五年一～三月）。私は、そのすべてを視聴したわけではないが、一一回目の講座「社会と戦争」をみたときには、思わずメモをとった。それは、鴎外・茂吉・杢太郎の三人が共通して、日清・日露から太平洋戦争にいたるまで、日本が当事国となった戦争に対して、決して反戦の姿勢を貫くことがなかった、その理由を加藤が説明したくだりである。三人が戦争に反対しなかった理由、またはしえなかった理由、その「謎」に対して、加藤は彼ならではの明快な説明を加えた。鴎外・杢太郎は、明治後期以降の日本の侵略戦争に積極的に加担したというわけではないが、反対の態度を鮮明にしたわけではなく、茂吉にいたっては、太平洋戦争を熱狂的に賛美し、明らかに天皇制国家によるアジア侵略を鼓舞する立場にまわった。これは、いったいいかなる理由によるものか。

著作集の編集作業をはじめ、生前の加藤に恐らくもっとも近いところにいたと思われる鷲巣力《わしずつとむ》によれば、加藤が最後の著書として完成を期していたものは、『鴎外・茂吉・杢太郎』と『日本文化における時間と空間』の二書だったという（加藤の死去は二〇〇八年）。そのうち後者は、加藤の遺作として、〇七年に岩波書店から無事刊行されている。この書は、私の感想を率直にいえば、最晩年の本らしく、前半はかなり勢い込んだ調子で展開されているが、最後の部分は、さすがの彼にも加齢による体力の衰えを感じさせるところがあった。それでも、この書は、加藤自身が「あとがき」で「この本は日本の思想史について私の考えてきたことの要約である」と書いているとおり、簡単にいうと、彼畢生《ひっせい》のテーマであった「日本文化におけるいま・ここ主義」のエッセンスを展開したものであった（海老坂武《えびさかたけし》『加藤周一』〈岩波新書、一三年〉も、この日本文化における時間〈いま＝現在主義〉と空間〈ここ＝部分主義〉、つまり「いま・ここ主義」で「加藤論」を締めくくっている）。

鷲巣によれば、この「日本文化における時間・空間」の主内容と並んで、「鴎外・茂吉・杢太郎」が加藤の人生における最後のテーマであった。しかし、このテーマに関しては、きわめて残念なことに、四〇〇字五枚足らずの「短いまえがき　なぜこの三人か」（未発表）の原稿が残っているだけで、遺作とすべきものを残すだけの時間を加藤は持たなかった。したがって、このテーマに関して最もまとまったものは、NHKから出版された上記人間大学のテキストとなる。ただ、鷲巣によれば、この人間大学テキストは、加藤の口述をまとめたもので、彼が直接に執筆したものではない（鷲巣力『加藤周一を読む』岩波書店、一一年、三一五ページ）。とはいえ、このテキスト自体はいま私の手元にあるので、これから紹介しようとすることを再確認するために当該箇所をあたってみたが、テキストにはその記載がなかった。したがって、以下に記すことは、私がNHK番組放映時に加藤が話した内容をメモ書きしたものにもとづくものである（実は、この記憶とメモによる加藤の「鴎外・茂吉・杢太郎」論の一部を紹介するのは二度目である。最初は、二宮厚美『現代資本主義と新自由主義の暴走』〈新日本出版社、一九九九年、四七～四九ページ〉である。そこでも、私の記憶にもとづくと注記しておいた。なお、鴎外・茂吉・杢太郎の三人と加藤の関わりなどについては、鷲巣、前掲書によって多くを知ることができる）。

まず森鴎外、斎藤茂吉、木下杢太郎の三人に共通するのは、戦前の代表的な文学者、医師すなわち医学研究に従事した科学者、そしてヨーロッパ留学の経験者、といったところである。一言でいえば、この三人は、戦前日本における文字通りの第一級の知識・文化人であった。戦前日本の場合、医学等の自然科学は、主に欧米の「輸入学問」に依存していたから、彼ら三人はベルリン（鴎外）、ウィーン（茂吉）、パリ（杢太郎）の留学経験を積んで、文学面のみならず、科学研究面においても日本では最前線にいたといってよい。その意味で、彼ら三人は共通してインテリゲンチャとしてはエリートに属した。

加藤が人間大学講座の第一一回「社会と戦争」において問題にしたのは、かくも優れたエリート知識人が、なぜ戦争に反対しなかったのか、反戦の立場に立ち得なかったのか、その理由である。加藤がたてた問いをここで現在の日本にあてはめていえば、たとえばこうなる。現代日本のノーベル賞級の知識人たちのなかで、もし戦争法や安倍改憲に反対しない人がいるとするならば、それはいったい何故なのか、いかなる理由によるものか、という問いである。比較的最近のノーベル物理学受賞者に益川敏英《ますかわとしひで》さんがいるが、彼は、文字通りの第一級の科学研究者、知識人として戦争法にも安倍改憲にも反対の立場を鮮明にしている。ノーベル文学賞の大江健三郎さんにしても同様である。だが、同じノーベル文学賞受賞者であっても、仮に川端康成《やすなり》が存命中であるとすれば、恐らく彼は戦争法にも安倍改憲にも反対の立場をとらないであろう、と私は推測する。それはいったい、いかなる理由によるのかというのが、加藤の鴎外・茂吉・杢太郎に投げかけた問いである。加藤によれば、その理由は三点である（加藤の指摘した三点の順番はこれとは異なるが、ここでは後でコミュニケーション的理性との関連を問題にしたいので、順序を入れ替えて紹介する）。

鴎外・茂吉・杢太郎が反戦に徹することがなかった理由

第一は、三人ともに戦争に対する社会科学的認識に欠けていたことである。日清・日露からアジア・太平洋戦争にいたるまで、近現代の戦争を貫く共通の性格は、いうまでもなく植民地侵略・獲得戦争という性格である。あるいは、帝国主義戦争といってもよい。アジア・太平洋戦争は日本の帝国主義的侵略戦争という性格のうえに、世界史的には、ファシズム対反ファシズムの戦いという特質をもちあわせていたが、鴎外・茂吉・杢太郎に共通して問われたのは、帝国主義戦争に対してとる態度・判断であった。三人が反戦の立場をついにとりえなかったのは、中国・朝鮮をはじめとするアジア諸国に対する日本の帝国主義的侵略戦争の本質を見抜き得なかったことに起因する。加藤は、このことを第一に指摘したわけである。

　後の話の参考のために、ここで一言付け加えておくと、加藤のいう社会科学的認識とは、戦前の場合、具体的にはマルクス主義による戦争の分析・認識のことをさすといってよい。それは、戦前の場合には、「社会科学＝マルクス主義」という捉え方がほぼ一般的であったということと（たとえば丸山真男は、「戦前においては、簡単に言えば社会科学イコール、マルクス主義だった」と回顧している〈加藤周一『加藤周一対話集第二巻　現代はどういう時代か』かもがわ出版、二〇〇〇年、一七四ページ〉）、日本にあっては、実際に帝国主義的侵略戦争、植民地獲得戦争を正面から分析した社会科学は主としてマルクス主義陣営だったからである。

　第二は、三人が絶対的・普遍的価値観ないし信条（＝信念）をついにもちえなかったことである。絶対的・普遍的価値観というのは、たとえば良心的兵役拒否といった絶対的平和主義のエートスのようなものと考えればよい。絶対的・普遍的価値観は、時勢・時流に流されることのない不動の価値観や規範、大勢に逆らってでも堅持する揺るぎなき信念、時代の変化を超越した価値観のようなものである。

加藤がしばしば使用した言葉でいうと、この絶対的・普遍的価値観は超越的価値観と言い換えられる。超越的というのは、各個人が属する集団だとか、同世代・時代、大状況から超越的である、という意味であり、諸個人が自立性を保つための拠点になり得るような価値観のことをさす。ひらたくいえば「ぶれない価値観」である。

加藤は、集団主義において強くあらわれる大勢順応主義や時代迎合主義から各個人が自由になるには、この集団や時勢から超越した絶対的・普遍的価値観に依拠する必要がある、ということを再三にわたって強調した。鴎外等が経験した戦争中には、国民の多くが戦争に動員され、大勢は軍国主義に傾き、国をあげて戦争に翼賛する体制が築き上げられた。この動きに抵抗したり、逆らって「反戦」を貫くことは容易なことではなく、よほどの信念・確信に支えられない限り、怒濤《どとう》のような軍国主義の流れから自由になることはできなかった。そこで、加藤は戦前の天皇制軍国主義の大勢に流されない支点として各自の有する超越的・普遍的価値観の重要性を指摘しつつ、同時に、鴎外ら三人はかかる絶対的・普遍的価値観を持ち得なかったとしたのである。

ついでにいっておくと、戦前の場合、天皇制国家の軍国主義に対して「反戦」を貫き通すことのできる思想、価値観を提供したのは、もっぱらマルクス主義とキリスト教の二つであったといっても過言ではない（この二つが外来のものであり、土着のものではなかった点に要注意）。

第三は、三人が民衆の立場に立てなかったことである。鴎外・茂吉・杢太郎は、すでに指摘したように、時代のエリートであって、階級的には支配層に所属していた。鴎外は天皇制官僚制の一員として権力中枢に近いところにいたし、李太郎は帝国大学の教授、茂吉も私立病院の院長として、エリート層に属していた。決して民衆の一員だったわけではない。だが、戦争になると、もっともその犠牲を被るのは、一般の大衆、民衆である。支配階級やエリート層は、戦争に突入しても、直接にその犠牲になるとはいえない。だが、民衆はそうはいかない。戦争の最前線でその犠牲者、被害者となるのは、もっぱら民衆、庶民である。ということは、別の視点でいうと、戦争に対して最も鋭く、敏感に反応するのは、民衆だということである。当世風の言い方では、戦争の当事者意識は民衆の立場にたってこそ持ち得るし、理解できるものである。だが三人は、この当事者意識に欠けていた。

以上の三点、すなわち①戦争の社会科学的認識の欠如、②戦争に対する超越的・普遍的価値観の希薄性、③民衆的視点の欠落の三点が、鴎外・茂吉・李太郎が共通して反戦的立場・思想を貫くことのできなかった理由である。これが加藤周一の講義のポイントであった。

ここで、鴎外・茂吉・李太郎のこうした限界に立ち入ってみると、日本の現在からみて、もっとも注目すべき点は、第二の超越的・普遍的価値観の希薄性にあった、と思われる。その理由は、「三つの欠如」を生んだ三人に対する時代的制約を考慮に入れておく必要があるからである。彼ら三人に対する時代的制約には、現在のそれに比べて無視できない違いがある。

と書いて、「鴎外・茂吉・李太郎」論としては、現代とは異なる時代的制約に話を移さなければならないところだが、そこにいく前に、ここで一点、注釈を挟む。それは、上でみた鴎外らの限界を示す三点と、本書でこれまでに論じてきたコミュニケーション的理性の三面との関係である。後の話を先取りすることになるが、鴎外等の三点の限界を克服するためには、現代では三面のコミュニケーション的理性の力が必要になると考えられる。ここで簡単な注釈をはさむのは、この論議に入る前に、あらかじめここで双方の関係（鴎外等の三点の限界とコミュニケーション的理性の三面との関係）にふれておくのが適切だろうと、思われるからである。

かなりに大胆な割り切りになることを覚悟していうと、まず、鴎外等に欠落した戦争（帝国主義的侵略戦争）に対する社会科学的認識とは、コミュニケーション的理性のなかでも真理性規準のそれに対応するものである。次に、第二の普遍的・超越的価値観の欠如とは、第二の規範性規準のコミュニケーション的理性の弱さを物語るものであった。第三の階級的立場による制約とは、誠実性規準のコミュニケーション的理性のバイアス（社会的階級的偏向）をさすものであったといってよい。各自の帰属する階級上の制約が、誠実性規準のコミュニケーション的理性の働き方に歪みや曇り、一面性をつくりだすのである。

加藤周一が重視した鴎外等の問題性は、何よりも、普遍的・超越的価値観の欠如であったが、それは言い換えると、彼ら三人が、第一級の知識人・文化人であったにもかかわらず、加藤のいう「いま・ここ主義」（三七四〜三七七ページで後述）の日本的文化を払拭することができなかったことを意味する。「いま・ここ主義」の強力な磁場のもとにおかれると、たとえば怒濤のごとき大勢順応主義の趨勢《すうせい》に抗うことは難しくなる。そこで茂吉は、天皇制国家や戦争の賛美・礼賛に向かうのである。これは、コミュニケーション的理性の範疇《はんちゅう》でいえば、規範性規準の理性において、茂吉が大きな弱点を抱えていたことを物語る。三者のこうした限界とコミュニケーション的理性との対応関係を思い浮かべつつ、話をもとに戻して、彼らを取り囲んだ時代的制約に目を向けておくことにしよう。

普遍的・超越的価値観の弱さにつけ込んだ安倍改憲策動

まず、鴎外ら三人の社会科学的認識には、戦前と戦後を比べて、時代的制約に大きな違いがある、ということである。鴎外ら三人は医師であり、文人であるが、彼らが生きた時代の日本の社会科学は、必ずしも帝国主義的戦争を正確に分析できる水準に到達していたとは言い難かった。たとえば鴎外の人生は、一八六二年に始まり一九二二年に終わって、明治・大正期の生涯であった。茂吉（一八八二〜一九五三年）と杢太郎（一八八五〜一九四五年）はほぼ同世代であるが、たとえば後半生をマルクス主義者として生きた河上肇（一八七九〜一九四六年）の生涯とは、その社会科学的環境はまるで違っていたといわなければならない。鴎外らをいささか大目にみることになるが、戦争に対する社会科学的認識の不十分さのすべてを、彼らの主体的責任の問題に還元するのは、やや酷であった（ただ、天皇制と侵略戦争に対する茂吉の熱狂的な賛美については、加藤も手厳しく批判しているように、とても大目にみることはできない）。

第三の民衆的立場に立ちえなかったという事情も、彼ら三人の主体的・内面的問題というよりは、外在的・客観的条件によるものだという面が強い。戦争や恐慌の時代において、最もその犠牲になるのが一般の民衆であることは、誰もが知っていることである。同時に、誰もが、できれば戦争や恐慌の被害者にはなりたくないと思うのも否定できず、それを責めたてるのにも限度がある。戦争の犠牲者たる民衆の立場に立つことができなかったことの責任を三人にそのままぶつけるのも、その意味で、やや酷というべきである。

ただ断っておかなければならないことは、これらのことは、せいぜい戦前の条件のもとにおいて言い得ることであって、戦後の、とくに二一世紀の日本にはあてはまらない、ということである。この点を押さえたうえでいえば、残るところ三人に共通するのは、第二の超越的・普遍的価値観の欠如という問題である。この超越的価値観の欠如というのは、三人が生きた時代に固有の問題でもなければ、それぞれの属する階級・階層に固有なものでもなく、そうした違いを超えたものである。だから、この価値観の問題は、三人だけに共通することではなく、彼らの生きた明治から大戦後までの時代だけに固有の問題でもなく、さらに、ある程度までは、民衆やエリートや支配層やといった階級・階層的立場の違いを超えた問題である。語弊《ごへい》を恐れずにいうと、これは鴎外・茂吉・杢太郎の時代から二一世紀にいたるまでのほとんどすべての日本人に関係する問題である。

私の解釈では、人間大学講座で加藤がいいたかった点は以上のようなことであった、と思う。他民族の軍事的抑圧、武力による領土拡大、戦争による他国支配――これに同調することなく、断固として反対を貫き、平和・反戦への不屈の意志をもって抵抗する、この規範・価値観の決定的重要性を加藤は述べたかったのだ、と思われるのである。

「鴎外・茂吉・杢太郎」に託したこの加藤のメッセージが持つ意味を、今日の日本の状況に照らして翻訳するとすれば、こうなる。たとえばいま憲法第九条を取りだしてみると、そこには一つの強《きょう》靭《じん》な反戦・平和主義の規範、超越的・普遍的価値観が貫いていることが誰にもわかる。この絶対的価値観をもし多くの国民が揺るぎなき確信をもって堅持していたとすれば、恐らくは、憲法九条の平和国家が海外での武力行使まで容認する「戦争国家」に変貌するようなことはないであろう。九条は戦力不保持を命じ、「戦力=武力による平和」ではなく「戦力=武力によらない平和」主義を基幹的な規範としているから、この普遍的・絶対的価値観のもとでは、集団的自衛権の行使や海外での武力行使などが認められる余地は毛ほどもない。

また、憲法九条を支える超越的・普遍的価値観あるいは規範意識が国民内部で確固不抜に根づいていたとすれば、たとえば、「5・3安倍改憲メッセージ」のいう「九条加憲論」などが入り込む余地もまったくあるまい。なぜなら、すでに本書プロローグ（五一～五二ページ）で指摘したように、九条加憲論は、建て増し方式による憲法のなし崩し的改変を意図したものであって、正面から規範=価値原理の転換を問うたものではなく、いわば「裏口入学式」の改憲にすぎないからである。絶対的・普遍的価値観の強い所では、こうした衆人の目から隠れるようにした「裏口入学式改憲」などは認められず、その突破に向けて正面から価値観の転換を迫る方法、つまり「建て替え、差し替え方式」で臨むほかはないのである。

「建て増し」ではなく「建て替え」による改憲とは規範=価値原理の転換、たとえば、九条第二項の内容を根底からひっくり返し、武力＝戦力の保持、自衛権や交戦権の保持・発動を公然と明記することである。言い換えると、軍事国家日本の性格を明示し、他ならぬ軍事力をもって国民の生命や安全を守ることを公然と示すことである。この改憲をやれば、それは平和国家から戦争国家へのなし崩し的変化ではなく原理的な転換、あるいは平和国家の屋台骨を戦争国家の大黒柱に取り替えてそっくり建て替える方式、条文の「接ぎ木」ではなく「差し替え」方式による改憲ということになる。

では、安倍政権は今になって、なぜ建て替え＝差し替え方式ではない建て増し方式にもとづく九条加憲論を選択したのであろうか。プロローグでも指摘したが、その理由の第一は、平和国家の戦争国家への原理的転換を正面からうちだしたのでは、とうてい、国民に受け入れられず、一斉にノーの声が上がるから、否、そればかりか、一発退場のレッドカードが挙がり、安倍当人に即刻退陣が宣告され、「安倍終活」が「非業死型コース」をたどって完結することになってしまいかねないからである。憲法九条の原理的転換を明示する方法によったのでは改憲は成功せず、したがって九条加憲の建て増し方式によるなし崩し型改憲しか手がない――これが安倍政権が「九条加憲論」を選択した理由であった。

問題なのは、国民の内部に、憲法九条を支える超越的・普遍的価値観あるいは規範意識が、それほどまでに強く根づいているのであろうか、ということである。私は、もし加藤が生きていたら、これにどう答えるであろうか、と考える。憲法九条を貫く普遍的・絶対的価値観、平和主義の規範が国民内部に強力に根づいていい、いいいるから、その壁を前にして安倍政権は「九条加憲論」のいわばバイパス経由型改憲を選択せざるをえなかったのか、それとも、九条にもとづく国民内部の普遍的価値観や平和主義規範がそれほどに強力ではないとみたから、安倍政権は建て増し方式による「九条加憲論」を選択したのか、加藤であればどう考えるであろうか。

こういう問題を前にしたとき、加藤は二枚腰である。私の想像では、彼なら、そのどちらでもあると回答するだろうと思う。彼は、一方では、最晩年を「九条の会」の代表として生きたことに一つの証《あかし》をみるように、国民内部に根づいた九条の普遍的価値観に信頼を寄せ、さらにいえば、希望を抱き続けた。それと同時に、他方で、日本社会内部の「鴎外・茂吉・杢太郎」から引きずってきた超越的・普遍的価値観の希薄さ、移ろいやすさに気を使った。彼は、いつもオプティミスト（楽観論者）であり、かつペシミスト（悲観論者）であった。あえていえば、話すときは前者であり、書くときは後者であったように思われる。彼は、悲観的に考えることを通じて希望において楽観性を失うことがなかった。

先に、加藤が最後に書き残そうとしたのは『鴎外・茂吉・杢太郎』と『日本文化における時間と空間』の二作であった、という鷲巣の指摘を紹介したが、実は、この二作は、やや強引な言い方になるが、日本社会に残る超越的・普遍的価値観の希薄性ないし弱さに対する加藤の「悲観論」を集約するものであった（と私は考える）。「悲観論」があまりにきつい表現だとすれば、彼が最後まで「気がかりにした日本の思想的特徴」であった。この「悲観的気がかり」を構成するキーワードをとりだすと、「鴎外・茂吉・杢太郎論」では「超越的・普遍的価値観の欠如ないし希薄性」、そして「日本文化における時間と空間論」では「いま・ここ主義」である。こういうと、これは「加藤周一論」としては、かなりに強引で、相当に我田引水的な「加藤論」である。だが、ここは加藤周一その人を論じる場ではなく、彼に知恵を借りつつ「安倍終活」を問題にする場である。このことを断りとして、「いま・ここ主義」に話を移すことにする。

「いま・ここ主義」が貼りついた日本文化の悪用

「いま・ここ主義」とは、上で述べた「超越的・普遍的・絶対的価値観の希薄性」の裏側にある思考様式、世界観、エートス、文化的特質等のことである。「いま・ここ」の「いま」とは現在のこと、したがって「いま・ここ主義」の一つの意味は現在中心主義をさす。時間の流れでみれば、現在は、過去と未来をつなぐ中間項であるが、現在中心主義とは、過去と未来とを現在を中心にしてつなぐのではなく、切断するということである。

過去・現在・未来の時系列の歴史的・論理的つながりを断ち切ることの第一の帰結は、過ぎたことは水に流すこと、特に都合の悪い過去を忘れ去ることである。その最たる例が、過去の戦争責任を水に流すことであり、現在の安倍政権にそくしていえば、「森友・加計疑惑」をもう過ぎ去ったこととして忘却の淵に流すことである。あるいは、福島原発のメルトダウン事故を過ぎ去ったこととして水に流し、早々に「未来志向」とやらで原発の再稼働に向かうのも、靖国神社の過去を水で洗い流して、靖国に参拝するのも、同じ「暗い過去」を水に流して忘れ去ることである。

第二は、未来に対して、過去や現在を引きずらないこと、いわゆる「未来志向」にたって、その時その時の風にまかせることである。加藤は、「すんだことは水に流す」の対句を、端的に「明日は明日の風が吹く」としている。将来はその時々の風まかせというのは、過去にこだわってくよくよしないこと、深く考えないで、過去・現在から投影される未来はあらかじめ忘却することを意味する。

過ぎたことを水に流す例を加藤の言葉で紹介すると、たとえば「ドイツ社会は、『アウシュビッツ』を水に流そうとしなかったが、日本社会は『南京虐殺』を水に流そうとした」（加藤、前掲、『日本文化における時間と空間』一～二ページ）。これに対して、「明日は明日の風が吹く」式の思考を示すものとしては、「一九四一年十二月八日の東京市民の表情は、愉しそうでした」、真珠湾攻撃の日に「日本人の顔が明るいのは、数年後に何が起こり得るかを考えずに暮すことができるから」と説明される（加藤「日本社会・文化の基本的特徴」武田清子編『日本文化のかくれた形』岩波書店、一九八四年、三四～三五ページ）。同じ一二月八日について、彼は別のところで、加藤自身は「到底この戦争に勝つ可能性はない」、「すべてのものは滅びさるだろう」と思い、滅び去る前にみられるいいものをみておきたいと考えて人形浄瑠璃《じょうるり》の見物にでかけたが、「開戦の詔勅《しょうちょく》と真珠湾の大勝利を聞いた街は、喜びにあふれていました。街中が湧きかえっていました」と述べている（加藤『ある晴れた日の出来事』かもがわブックレット、一九八九年、七～八ページ）。太平洋戦争のその後の顛末を知る者にとっては、一二月八日、東京の街が喜びに沸きかえっていたというのは、かつてヒトラーの凱旋《がいせん》を歓喜して迎えたべルリンと同じく、異様な光景といわなければならないが、これは、ほかならぬ「明日は明日の風が吹く」式の思考が極端にあらわれた現象にほかならなかった。こうした日本古来の「いま・ここ主義」に由来する現在中心主義をまとめて、加藤は「日本社会には、そのあらゆる水準において、過去は水に流し、未来はその時の風向きに任せ、現在に生きる強い傾向がある」と指摘した（前掲、『日本文化における時間と空間』二〜三ページ）。

さて、「いま・ここ主義」にいう「ここ」とは、空間における「ここ」という部分的スペースをさす。たとえば、いま私は「ここ」で原稿を書いているという場合の「ここ」とは、日本を全体とすればその一部分である大阪、大阪を全体とすればその一部分である吹田、吹田を全体とすれば我が家という部分空間のことをさす。だから「ここ主義」とは「部分（強調）主義」と言い換えられる。これは、たとえば部分が先にあって全体は後からつくられるとか、部分から入って全体に迫るとか、部分の積み重ねで全体が構成される、といった方式のことをさす。これまで、本書では何度か「建て増し方式」を取り上げてきたが、建て増し方式とは、建物の一部を横に建て増ししていくわけだから、まさしくこの「ここ＝部分（強調）主義」の典型を物語っている。

先に述べた「いま＝現在中心主義」とあわせて、かかる「ここ＝部分（中心）主義」が日本文化や古来の思考様式における一特質であることは、たとえば、美術・芸術における異常なまでに洗練化された細部＝部分、部分をつないでいく絵巻物や漫画、池泉《ちせん》回遊式の日本庭園、江戸の大名・武家屋敷、身近な共同体中心主義などにみることができる。都市計画なき市街地（乱）開発、ポスト・モダン風の日本型アート、素早い外来文化の輸入等もその例である。これらは、全体の計画や設計、見取り図、また世界観や統一的様式があって部分が決まるのではなく、逆に部分が先にあって、結果として全体がつくられていく例を物語るものである。

箸休めのような話を一つはさむと、私は、このような「いま・ここ主義」を使って、加藤が「日本人はなぜ漫画を好むのか、なぜ日本は世界に冠たるコミック王国なのか」を説明しているのに感嘆し、その昔、まだ中学生だった愚息にその論説を読ませたことがある。マンガの一コマ一コマは、絵画一般がそうであるように、「いま（現在の瞬間）」と「ここ特定の場所」を描いたものであり、たとえば「降る雪」を描いても、その絵自体は「いま降っている雪」としか書き得ないものであり、それは雪一般や雪景色全体を描いたものではなく、特定の場所（部分）における降雪を描いたものにすぎない。つまり、漫画の一コマ一コマは「いま・ここ」を描いたもの、この「いま・ここ」が絵巻物風につなぎあわされたのがコミックである。「いま・ここ主義」の日本人が、他国にはみられないほどに、子どもだけではなく、大人になっても漫画・劇画を好むのは、このためである――というのが加藤の説明であった（加藤『現代日本私注』平凡社、八七年、一一八〜一一九ページ）。いま私は、この説明であれば、中学生でもわかるだろう、と舌を巻いて読ませたことを思い出す。

余談はさておき、このような現代の日本にもなお根強い「いま・ここ主義」が、本書で問題にしてきた「安倍終活」と、どのようなかかわりがあるのか、これを考えてみなければならない。

「いま・ここ主義」による無責任、なし崩し的変化、大勢順応主義

本書のテーマに引き寄せて「いま・ここ主義」を理解するとき、特に注目すべきことは、さしあたり三点である。

一つは、過ぎたことを水に流して生まれる過去の忘却、そして、この不都合な過去の忘却にもとづく無責任（体制）である。本書では、特に第一・二章において、森友・加計疑惑に関して、「安倍官邸」がほとんど一斉に健忘症にかかっていった様子（官邸メンバーに最低限要求される記憶力を前提にすれば実際には健忘症を偽装する様子）をみてきたが、これは、日本社会になお残る「過ぎたことは水に流す」式の風潮に便乗しようとするものにほかならなかった。安倍首相をはじめとする官邸・閣僚メンバーの靖国参拝も、同じように、過ぎ去った戦争はいったん水に流し、「未来志向」にたって平和を誓うといった装いで行われたものであった（第二章〈一九三ページ〉でみた稲田防衛相〈当時〉の「未来志向に立って平和を築きたいという思いでの靖国参拝」がその一例を示す）。

いま私は、一五年九月、戦争法（安保法制）の強行採決後しばらくして、自民党のある議員が「国民は正月の餅食ったら忘れる」と述べたことを思い出す。その前には、「採決さえすれば国民はすぐに忘れる」といった議員もいたらしい。もちろん実際には、戦争法に反対する国民の運動は、強行採決後も、廃止の運動に引き継がれ、自民党議員の思惑通りに「餅を食って忘れる」ことはなかった

が、この議員が「正月の餅を食えば去年のことなどは忘れてしまう」と踏んだのは、現代日本になお残存する「いま・ここ主義」の弱点、あるいは「心のスキ」を計算に入れたからである。安倍政権は、この自民党議員と同じ思惑をもって、一七年秋には、世間の意表をつく衆院解散・総選挙に踏みきり、選挙後には、森友・加計疑惑を水に流そうとした。つまり、除夜の鐘の響きで行く年の厄《やく》を落とすように、解散・総選挙によって「もり・かけ疑惑」の一切合切を厄払いしようとしたのである。

戦争法や森友・加計疑惑だけではない。安倍政権は、集団的自衛権行使容認の閣議決定や、特定秘密保護法や共謀罪法の強行採決、3・11大震災後の福島原発事故等、国民からの「アベ政治」批判の声が大きくなるときは、その国民的熱気を冷ます時間をとり、国会を閉会にしたまま「すんだことは水に流す」式のみそぎ（厄払い）に頼ってきた。「いま・ここ主義」に取り憑《つ》かれた安倍政権自身が、難を逃れるために日本になお残存する「いま・ここ主義」に潜む弱点をさんざん利用してきたのである。だが、この過去を水に流す厄払い方式は、本物の罪滅ぼし、贖罪《しよくざい》にはなりえない。たとえば南京虐殺や慰安婦問題を忘却したからといって、その責任がなくなるというものでは決してない。それは、安倍政権の「菅主導官邸チーム」が森友・加計疑惑のすべてを忘れたといってごまかしても、疑惑の証拠物件そのものを消去することができないのに同じである。後に残るのは、彼らの「無責任」という事実である。不都合な過去を忘却の彼方におくということは、実は、過去に対して無責任を貫くということなのである。

無責任といえば、一三年九月、東京オリンピック誘致演説において、安倍首相が福島第一原発の汚染水漏れ問題について「状況は完全にコントロールされています（The situation is under control）」と世界に向けて宣言したことを思い出す人も多くいるだろう。「アンダー・コントロール」どころか、実際には、原発施設のタンクからまだ水が漏れ、山から地下水が流れ込み、汚染水となって港湾に流れ込んで「アウト・オブ・コントロール」状態にあるのを、彼は「汚染水の影響は完全にブロックされている、世界で最も厳しい安全基準がある」とうそぶいたのである。この「無知・無恥・無責任のアベ」発言は、福島の人々はもとより、「ノー・モア・フクシマ」の脱原発運動に取り組んでいる人たちに、心底からの怒りを呼び起こした。「無知・無恥のアベ」が同時に、このような「無責任のアベ」になるのは、安倍晋三という特異な人物が「いま・ここ主義」にもとづいて「不都合な過去は水に流す」のを、長きにわたる習性としてきたがためにほかならない（と私は確信する）。こういう首相だからこそ、まだ原発事故の検証すら行われていない段階で、いとも軽々と原発再稼働に踏み切ることができるのである。

「いま・ここ主義」に結びついた第二の帰結は、「建て増し方式」によるなし崩し型の変化である。すでに指摘してきたように、建て増し方式は、全体を一挙に変えるのではなく、屋敷でいえば、その一部を横に建て増し、部分を変化させながら、全体の構造を徐々に変えていく方式である。建て替え＝差し替え方式による変化は、全体が一気に変わる形をとるが、建て増し＝接ぎ木方式では、全体の変化は徐々に、漸次的に進むから、なし崩し的な変貌の様相を呈する。その分だけ、建て増しは建て替えと違って、変化がわかりにくい。安倍政権は、この変化がわかりにくい、気づかれにくいという建て増し方式の特性を悪用して、たとえば改憲では、世間の抵抗がより少ない「九条加憲論」で突破しようとした。これは、憲法九条のように、正面からの抜本的改変には反対の世論が強く立ちふさがると予想されるときに、国民の反対・抵抗を和らげるためにもちだされたものであった。

建て増し方式によるなし崩し的変化をねらったものには、そのほか、アベノミクス第一の矢を放った黒田日銀の政策にその例をみることができる。「フリードマン→クルーグマン→シムズ」のはしご酒はノーベル経済学賞の建て増し型利用に他ならなかった。この他に前章では、「量的・質的金融緩和策→マイナス金利付き量的・質的金融緩和策→長短期金利操作付き量的・質的金融緩和策」の建て増し型「転進」をみてきたが、自衛隊の改編や安保法制の歴史も、これと同様のなし崩し型変化を示すものであった。当初は警察予備隊から出発し、次に保安隊に変わり、やがて自衛隊となって、その後、専守防衛の実力組織から海外での武力行使まで許容される事実上の戦力に変貌していく過程は、建て増し方式によるなし崩し型変化を物語る例である。必要最小限の自衛組織だったはずが、周辺事態法、テロ対策特別措置法、イラク特措法、そして戦争法(安保法制)の強行採決を通して、集団的自衛権の行使まで許容される軍事部隊へと拡充されていく過程も、同じように建て増し型のなし崩し的変化を物語る。「5・3安倍改憲メッセージ」が打ち出した「九条一・二項プラス新条項」の加憲型改憲論はその延長線上の、ただし歴史上画期的な軍事大国化への建て増しを意味するものに他ならなかったのである。その意味でいうと、安倍政権は、「いま・ここ主義」に起因する「なし崩し型変化への国民的適応」を悪用し、「脱憲法」の政治を進めようとしているといってよい。

これに関連する第三の帰結は、大勢順応主義（conformism）の傾向である。大勢順応主義とは、加藤によれば、普遍的・超越的価値観が弱く、「いま・ここ主義」の風潮が強いところで起こる大衆的現象、すなわち「集団の成員の大部分が特定の方向へ向かう運動」のことである。「いま・ここ主義」の強いところでは、過去・現在・未来を貫く視点や原理（principle）が弱く、普遍的・超越的価値観が希薄なために、人々を特定の方向に同調させる圧力が作用すると、大勢を集める流れがつくりださ れ、たちまちのうちに大勢順応主義が大衆的現象となる。あるいは、建て増し方式による社会・文化・思潮等の形成が進みやすいところでは、ある部分に変化が起こると、それが大勢となって求心力が働き、それこそ猫も杓子《しやくし》もこの流れに巻き込まれて、一世を風靡《ふうび》する流行現象が生まれる。かつての大阪の「橋下現象」や今日の東京の「小池現象」は、こういう大勢順応主義のあらわれの一種にすぎないとみなすことができるだろう。なぜなら、「橋下・小池現象」は一定の普遍的・超越的価値観だとか、憲法原理のような明確なプリンシプル、政策体系をベースにして起こったものではなく、歴史の大きな流れでいえば、一方での「水に流してしまう過去」と他方での「新しい風が吹く明日」とのあいだのつかの間の流行、付和雷同型の流行にすぎないからである。

ただし注意しなければならないことは、「昨日までの過去」と「明日からの未来」とをつなぐ普遍的・超越的価値観が脆弱で希薄なところでは、上からの強力な権力が「今日の流行」をコントロールしたり、操作することが可能になるということである。加藤はこの「いま・ここ主義」に根ざして生まれる「日本文化の核心＝弱点」を、「長いものに巻かれろ」式の大勢順応にみた（加藤『日本文学史序説」補講』ちくま学芸文庫、二〇一二年、三五ページ。「日本の文化は権力批判の面で弱かった」ことに対して、加藤が与えた説明である)。

「安倍終活」を非業死型コースに向かわせる国民のコミュニケーション的理性

加藤周一「鷗外・茂吉・杢太郎」論を素材にしてこれまでこのエピローグで検討してきたことは、概要、①鷗外らには普遍的・超越的価値観が希薄であったこと、②普遍的・超越的価値観の希薄性は日本文化を貫く「いま・ここ主義」と裏返しの関係にあること、③「いま・ここ主義」に起因して、a.無責任体制、b.なし崩し的変化、c.大勢順応主義の三つの傾向が生まれ、これが現在の日本にもなお根強く残っていること、これら三点である。

このエピローグで最後に問わなければならないことは、本書のテーマである「安倍終活」と「いま・ここ主義」がどのように関係しているかである。この問いに対して、まず目を向けておかなければならないことは、「いま・ここ主義」に対して、二重のかかわりを持っているということである。

第一は、安倍政権が「新自由主義的グローバル競争国家路線」と「靖国史観＝歴史修正主義的政治路線」の二つのレール上を暴走するにあたって、「いま・ここ主義」の方法に依拠し、その手法・方式をさんざんに利用・悪用してきたことである。ここではもう繰り返さないが、軍事大国化に向けた策動、解釈改憲・明文改憲、アベノミクス、靖国参拝等、「アベ政治」は繰り返し「いま・ここ主義」

に由来する方法・方式を濫用《らんよう》してきた。

第二は、日本社会内部に残存する「いま・ここ主義」の伝統、思考様式、風潮、習性等に安倍政権が便乗してきたことである。戦争法の強行採決後に、ある自民党議員が「正月の餅を食ったら（戦争法のことなどは）忘れてしまう」と述べたのは、そのわかりやすい例を物語る。安倍首相が、一七年秋、世間の意表をつく解散・総選挙に打って出たのは、総選挙を自らにふりかかる「森友・加計疑惑」の厄払いに利用する、己のミソギの場にするためであったが、これは世間に残る「いま・ここ主義」の名残り（過ぎたことは水に流す倣《なら》い）に便乗しようとするものであった。これは、安倍の祖父・岸信介が、戦後国民内部に潜んでいたゾンビのごとき「過去の戦争責任については、過ぎ去ったこととして水に流す」風潮があらわれるのを待って、首相の座を射止めたのと同じ手口である。

岸の時代より更に遡っていえば、実は、明治以降の天皇制国家が、日本に伝統的なこの「いま・ここ主義」を存分に利用・悪用し、その積み重ねを通じて、一五年におよぶ「戦争国家」を築き上げたのである。鷗外・茂吉・杢太郎の三人が、この明治以来の天皇制戦争国家に反対することがなく、また抵抗できなかったのは、「普遍的・超越的価値観の欠如＝いま・ここ主義」のためであった。加藤が主張したかったポイントはここにあったのだ（と私は思う）。

そうすると、「5・3安倍改憲メッセージ」に始まる「安倍終活」に対して、国民が発揮すべき力がどこにあるのか、その所在が浮かびあがってくる。それは、鷗外らの「普遍的・超越的価値観の欠如＝いま・ここ主義」の弱点を、コミュニケーション的理性に依拠し、その力の発揮によって克服することである。先に指摘したように、鴎外らの限界・弱点は、三点にわたっていたが、これらは三面のコミュニケーション的理性の制約に対応するものであった。

なぜ三面にわたるコミュニケーション的理性の力が大切なのか。最も重要なことは、真理性規準、規範性規準、誠実性規準の各コミュニケーション的理性は相互依存、相互補強の関係にあるということである。鴎外等の弱点にそくしていえば、彼ら三人に共通した普遍的・絶対的価値観の希薄性は、実は社会科学的認識の弱さ、階級的立場の制約に結びついていたということである。たとえば、日清・日ロから第一次大戦までの戦争に毅然として反対の立場を貫こうと思えば、当時、勃興期にあった帝国主義戦争の本質を認識する社会科学的分析・把握が不可欠であったし、その戦争によって真っ先に犠牲となる民衆の視点が何よりも必要であったが、鴎外ら三人にこれを求めることは無理であった。反戦・平和の普遍的価値観、戦争の社会科学的把握、民衆的視点の三つは、真理性・規範性・誠実性規準のコミュニケーション的理性の三つと同様に、相互依存・補強の不可分の関係にあったのである。

ただし、現代に生きる私たちからみれば、鴎外ら三人には、それぞれ彼らの生きた時代の制約というものがあって、ある程度大目にみる必要がある、ということは先に指摘したとおりである。そのうえで、急いで指摘しなければならないことは、現代では、鴎外らにはあてはまった時代的制約を持ち出すことはできないということである。とりわけ「アベ政治」に立ち向かうときのコミュニケーション的理性には、時代的制約を言い訳にすることはできない。なぜなら、「アベ政治」は、本書で検討してきたとおり、①改憲策動から戦争法、そしてアベノミクスまでコミュニケーション的理性からみれば歴史反動的であり、アブノーマルであり、非科学的であり、反国民的であり、②規範性規準のコミュニケーション的理性からみれば反憲法規範的であり、民主主義破壊的であり、反立憲主義的であり、そして、③誠実性規準のコミュニケーション的理性からみると「不実」であり、欺瞞《ぎまん》的であり、卑劣だからである。三面のコミュニケーション的理性に照らして、一点も弁護の余地なし「アベ政治」だといって過言ではあるまい。

一七年一〇月総選挙告示直後、ちょうどこのエピローグのくだりを書いているとき、上の指摘を裏づけるようなある憲法学者（蟻川恒正《ありかわつねまさ》日大大学院教授）の記事に出会った（「朝日」一〇月一四日「憲法季評」欄）。おそらくは安倍政権の不誠実きわまる政治にたまりかねて書いたと思われる論評である。見出しには、「規範なきがごとしの政権」と「解散・改憲、際立つ不誠実」の二つが記されている。「規範なき」「不誠実」の二つが、ここでの安倍政権批評のキーワードである。著者は、安倍政権の不誠実は「法的な不誠実」であり、「憲法に対して不誠実」であることを、たとえば、〈憲法上の臨時国会召集義務を果たさないで専ら政局的判断によって解散したこと〉、〈北朝鮮問題や消費税率引き上げ等、本来なら国会で論戦すべき問題を国会を閉じる（解散の）理由にしたこと〉、〈国会閉会中の有事に備える緊急事態条項が憲法には必要だといいながら、「国難」を理由に国会を閉鎖（解散）したこと〉、〈審議継続を求める強い世論に逆らって、特に緊急を要するものでもない共謀罪法案を委員会採決を省略して成立させたこと〉等をあげて実証している。不誠実だらけのアベ政治、というわけである。私としては、まさしく然り、と答えたいと思う。

かかる「アベ政治」に対抗し、「5・3安倍改憲メッセージ」に始まる「安倍終活」に対応していく時に求められるコミュニケーション的理性とはどんなものか。実は、それは、すでに戦争法反対の国民総がかり運動がさし示してきたことである。最後にこの点を指摘して本書を閉じたいと思う。

まず真理性規準のコミュニケーション的理性の発揮は、特定秘密保護法、戦争法、共謀罪法、TPPに対する取り組みですでに実証されている。キーワードは「知識人―市民連合」にあると思われる。特定秘密保護法や戦争法の社会科学的本質把握は、本書でも一部紹介したように、専門的知識人・研究者に始まり、良質のメディア、ジャーナリスト等を媒介にして、市民・大衆レベルにまで浸透していった。脱原発、原発再稼働反対の運動や環境保全の取り組みでは、これに「自然科学者―市民連合」が加わり、科学的確信を軸にした運動の強靱性、持続性をつくりだしてきた。かかる「知識人―市民連合」によるコミュニケーション的理性の発揮は、今後の「安倍終活」を非業死型コースに導く主導力になるであろう。

第二の規範性規準のコミュニケーション的理性の発揮で決め手になるのは、憲法規範のもとへの国民的結集だと考えられる。鴎外らに欠如した普遍的・超越的価値観は、現代では、憲法上の規範・原理を土壌にして育て上げられるものだと思う。これまで再三引き合いにしてきた加藤周一も、かつて憲法学の樋口陽一との対談において（前掲『時代を読む』七四ページ）、戦前に比しても「今の社会には、強い価値基準、根本的な原理というものが、生きていない。だから、憲法の原則、理想、価値が、重要な意味をもつのだと思います」と語った。これは、多くの人々の普遍的・超越的価値に、憲法上の人権や理念を高め、維持していく課題を指摘したものである。憲法があり、それが生きている以上、これを大勢順応主義やなし崩し的反動の動きに流されない支点（普遍的価値）として堅持していかなければならない。

第三の誠実性規準のコミュニケーション的理性は、最近の例でいえば、森友・加計疑惑のなかの安倍首相と安倍官邸に対して、また身投げするようにして「希望」に合流した「前原民進」に対して、存分に発揮された。森友・加計疑惑に対しただ隠蔽・逃亡の卑劣な手を弄《ろう》しただけの安倍首相は、国民の誠実性規準のコミュニケーション的理性の前では、「人格低支持率」に見舞われるだけの結果になったし、「市民と野党の共闘」を裏切って「希望」に走った「前原民進」には、総選挙において、その当初予想・期待されたほどの票は向かわなかった（むしろ「市民と野党の共闘」に誠実だった立憲民主党に人気を奪われることになった）。総選挙後、再開される「安倍終活」の非業死型コースに求められるのは、したがって、「市民と野党の共闘」の紐帯《ちゆうたい》となった誠実性、すなわち政治的誠実性や法的誠実性、人格的誠実性等に力を与える誠実性規準のコミュニケーション的理性である。

最後に、ここでは、一般に「理性」といわれるものをあえて「コミュニケーション的理性」という世間には聞き慣れない言葉を使って通してきた。なぜ「理性」ではなく「コミュニケーション的理性」なのか。それは、コミュニケーションの原義が、ハーバマスが指摘したように「相互了解・同意の獲得」にあり、それぞれ異質な人々や集団が、互いに異質性を認めたうえで「了解・同意の獲得」

に向かうときに必要なのがコミュニケーション的理性だからである。私は、「同意」を「合意」と言い換えたほうが（つまり、「相互了解・合意の獲得」といったほうが）、日本語としてはコミュニケーションの意味にはより適切ではないかと思っているが、それはまた別の機会に論じるとして、格差・分断が社会を切り裂いているときだけに、「相互了解・合意の獲得」に必要なコミュニケーション的理性の発揮が、今こそ求められる、と述べて本書を閉じることにする。

あとがき

本書は、最初から「安倍政権を倒す」目的をもって書かれたものである。時の政権や政治を分析した本には、「安倍政権論」に限らず、ただ分析・考察それ自体を目的としたものや、「客観的分析」と称して「政治的中立」を装ったものが多いが、私は本書の目的を隠そうとは思わない。本書は、東京都議選のさなか（二〇一七年七月初め）、秋葉原の街頭演説に立った安倍首相が思わず「こんな人たちに皆さん、私たちは負けるわけにはいかない」と指をさして怒鳴った相手側、つまり街頭で安倍首相を取り囲んだ民衆のコールを借りていえば、「アベやめろ」を目的にして書いたものである。ただし、本書は、安倍政権に向かって、いかにも売り言葉に買い言葉風に、「こんな人たちに負けるわけにはいかない」のお返し言葉を投げようとするものではない。本書の視点は、「安倍政権は安倍政権であるがゆえに亡びる」または「安倍政権は自ら墓穴を掘って終活を完結させる」というものである。

とはいえ、本書にとりかかった当初は、ということはもう一年以上も前の頃になるが、安倍政権全体の構造的特質、とくにアベノミクスの本質を、安倍政権とアベノミクスにけりをつけるつもりで明らかにすることに、中心的な課題・目的をおいていた。こういう場合、分析・解明する対象としてのアベノミクスの本質やその構造的特質は、アベノミクス自体の崩壊・失敗をその内部に秘めたものとして把握されなければならない、というのが私の見方である。安倍政権とは違うが、この視点で、私はかつて「橋下主義」を検討したことがある。その時には、いささか大げさかなとは思いつつ、「橋下主義は橋下主義のゆえに亡び去る」と書いたものである（前掲二宮『橋下主義解体新書』年参照）。

だが、安倍政権の「終活」を取り上げ始めると、検討対象はアベノミクスやその現実的帰結に限定するわけにはいかなくなる。というのは、「アベ政治」はアベノミクスのみならず、特定秘密保護法、戦争法、集団的自衛権行使、共謀罪、改憲から、辺野古新基地建設、靖国参拝、原発再稼働、消費増税、TPP、社会保障構造改革等にいたるまで、広範囲の「暴走」に及ぶからである。一七年に入ってからは、これに森友・加計疑惑、南スーダンへの自衛隊PKO部隊の派遣、北朝鮮に対する強硬政治等が加わり、五月には「5・3安倍改憲メッセージ」が発せられた。こうした「安倍暴走政治」の全体を少なくとも視野に収めてかからなければ、「安倍政権は安倍政権であるがゆえに亡びる」の視点にたって、「アベやめろ」をコールすることはできない。そこへ生来の遅筆がたたり、時が経過するに従って、いよいよとりあげるべき問題が膨らんでいった。本書のテーマが「終活期の安倍政権」に定まることになったのは、こういう経過による。それは、森友疑惑に加計疑惑が加わって、安倍政権にいよいよ断末魔の時近しを告げる天の声が大きくなった頃のことであった。

本書の大半は、一七年九・一〇月の解散・総選挙の前に書き終えていたものである。総選挙の結果を受けて加筆できる時間は一日しかなく、おまけにとっくに当初予定の紙数を大幅に超えていたために、総選挙の結果に関してはプロローグの最後にわずかばかり加筆するにとどめた。とはいえ、当初の予定を超えて全体がぶ厚くなったので、ここでは、読者の参考ために、本書のあらすじのようなものを簡単に書いておきたい。

まず本書は、一七年五月の「5・3安倍改憲メッセージ」から「安倍終活」の本格的開始ととらえ、その前後の「アベ政治」を「終活期の安倍政権」として、その特質を明らかにしようと務めた。「終活」とは、世間では広義の「死に支度」を意味するが、本書では、死に支度の意味と、終末に向かう活動だとか終着駅に向かう活動だとかを加味して使用する。九条改憲は安倍政権にとって、政治的な大往生を遂げるための一つの仕上げにほかならない。

本書は、この「安倍終活」を「安倍政権自らが墓穴を掘る」コースと、「安倍政権が自ら墓堀人を育てて墓穴に入る」コースとの二面からとらえる。この二つのコースをたどって「安倍終活」が進むゆえんは、「アベ政治」には「異常性（abnormality）」がまといついているからである。言い換えると、アベ政治に巣くう異常性が安倍政権の墓穴を掘るのである。そのアブノーマルなアベ政治（本書では略してアベノーマル政治）は、三面に及ぶ。

本書は、このアブノーマル＝アベノーマル政治の三面構造を、①トランペット安倍政治（トランプのペットとしてのアベ政治）、②安倍首相の靖国史観にみる時代錯誤性（アナクロニズムをもじってアベクロニズム）、③アベノミクスのアベコベミクス的性格（あべこべの本末転倒性）、の三点からとらえる。本書の構成でいえば、これが第二章から第四章までの内容となる。

問題なのは、安倍政権には、なぜ上の三面にわたる「異常性」がつきまとうのか、その構造的理由はどこにあるのか、ということである。本書はこれを、まずアベ暴走政治がその上を走る路線からとらえ、続けて、アベ政治に固有の「異常性」がきわめて特異な形であらわれる根拠として安倍首相個人のいわば人格的偏狭性をとりあげて検討する。手っ取り早くいうと、安倍政権がその上を暴走する路線と運転手役安倍晋三の人格的バイアスが結合するところで「アブノーマル＝アベノーマル政治」が生まれるととらえるわけである。ここで安倍政権の路線とは、①新自由主義的なグローバル競争国家化のレールと、②靖国史観に典型をみる歴史修正主義のレールとの二つからなる路線のことである。この二つのレール上を「アベ政治」が暴走するから、そこからいわば脱線するようにして常軌逸脱の「アベ政治」が生まれるということである。

もちろん、この異常な「アベ政治」は憲法を有するこの日本では許されざる「暴走政治」である。当然、そこでは「アベやめろ」の大喊声《かんせい》がわき起こる。喊声が起こる理由は、「アベ政治」の異常性と国民のなかのコミュニケーション的理性が衝突し、鋭い対決関係に入るからである。国民のコミュニケーション的理性の発揮を担う政治的主体は、これまでのところ、野党共闘・市民連合の総がかり部隊であり、総選挙前後では「市民と野党の共闘」の担い手たちである。「アベ暴走政治」の前には、国民のコミュニケーション的理性の発揮による「市民と野党の共闘」が立ちはだかる、ということである。

ただし、国民のコミュニケーション的理性は、何の妨害も受けずに、そのあるがままの姿で、すんなりとストレートに発揮されるわけではない。日本社会にはさまざまなイデオロギーが渦巻き、伝来の保守的思考が根強く残っている。その文化・イデオロギー状況が、たとえば違憲の戦争法や特定秘密保護法が未だに廃止されない理由をつくりだしているのである。そこで本書では、エピローグにおいて、コミュニケーション的理性の健全な発揮の妨げになるように文化的・イデオロギー的要因について、簡単ながら検討を加えた。これが、「安倍終活物語」の締めくくりとなる。

以上が本書のあらすじであるが、最後に、謝辞を二つ述べておきたい。

一つは、福祉国家構想研究会メンバーへの謝辞である。私は、神戸大学を定年退職したあと、研究上の拠点をもっぱら福祉国家構想研（岡田知弘、後藤道夫、渡辺治三氏と二宮を共同代表とする自発的研究会）においてきた。本書で扱った論点は、この研究会メンバーとの共同研究の成果によるところが大きい。記して感謝したいと思う。

いま一つは、本書の編集にあたった田所稔さんへの感謝である。新日本出版社から刊行された私の著書は、『現代資本主義と新自由主義の暴走』（一九九九年刊）以来、すべて田所さんの助力によるものである。いま助力と書いたが、彼の尽力は並みの助力といってすまされるものでは到底ない。二宮著、田所編の分業によって刊行されたすべての本は、彼の協力・共力を抜きには決して日の目をみることはなかったといって過言ではないほどに、私は彼にお世話になった。本書でも、煩雑きわまりない引用文の出典確認、一字一句、句読点にいたるまでの引用箇所のチェック、ミスリーディングな表記の点検、本文の文体・叙述・表現や形容スタイルの修正提案等、微に入り細を穿《うが》って、私は彼から助言を受けた。遅れに遅れてしまった本書の出版を辛抱強く待ってくれたのも、彼ならではのことである。筆者としてはまことに良き編集者を得たことを喜ぶとともに、田所さんには心からの謝辞を捧げたいと思う。

二〇一七年一〇月　総選挙直後

二宮厚美

二宮　厚美（にのみや　あつみ）
1947年生まれ
神戸大学名誉教授
経済学、社会環境論専攻
主な著書『日本経済と危機管理論』（1982年、新日本出版社）『円高列島と産業の空洞化』（1987年、労働旬報社）『21世紀への構図を読む』（1992年、自治体研究社）『日本財政の改革』（1998年、共著、新日本出版社）『現代資本主義と新自由主義の暴走』（1999年、新日本出版社）『自治体の公共性と民間委託』（2000年、自治体研究社）『日本経済の危機と新福祉国家への道』（2002年、新日本出版社）『発達保障と教育・福祉労働』（2005年、全障研出版部）『憲法25条＋9条の新福祉国家』（2005年、かもがわ出版）『ジェンダー平等の経済学』（2006年、新日本出版社）『格差社会の克服　さらば新自由主義』（2007年、山吹書店）『保育改革の焦点と争点』（2009年、新日本出版社）『新自由主義の破局と決着』（2009年、新日本出版社）『新自由主義か新福祉国家か』（2009年、共著、旬報社）『福祉国家型地方自治と公務労働』（2011年、共著、大月書店）『新自由主義からの脱出』（2012年、新日本出版社）『橋下主義解体新書』（2013年、高文研）『〈大国〉への執念安倍政権と日本の危機』（2014年、共著、大月書店）など多数

終活期《しゅうかつき》の安倍政権《あべせいけん》――ポスト・アベ政治《せいじ》へのプレリュード

2017年11月20日　初　版

著　者　二　宮　厚　美
発行者　田　所　　稔

郵便番号　151-0051　東京都渋谷区千駄ヶ谷4-25-6
発行所　株式会社　新日本出版社
電話　03（3423）8402（営業）
03（3423）9323（編集）
info@shinnihon-net.co.jp
www.shinnihon-net.co.jp
振替番号　00130-0-13681

印刷　亨有堂印刷所　　製本　小泉製本

落丁・乱丁がありましたらおとりかえいたします。

ISBN978-4-406-06126-1 C0031　Printed in Japan